Seit geraumer Zeit werden Rationalität und kognitive Lernziele bei Kindern ungeprüft als besonders wichtig betont. Deshalb tun immer mehr Eltern alles dafür, ihre Kinder möglichst früh möglichst breit kognitiv zu bilden. Aber für die kindliche Entwicklung ist genau das eben nicht entscheidend, sondern die Fähigkeit, offen und kreativ zu denken. Kinder denken in Bildern, ihr magisch-phantastisches Denken ist die altersgemäße Form, die Welt zu begreifen und ihre Intelligenz zu entwickeln. Mit ihrer Phantasie besitzen Kinder eine Sprache, die Erwachsene allzu oft nicht verstehen, häufig sogar verkennen. Aber im richtigen Umgang mit diesen magischen Kräften liegt ein größeres Potenzial für die Persönlichkeitsbildung als in intellektueller Frühförderung. Eltern sollten deshalb das altersgemäße natürliche Denken ihrer Kinder fördern, ihnen Raum für Phantasie und Kreativität schaffen und sich mit ihnen auf eine Abenteuerreise begeben. Das Buch will dazu beitragen, dass Eltern einen besseren Zugang zu dieser phantastischen Welt ihrer Kinder finden und die Möglichkeiten erkennen, die darin liegen.

Jan-Uwe Rogge
Angelika Bartram

LASST DIE KINDER TRÄUMEN

Warum Phantasie wichtiger ist
als Wissen

Rowohlt Taschenbuch Verlag

Originalausgabe
Veröffentlicht im Rowohlt Taschenbuch Verlag,
Reinbek bei Hamburg, Februar 2015
Copyright © 2015 by Rowohlt Verlag GmbH,
Reinbek bei Hamburg
Lektorat Bernd Gottwald
Umschlaggestaltung ZERO Werbeagentur, München
Umschlagabbildungen Getty Images/Ferran Traite Soler
Satz DTL Documenta, InDesign
Gesamtherstellung CPI books GmbH, Leck, Germany
ISBN 978 3 499 62725 5

INHALTSVERZEICHNIS

Vorwort – Lasst die Kinder träumen 11

WARUM PHANTASIE WICHTIGER IST ALS WISSEN 15

Das Recht auf Phantasie 17
Lasst Kindern Zeit 18 ◆ Persönlichkeit Kind 20

Offenheit statt Begrenzung 21
Denken in Bildern 26 ◆ Phantasien und Konflikte 28
«Unarten» der Kinder 29 ◆ Von «Hand und Fuß» 32

Das Glück der Langeweile 33
Phantasien schützen und stärken 37 ◆ «I have a dream» 40

LEBENSKRÄFTE, PHANTASIE, NEUGIER UND KREATIVITÄT 42

Träume: Bilder für Emotionen und kreativer Ideenpool 43
Fenster zur Seele und innerer Hausputz 43 ◆ Eine Nacht voller guter Träume 51

Phantasie: Die eigene Welt erfinden 54
Die Bedeutung von Phantasie 55 ♦ Phantasie –
was ist das? 59

**Imagination: Vorstellungskraft, die
Phantastisches schafft 60**
Konzentration bremst 61 ♦ Dösen hilft 62 ♦ Vorstellung
ist Wirklichkeit 63

❒ Tun und lassen – Fördern oder bremsen 64

Jau-Jaus Phantasiereisen 66

DAS MAGISCHE LAND DER KINDER 74

Phantasie verleiht Flügel 76
Jakobs Reise im Karton 78 ♦ Wenn sich Gardinen in
Geister verwandeln 80 ♦ Lotta und die Gardinen-
monster 81 ♦ Denis, Hendrik und die 40 Räuber 86

Der unsichtbare Mister X 88
Phantastische Freunde 88 ♦ Sarah und der Schutzvampir 89 ♦ Frieda und der Grüffelo 92

Wer beizeiten spinnt, beherrscht auch virtuelle Welten 96
Kreative Kraft aus dem Computer 96 ♦ Leben auf Probe
in der Pixelwelt 98

❒ Tun und lassen – Fördern oder bremsen 103

Jau-Jaus Spiel mit phantasievollen Orten 105

MÄRCHEN MACHEN KINDER STARK 109

Magie und Selbstvertrauen 109

Der Spiegel des kindlichen Denkens 111
Allverbundenheit 112 ♦ Eine Welt mit eigenen Gesetzen 114 ♦ Die Kraft von Ritualen 117 ♦ Urprinzip Polarität 120 ♦ Bilder für Reifungsprozesse 121

Märchen, Mythen und das Herzenswissen der Menschheit 123
Ängste beherrschen 126 ♦ Persönlichkeit bilden 129

Muster der kindlichen Welterfassung 133
Archetypen – Urbilder aus dem Unbewussten 134
Symbole – Zeichen für Unerklärliches 136

Die Reise des Helden 141
Abenteuer Entwicklung 141 ♦ Die Struktur von Lernprozessen 145

Grausame Märchen 146
Gespräch mit einer ängstlichen Mutter 146

Von Helden, Prinzessinnen und Zauberern 149
Wofür Heldenträume gut sind 151 ♦ Helden und Heldinnen machen kreativ 153 ♦ Wandel der Zeiten 155 ♦ Harry Potter – modern und klassisch zugleich 157

❐ Tun und lassen – Fördern oder bremsen 161

Jau-Jaus Monsterjagd 163

NEUE MEDIEN – ANGRIFF AUF DIE PHANTASIE? 168

Film und Fernsehen 170
Ab wann? 171 ◆ Film- und Fernsehhelden 173 ◆ Freunde – Anstifter und wichtigste Begleiter 174 ◆ Vorbild Eltern 175 ◆ Jüngere Kinder sehen anders fern 176 ◆ Film und Fernsehen als Inspiration 177

Wundertüte Computerwelten 179
Computerspieltypen 180 ◆ Ein Spiel gegen Krankheit 184

Hörwelten 186
Eigene Bilder im Kopf 186 ◆ Die Zauberkraft von Klängen 188

Kinder und Kommerz 191
Verlockungen 191 ◆ Alle Angebotskanäle nutzen 192

Kein Angriff auf die Phantasie? 193

❐ Tun und lassen – Fördern oder bremsen 196

Jau-Jaus Tipps und Medienspiele 198

SPIELEN BILDET – TOBEN MACHT SCHLAU 202

Ohne Bewegung wenig Phantasie 205
Kinder lieben Sport 205 ◆ Raus in die Natur 206 ◆ Ida und Michel im Wald 208 ◆ Die Vier-Sterne-Hütte 209

Früh übt sich – Spielerisch an Stärke gewinnen 211
Spielend die Welt begreifen 212 ♦ Jau-Jaus Spieltipps:
Wenn Finger wie Mäuse krabbeln 213 ♦ Alte Spiele neu
entdeckt 213

Fürs Leben lernen – Rollenspiele und Theater 215
Rollenspiele: Von der Magie, sich zu verwandeln 216
Theater erleben: Gemeinsam ist's am schönsten 219
Phantastisches Erlebnistheater 220 ♦ Musical – vertonte
Magie 222

❒ Tun und lassen – Fördern oder bremsen 224

Jau-Jaus Theaterspiel-Tipps 226

KREATIVITÄT OHNE LEISTUNGSDRUCK 233

Malen, Zeichnen, Kritzeln 237

Basteln 240

Sprechen, Singen, Musik 244

❒ Tun und lassen – Fördern oder bremsen 247

Jau-Jaus Stimm-Tipps 249

WIE VIEL PHANTASIE BRAUCHT ERZIEHUNG? 252

Phantasien und Träumereien ernst nehmen 256
Kinder wollen stark sein 256 ♦ Kinder wollen sich angenommen fühlen 257 ♦ Kinder wollen einbezogen werden 258 ♦ Kinder wollen ermutigt werden 259

Mit Phantasie geht vieles leichter 260
Mit Geschichten Gefühle verarbeiten 261 ♦ Tschüs, Räuber Plotzmotz 261 ♦ Die heilende Kraft des Lachens 264

Jau-Jaus phantastische Alltagsrituale 267

Das Innere Kind – Die eigene Phantasie neu entdecken 273
Über die Grenzen des Verstandes 273 ♦ Der Feuerlauf 276

EMPFEHLUNGEN FÜR ELTERN 280

DIE AUTOREN 302

VORWORT – LASST DIE KINDER TRÄUMEN

> «Die Freiheit der Phantasie ist keine
> Flucht in das Unwirkliche,
> sie ist Kühnheit und Erfindung.»
> EUGÈNE IONESCO

Dieses Buch ist für uns ein Herzensthema, weil wir glauben, dass Phantasie und Kreativität mit die stärksten Lebens- und Überlebenskräfte sind – und weil wir glauben, dass genau diese Kräfte in der so rationalen Nutzen- und Erfolgsorientierung vieler Eltern nur noch wenig Platz haben. Dinge, die die Welt bewegen, existierten erst in der Phantasie, wurden geträumt und aus dem Raum der unendlichen Möglichkeiten geholt, ehe sie allen real zugänglich wurden. So soll Einstein in einem Klartraum auf seine Formel zur Relativitätstheorie gestoßen sein. Unmögliches zu träumen bedeutet, die Realität zu überwinden. Und indem ich sie träumend umgestalten kann, schaffe ich sie neu.

Während wir so über den Stoff nachdachten, tauchte mit einem Mal Jau-Jau auf. Das ist eine Erzählerfigur, die wir in unsere Geschichtenbände «Kleine Helden» eingebaut hatten. Jau-Jau ist ein Weiser und kennt sich aus in der Welt der Phantasie. Er ist ein Wanderer zwischen allen Welten, der immer erschien, wenn jemand eine besondere Aufgabe zu meistern hatte. Dass er jetzt auch uns zu Hilfe kommen wollte, verblüffte uns zunächst. Für dieses Buch war er gar nicht vorgesehen. Jau-Jau sah das anders und machte uns klar, dass er als Spezialist in Fragen zur Phantasie hier ja wohl nicht fehlen dürfte. Wir zierten uns erst ein wenig. Es sollte ja ein «ernstzunehmendes» Buch werden. Dieses Argument brachte ihn ganz schön auf die Palme, und als er fertig war mit seiner Standpauke, hatte er uns überzeugt.

Und damit Sie, liebe Leser, verstehen, warum er nun doch in diesem Buch auftaucht, lassen wir Sie jetzt erst einmal teilhaben an seiner «Standpauke». Denn Jau-Jau sprach:

«Jau, ihr wollt also ernstgenommen werden mit euren Abhandlungen, warum Phantasie so wichtig ist, warum es so wichtig ist, Kinder träumen zu lassen, wollt es theoretisch begründen, wissenschaftlich belegen, wollt die Leser mit Thesen überschütten, bis ihnen vor lauter Theorie die Lust am Träumen und Phantasieren total vergeht. Vielleicht gibt es dann auch noch wertvolle Tipps zum ‹richtigen› Träumen. Jau, damit schindet ihr vielleicht Eindruck. Aber was ändert es? Phantasie kann man nicht verordnen. Träumen kann man nicht wie Schullektionen lehren. Beobachtet die Kinder. Sie sind die geborenen Träumer. Von ihnen könnt ihr lernen, wie das geht. Und hört auf, ihre Träume zu beschneiden und sie zu Klötzen formen zu wollen, mit denen ihr dann kreativitätsfördernde Spielchen machen könnt. Geht achtsam mit den magischen kindlichen Kräften um. Nehmt sie wahr und fördert sie. Versucht nicht länger, sie nach euren Vorstellungen zu formen. Lasst ihnen Raum für ihre Träume und Phantasien, wertschätzt sie, unterstützt sie, wenn sie etwas für euch Unmögliches denken. Und versucht zu verstehen und traut euch, selbst mal wieder zu träumen.»

Wir haben Jau-Jau daraufhin versprochen, ihn als Spezialisten für Träume und Phantasien in diesem Buch regelmäßig zu Wort kommen zu lassen. Und er hatte noch einige Überraschungen für uns, die er dann aus seinem Hut gezaubert hat oder aus einer seiner vielen Taschen seines weiten Umhangs. Davon später mehr...

Auf jeden Fall haben wir mit Jau-Jau auch unsere Träume wieder neu entdeckt. Wir hoffen, Ihnen geht es genauso. Und wir wünschen uns, dass Sie mit diesem neuentdeckten Gefühl für das Träumen auch die Träume und Phantasien Ihrer Kinder in einem neuen Licht sehen können.

WARUM PHANTASIE WICHTIGER IST ALS WISSEN

Bücher haben eine Vorgeschichte – eine thematische wie eine biographische. Fangen wir mit der biographischen an. Angelika Bartram hat Anfang der achtziger Jahre in Köln ein phantastisches Kindertheater begründet, das weit über die Stadt hinaus bekannt wurde. Sie hat die Stücke geschrieben, sie hat sie inszeniert und mit großem Erfolg auf die Bühne gebracht. Angelika Bartram hat Hörspiele für den WDR geschrieben und als Headautorin für die Sesamstraße gearbeitet. Und immer stand die kindliche Phantasie dabei im Mittelpunkt. Jan-Uwe Rogge hat zu vielen Familienthemen erfolgreich Elternratgeber formuliert, in denen er die Sichtweise der Kinder ins Zentrum seiner Überlegungen stellt. Beide – Angelika Bartram wie Jan-Uwe Rogge – haben Kinderbücher geschrieben, in denen es um kindliche Phantasien, die Bedeutung der Magie geht. Was in den achtziger Jahren des letzten Jahrhunderts angefangen hat, das findet nun ein Ergebnis – ein Buch mit praktischen Anregungen, das sich an alle richtet, die es mit Kindern zu tun haben, die erfahren möchten, wie man auf Kinder eingeht und deren phantastische Möglichkeiten unterstützen und begleiten kann.

Vor mehr als 20 Jahren hat die Therapeutin Linde von Keyserlingk ein Buch geschrieben mit dem Titel: «Wer träumt, hat mehr vom Leben», längst vergriffen, wohl auch vergessen, zumindest in den bildungspolitischen Diskussionen.

Alles dreht sich mittlerweile um Bildung, aber die ist meist reduziert auf Wissensvermittlung, auf das Erlernen von Fakten. Wenn in der Schule, egal, ob in der Grundschule oder den Gymnasien, den Gesamtschulen oder der Gemeinschaftsschule, Fächer gestrichen oder reduziert werden, dann betrifft das in erster Linie Sport, Musik, Kunst oder Religion, die «weichen», nicht ganz so «wichtigen» Fächer eben. Bildung – im Sinne einer Humboldt'schen Auffassung von Bildung – versteht sich aber ganzheitlich. Alle Persönlichkeitsanteile eines Kindes müssen ausgebildet und gefördert werden: die körperlichen ebenso wie die geistigen, die emotionalen ebenso wie die seelischen, die sozialen ebenso wie die sprachlichen.

Als Georg Picht Ende der sechziger Jahre des letzten Jahrhunderts von einer «Bildungskatastrophe» sprach, in einem Buch, das hohe Wellen schlug und eine Menge an Innovationen und Anstrengungen im Bildungssystem nach sich zog, wollte man einen Weg beschreiten, Kinder wieder in den Mittelpunkt pädagogischer Bemühungen zu stellen. Der Unterricht sollte nicht auf die Vermittlung purer Fakten verkürzt sein. Sichtbar wurde das, indem man sich auf humanistische Pädagogen in der Bildungsgeschichte besann, die das Kind als Persönlichkeit betrachteten: Pestalozzi, Fröbel oder Montessori seien hier angeführt. Ohne dabei Rudolf Dreikurs, Thomas Gordon oder die vielen anderen Autoren zu übersehen, die das Kind in all seinen Persönlichkeitsanteilen betrachteten, es nicht auf einen «Faktenhuber» reduzierten. Mit einem Male gewann das Kind an

Bedeutung, es wurde sogar von einem «Jahrhundert des Kindes» gesprochen.

Die Bedürfnisse der Kinder gerieten in den Mittelpunkt, man betrachtete alles vom Kind aus, was dann zu extremen Auswüchsen führte: Alles drehte sich um das Kind. Erwachsene hatten sich unterzuordnen, damit dem Kind ja nichts passiert.

Das Recht auf Phantasie

Wer träumt, hat mehr vom Leben: «Phantasie an die Macht» – so lautete eine Parole, hastig an die Mauern der französischen Metropole geschrieben, denn Sprays gab es noch nicht. Doch Phantasie, Phantasien zu haben, ihnen Ausdruck zu verleihen, das hat nichts mit Macht ausüben, mit Unterdrückung, mit Rechthaben zu tun. Wer Phantasien hat, der überwindet Wirklichkeiten, der spürt, dass es jenseits der erfahrbaren Realität eine andere, eine erdachte gibt, die nur einem selber gehört: Man spinnt, man erfindet, man dichtet, man träumt, gibt sich seinen Tagträumen hin. Da gibt es ein Land, das nur einem selber gehört, ein Land, in dem alles möglich ist, ein Land, nach dem man sich sehnt. Kinder sind sehn-süchtig nach einem Leben, in dem alles möglich ist, nichts unmöglich erscheint, in dem sie sich ernstgenommen fühlen, so wie sie sind. Mit einem Mal wurden Bücher wichtig, die lange verschüttet waren, ungelesen, unbeachtet: «The Magic Years», 1959 von der Psychoanalytikerin Selma Fraiberg verfasst, das man in Deutschland unter dem Titel «Die magischen Jahre in der Persönlichkeitsentwicklung des Kindes» veröffentlichte, ein faszinierendes Buch, weil es Kinder als Persönlichkeit beschreibt, ausgestattet mit vielen Kompetenzen, die ihren Eltern im Laufe der Entwicklung wohl verlorengegangen sind: die Fähigkeit zu träumen, mit allem und jedem in Kontakt zu treten, in sich hineinzuhorchen. Das Kind, so Selma Fraiberg, ist Zauberer und Forscher zugleich, es vereint in sich Magie und Wissenschaft. Da waren dann Theater und Verlage, die sich auf die Kinder stürzten, die in das Hohelied der Phantasie einstimmten. Dieter Richter und Johann Merkel gaben 1974 ihrem Buch den Titel: «Märchen, Phantasie und soziales Lernen», argumentierten überzeugend vom Recht des Kindes auf Phantasie, stellten dar, wie Phantasie in der (Literatur-)Pädagogik seit dem 18 Jahrhundert allmählich diskreditiert wurde, weil man meinte, sie beeinträchtige die Entwicklung des Kindes.

Es war dann der Kinderbuchautor James Krüss, der sich in einer Veröffentlichung Ende der sechziger Jahre vehement für «Das Recht auf Phantasie» einsetzte: «Weil Kinder Phantasien haben (und mehr als die Erwachsenen), kann man ihnen Geschichten erzählen, wo der Erwachsene Erklärung verlangt. Weil Kinder Phantasie haben, darf man zu ihnen in Bildern reden, wenn der Erwachsene Definitionen erwartet (...). Wer für Kinder schreibt, hat nicht nur das Recht auf Phantasien. Man muss es viel deutlicher sagen: Er hat die Pflicht, die Phantasie zu nutzen.»

Ein wunderbarer Satz, der Kopfnicken hervorrief, der aber kaum in die pädagogische Praxis, in schulische Lehrpläne oder Kindergartenkonzeptionen übersetzt wurde. Leider! Doch dazu später!

Lasst Kindern Zeit
Wer Kinder in den Mittelpunkt seiner pädagogischen Bemühungen stellt, der schießt nicht selten über das Ziel hin-

aus. «Kinder an die Macht» oder «Kindern das Kommando zu geben» – solch Zeilen sind ähnlich problematisch wie die Parole «Phantasie an die Macht». Wenn es sich nur um die Kinder dreht, um deren Wohlbefinden, entstehen nicht allein «kleine Egozentriker», die alles meinen, im Griff zu haben, dann bildet sich zugleich der omnipotente Gedanke heraus, alles und jedes wäre planbar, man müsse nur die Puzzleteilchen, die zu einer Erziehung gehören, entsprechend ordnen. Welch Irrtum!

So kamen dann Ende der sechziger, Anfang der siebziger Jahre Veröffentlichungen auf den Markt, die parallel zu den Beiträgen über Phantasie vor einer völligen Verplanung der Kinder warnten, darauf hinwiesen, dass das Ergebnis von Erziehung wirkungsunsicher ist. Kinder bringen ihre Persönlichkeitsanteile in die Erziehung ein: Das betrifft ihre Phantasie, ihre Magie ebenso wie ihr Wissen. Jedes Kind kommt mit einem ihm eigenen Tempo in diese Welt, das nicht, besser: kaum zu verändern ist. Die ungarische Kinderärztin Emmi Pikler hat darüber in den sechziger Jahren ein Buch geschrieben und dazu zentrale Gedanken geäußert: «Lasst mir Zeit!» Das bezieht sich bei ihr auf die «selbständige Bewegungsentwicklung des Kindes bis zum freien Gehen». Doch gilt dieser Satz für die Entwicklung des Kindes generell. Sie ist keine stete Vorwärtsentwicklung. Natürlich wollen Kinder fort vom Erreichten, sie möchten zu neuen, zu unbekannten Ufern. Doch mit einem Male bleiben sie stehen, überlegen, wohin der Weg wohl führen mag, ob sie das Unbekannte aushalten, stellen sich vor, wie das wohl aussieht oder was sie da erwartet. Wieder andere gehen in ihren Entwicklungsschritten zurück, weil es früher geborgener war, weil man wusste, woran man war. Es war einfacher, überschaubarer. Kinder gehen – wie die Helden und

Heldinnen in den Märchen – eigene Wege, ihr Rucksack ist voll mit Erfahrungen, und doch ist der Wunsch nach neuen Erfahrungen unbändig stark. Sie müssen ja nicht unbedingt ganz real sein, ein Krokodil, was sich einem drohend in den Weg stellt, das kann man auch erträumen und in omnipotenten Phantasien vernichten.

Persönlichkeit Kind
Phantasie, das Eingehen auf die Phantasien der Kinder – das hatte es immer in sich. Phantasien waren mit Ideologieverdacht belegt, weil sich die Kinder in ihnen verlaufen, gar verirren konnten. So kommt es nicht von ungefähr, dass autoritäre oder angepasste Charaktere immer zur Askese, zur Verdammung von Genuss, Vergnügen und Sinnlichkeit neigen. Die von Georg Picht geforderte, aber nicht wirklich umgesetzte Bildungsreform als Konsequenz aus der «Bildungskatastrophe» mündete alsbald in einer technokratischen Bildungsreform. Es ging vor allem um Wissen, um Inhalte, um Curricula, um überprüfbare Lehrpläne, darum, wie man schnell und effizient Kinder klüger machen, sie zu tauglichen Arbeitskräften erziehen konnte. Zwar wurde häufig vom Kind als einer Persönlichkeit gesprochen, die es ernstzunehmen und zu fördern gilt. Was das in konkreten Zusammenhängen aber bedeuten kann, darüber finden sich nur wenige Hinweise. Wie Wissensvermittlung schon lebenszeitlich früh in das Zentrum pädagogischer Bemühungen trat, kann man an den Diskussionen über die Vorschule in den siebziger und achtziger Jahren des letzten Jahrhunderts feststellen.

Einerseits wertete man den Kindergarten pädagogisch auf, verlangte und entwarf Konzeptionen, die Mitarbeiter und Mitarbeiterinnen erfuhren eine qualifizierte Aus- und

Fortbildung, um angemessen auf die Kinder eingehen zu können. Andererseits trug das aber zu einer Verschulung bei. Anders ausgedrückt: Die Kindergärten sollten auf die Schule vorbereiten, damit der Übergang nicht so abrupt verläuft, Kinder besser qualifiziert dem Unterricht folgen konnten. Mit einem Male war Schulreife das bestimmende Ziel, wobei man übersah, dass Schulreife nicht Reife des Kindes für die Schule darstellt – dazu sind die Entwicklungsverläufe von Kind zu Kind zu verschieden. Die Unterschiede von Kind zu Kind können bis zu zwei Jahre betragen – konkret: Man darf Kinder nicht über einen Kamm scheren, eingedenk der Formulierung von Pestalozzi: «Vergleiche nie ein Kind mit einem anderen, es sei denn mit sich selbst.» Jedes Kind entwickelt sich anders, das eine schneller, das andere langsamer. Dies hat Auswirkungen auf die Betrachtung des Kindes, auf die Definition von Schulreife: Sie ist also mitnichten Reife des Kindes für die Schule, vielmehr Reife der Schule, des Bildungssystems für das Kind. Und dabei darf das Kind nicht auf kognitive Kompetenzen beschränkt werden, denn damit reduziert man das Kind, nimmt seine körperlichen, seine sozialen, nicht zuletzt seine emotional-seelischen Fähigkeiten nicht ernst. Eine Sichtweise von oben, die Perspektive des Erwachsenen, der alles weiß, vor allem besser weiß, dominiert und übersieht, was Kindheit auch ausmacht.

Offenheit statt Begrenzung

Hier setzt unser Buch an. Es stellt einen Gesichtspunkt in den Mittelpunkt, der bei der aktuellen Diskussion über Bildung und Erziehung zu kurz kommt, meist gar nicht erwähnt wird: die magisch-phantastische Phase des Kindes, die sich – folgt man Selma Fraiberg – vom Säuglingsalter bis in das sechste Lebensjahr erstreckt. Und neuere Forschungen zeigen, dass diese Phase da noch nicht zu Ende ist. Spuren scheinen in der Pubertät durch, sieht man sich nur die Omnipotenzphantasien der Heranwachsenden an. Auch Erwachsene sind nicht frei davon. Sie träumen jedoch mit schlechtem Gewissen, verbieten sich Gedanken, die die Realität übersteigen, Bilder, mit denen sie in andere Welten abdriften. Daraus ergeben sich Probleme, wenn man es mit Kindern zu tun hat. Man verleugnet alles, was die Wirklichkeit übersteigt, verurteilt Tagträume, weil man auf dem Boden der Tatsachen bleiben muss – nach dem Motto: «Wo kommt man denn da hin, wenn man allen Phantasien nachgibt!»

Genau das machen Kinder, sie zeigen den Erwachsenen, was möglich ist, selbst wenn alles noch so unwahrscheinlich scheint. Kinder glauben an die Kraft der Phantasie, an die Chancen, die die Magie ihnen bietet: Man kann im Bett liegen, an die weiße Decke starren, die mit einem Male zu einem blauen Himmel wird, ein erträumtes Raumschiff besteigen, um den Mars zu erkunden. Da geht nichts schief, weil man ja letztlich in seinem Bett, in einem geborgenen Hafen, liegt. Die Einzigen, die erschrecken, sind Vater und Mutter, die in die verträumten Augen der Kinder sehen und rufen: «Spinnst du mal wieder rum!»

Kinder sind Geschenke – natürlich nicht immer, vor allem wenn sie quengeln, uneinsichtig sind, sich an der Supermarktkasse auf den Boden schmeißen, nicht so sein wollen, wie die Eltern es gerne hätten. Einverstanden! Auf solche Geschenke kann man in solchen Situationen verzichten!

Aber Kinder halten eben das «Noch-Nicht», das, was

möglich sein wird, nicht sofort, aber bald – ganz im Sinne des Philosophen Ernst Bloch – wach. «Noch-Nicht» – das ist Utopie, aber Utopien, die vielleicht in die Wirklichkeit drängen. Kinder halten Erwachsenen den Spiegel vor – «Wenn ihr nicht werdet wie Kinder», wie es im Matthäusevangelium heißt, doch «Kinder liefern uns nicht», so der Pädagoge Michael Pfister, «den Gegenentwurf zu unserer eigenen Misere. Was wir von ihnen lernen können, ist ihre Offenheit.» Und dann schreibt er weiter: Die größte Bedrohung für Kindheit bestehe darin, «dass die Bewegung ins Leben hinein allzu früh kanalisiert und an verbindliche, standardisierte Ziele gebunden wird. Wer das Lernen dem Gebot der ‹Nützlichkeit› unterstellt und Frühenglisch nicht um des Spaßes am Lernen willen auf den Stundenplan schreibt, sondern um (dem Kind) eine ‹bessere› Zukunft zu garantieren, der schüttet genau jene Offenheit zu, die Kindheit ausmacht.»

Offenheit, das meint, offen zu sein dem magisch-phantastischen Denken gegenüber. Doch diesem wird in der Erziehungsdebatte der letzten Jahrzehnte ein nachrangiger Stellenwert eingeräumt. Zu sehr stehen kognitive Lernziele, stehen jene Schulfächer, die sich messen und austesten lassen, schon im Vorschulalter an vorderster Stelle. Hier wird der Leistungsgedanke auf das intellektuelle Vermögen beschränkt, es wird betrachtet, was vermeintlich objektiv erfasst werden kann. Wer Kindern, vor allem jüngeren, gerecht werden will, der muss eine ganzheitliche Betrachtung versuchen und Kompetenzen von Kindern in den Blick nehmen, die deren ganze Persönlichkeit ausmachen – eben nicht nur (und immer mehr) zu wissen, vielmehr zu fühlen, zu träumen, zu spielen, den Körper zu erproben, die Realität zu überwinden, sich auszudenken, was sein kann, wenn man einmal groß ist, sich Dinge vorzustellen, die sich hinter Wänden verstecken, sich zu bemühen, mit allem und jedem in Kontakt zu treten, Kinder in jüngeren Jahren sind «allverbunden», alles ist möglich, nichts unmöglich. Sie erfinden «unsichtbare Gefährten», die ständig ein offenes Ohr haben, immer für einen da sind, denen man sich mit allen Problemen anvertrauen kann, die zuhören, ohne sofort alles zu wissen, es besser zu wissen.

Wer den Leistungsgedanken auf das Kognitiv-Rationale reduziert, der wertet die motorischen, sozialen und gefühlsmäßigen Potenziale von Kindern automatisch ab, nimmt sie nicht wahr, verkennt sie in ihrer Bedeutung für die Persönlichkeitsentfaltung der Kinder. In der Phantasie, in der Magie in Tagträumen besitzen die Kinder eine eigene Ausdrucksform, eine Ausdrucksform voller Märchen und geheimnisvoller Geschichten, eine Ausdrucksform, die Erwachsene nur allzu wenig verstehen, weil sie sich nicht darauf einlassen können oder wollen.

Etwas vom Kind aus zu denken, es in den Mittelpunkt seiner Betrachtungen zu stellen – das sind Sätze, Ideen, Formulierungen, die so schnell gesagt, aber nicht in allen Einzelheiten durchdacht und begriffen werden. Eine Erzieherin erzählte von den Konsequenzen, die sie nicht zuletzt aus der Erfahrung mit der Mutter des fünfjährigen Jonas gezogen hat:

«In meiner Einrichtung wird kaum mehr gebastelt oder gemalt, wenn die Kinder es nicht ausdrücklich wollen. Sonst drückt man ihnen da doch nur von außen etwas aufs Auge. Und das Ergebnis wird kaum wirklich gewürdigt.» Gerade von Jonas' Mutter habe sie häufig Sätze gehört wie: «Das hast du aber schon mal schöner gemalt!», oder: «Was soll denn das sein?» Und nach diesen Feststellungen habe sie für sich beschlossen, mehr Wert auf die körperlichen, die geistigen oder die sozialen Bedürfnisse von Kindern zu legen. Warum «denn so ergebnisorientiert, wenn es den Eltern dann doch nicht recht ist», habe sie für sich entschieden: «Kinder wollen spielen, sich bewegen, sich ausprobieren!» Sie würden sich am Produkt ihrer Bemühungen erfreuen und bedeutsamer noch als das Ergebnis «ist der Prozess, wo alles entsteht, und das, diesen Spaß dabei, dieses Vergnügen», das könne man den Eltern sowieso nicht vermitteln. Eines Tages wäre Jonas nach Hause gegangen. Als er dann seine Mutter sah und diese gefragt habe, was er denn im Kindergarten gemacht hätte, antwortete Jonas freudestrahlend: «Gespielt!» Daraufhin habe die Mutter gerufen: «Was, nur gespielt? Nur gespielt!» Ganz offensichtlich war sie der Überzeugung, Deutschland würde in der PISA-Studie noch weiter hinter Japan und Korea absinken, weil nun nur noch gespielt, aber nicht «richtig gelernt» werden würde. Jonas schaute in das versteinerte, zu einer Maske erstarrte Gesicht seiner Mutter, lächelte sie an, um es wieder mit Leben zu erwecken. Und dann, so erzählte er der Erzieherin, habe er mit einer Schnecke geredet, die im Gras lag: «Und als ich sie vorsichtig gestreichelt habe, da hat sie sich bewegt.» Jonas blickte in das ungläubige Gesicht seiner Mutter, wusste nicht, ob er etwas Richtiges oder Falsches gesagt hatte. Nach ein paar Schocksekunden stand die Mutter kopfschüttelnd auf, sprachlos, verwirrt, dem Gedanken nachhängend, wo das mit Jonas wohl alles enden würde: Jetzt könne er sich schon mit einer Schnecke unterhalten. Und zu sich selbst: «Dabei ist er doch selber eine.» Jonas würde träumen, so beschreibt die Mutter ihren Sohn, mit sich selber reden, die Blätter der Hecke im Garten streicheln und zu ihnen sprechen. Schon häufig habe sie sich gefragt, ob das normal wäre.

Es ist normal. Und so wollen wir mit unserem Buch dazu beitragen, dass Eltern einen verständnisvollen Zugang zu der magisch-phantastischen Welt ihrer Kinder finden und Mittel und Schlüssel an die Hand bekommen, jene Möglichkeiten auszuschöpfen, die darin liegen. Der rote Faden unserer Überlegungen lautet: Nutzt die Kraft kindlicher Kreativität, nutzt das Schöpfungspotenzial von Phantasien, nutzt die Magie als Kompass, unentdeckte Welten zu erkennen.

Kinder haben vom Säuglingsalter bis hin zum zehnten Lebensjahr vielfältige Entwicklungsaufgaben zu erledigen und zu erfüllen. Das Wissen über die Welt nimmt zu, das macht einerseits Lust auf Neues, andererseits beunruhigt es aber auch: Warum gibt es Kriege? Können die auch zu uns kommen? Was ist Terror? Warum brennt das Haus ab? Was ist, wenn der Blitz bei uns einschlägt? Wer hilft dann? Fragen über Fragen! Es gibt zwar Antworten, aber die hören sich so vernünftig an, damit können Kinder oft nichts anfangen. Denn: Kriege gibt es! Und wenn die zu uns kommen? Wer hilft dann? Und was ist, wenn das Gewitter über uns ist, es blitzt und donnert? Ein Satz: «Da passiert schon nichts!» beruhigt Kinder nicht. Im Gegenteil: Diese Formulierung verwirrt sie, sie fühlen sich nicht ernst genommen, mit ihrer Angst alleingelassen. Und diese nicht erklärbaren Lücken in ihrem Verständnis füllen Kinder mit eigenen phantastischen Erklärungsmodellen.

Denken in Bildern

Das magisch-phantastische Denken stellt nichts Wirres, Irres oder Weltabgewandtes dar. Es ist eine altersgemäße Form von Intelligenz, mit der Kinder schöpferisch tätig sind, um ihre Umgebung, ihre Nah- und Umwelten zu begreifen. Nicht selten ist das junge Kind überzeugt, Dinge passierten nur, weil es sich dies gewünscht hat. Das Kind ist fasziniert von seiner Energie und Kraft.

Kinder denken in Bildern. Und diese vom Kind konstruierten Bilder – seien es das Monster, der Schatten, der imaginäre Räuber – können genauso wahrhaftig sein wie die Wirklichkeit, die das Kind umgibt.

Kinder glauben an die Kraft der Phantasie, daran, dass man mit ihr zaubern kann. Das Kind ist Schöpfer seiner inneren und äußeren Wirklichkeit. Das gibt den Kindern Kraft, um Selbstbewusstsein und Eigenständigkeit zu demonstrieren. Aber durch eine magische Besetzung können aus harmlosen Gegenständen oder Situationen auch fürchterliche Monster werden, durch die unbewusste kindliche Erfahrungen Gestalt annehmen. Da entstehen aus dunklen Schatten Geister, da werden aus wehenden Gardinen Einbrecher. Aber mit der Phantasie – der Kraft, die sie geschaffen hat – können diese unsicher machenden Gestalten auch verjagt werden. Denn wenn die Phantasie Monster und Räuber erscheinen lässt, kann man mit ihr auch Mittel und Wege erfinden, sie zu besiegen und zu bekämpfen. So hilft die Phantasie, verschiedenartige Irritationen in den Griff zu bekommen, und leistet damit einen entscheidenden Beitrag zur emotionalen Bildung der Kinder.

In der magisch-phantastischen Phase werden bestimmte Genres für Kinder wichtig: das Märchen, die Zauber- und Phantasiegeschichte (vorgelesen, als Buch, als Theaterstück). Es gibt eine Entsprechung zwischen den formalen Strukturen dieser Produkte und der psychischen Verfassung von Kindern zwischen dem vierten und achten Lebensjahr. Ja, es scheint so, als unterstützten diese Produkte die Kinder dabei, ihre Entwicklungsaufgabe in dieser Phase zu durchleben. Der Märchenforscher Max Lüthi hat Gesichtspunkte entwickelt, die diese Verbindung bestätigen und die später ausführlicher beschrieben werden:

- Das Märchen ist eindimensional. Dies meint, dass alles mit allem in Kontakt treten kann. Es ist normal, wenn leblose Gegenstände oder Tiere reden, wenn Phantasiegestalten auftreten. Sie unterstützen, helfen und retten den Helden auch aus höchster Not. Und niemand wundert sich darüber.
- Märchen sind flächenhaft. Dies umschreibt die Aufhebung von Raum und Zeit, von Naturgesetzen, von Schwerkraft und Logik. Märchen folgen ihren eigenen Gesetzen, alles ist möglich, nichts unmöglich.
- Der Märchenheld, die Märchenheldin besteht Abenteuer allein, isoliert von der Außenwelt. Unsichtbare Hände oder die helfende Außenwelt greifen nur dann ein, wenn er oder sie in größter Gefahr ist. Im Märchen geht es um Reifung, Identitätssuche und Entwicklung. Der Märchenheld, die Märchenheldin steht am Ende geläuterter, entwickelter, schlichtweg reifer da.

Phantasien und Konflikte

Die kindliche Phantasie stellt eine ungeheure Produktionskraft dar. Die Phantasie gibt Mut, ohne übermütig zu sein, sie verleiht Macht, ohne übermächtig zu sein, sie macht vorsichtig, ohne in Übervorsichtigkeit zu erstarren. Die Phantasie ist ein Schlüssel, besser Dietrich, den Kinder immer bei sich tragen, mit dem sie jedes noch so geheimnisvolle Schloss knacken können. Die Phantasie erzeugt Eigenständigkeit, Selbstbewusstsein und Vertrauen in die eigenen Kräfte. So können Phantasiespiele die kindliche Persönlichkeit stärken. Hier schlüpfen die Kinder in die Rollen von Heldinnen und Helden und gehen dann auf emotionale Abenteuerreisen. Zielsicher suchen sie sich dabei genau die Abenteuer aus, in denen sie sich mit ihren Phantasien, Träumen, Ängsten und Wünschen am besten wiederfinden. In diesem von realen Gefahren freien «Spiel»-Raum können sie sich «übermenschlichen» Herausforderungen stellen und sinnlich konkret den Triumph erleben, sie zu meistern.

Und wenn Eltern die magisch-phantastischen, kreativen Lebenskräfte ihrer Kinder ernst nehmen, fühlen Kinder sich bestärkt und ermutigt. Wenn Eltern ihre Kinder begleiten auf dem Weg, sich mit den Bildern und Symbolen aus ihrem Innersten auseinanderzusetzen, dann fühlen sie sich verstanden. Dadurch sind rationale und realistische Formen der Konfliktbewältigung und andere Techniken im Umgang mit Unsicherheiten im Alltag nicht ausgeschlossen. Insbesondere bei der Bewältigung sozialer Probleme, die durch Erziehung entstehen, haben magisch-phantastische Mittel der Verarbeitung nicht nur Chancen, sondern auch Grenzen. Dann müssen andere pädagogische, beratende oder therapeutische Techniken zum Einsatz kommen.

«Unarten» der Kinder

Erziehung bedeutet auch, Kindern den Raum und die Zeit zu geben zu wachsen. Entschleunigung ist das Gebot der Stunde – nicht Beschleunigung. «Eine entschleunigte Gesellschaft», so der Pädagoge Fritz Reheis in seinem Buch über «Die Kreativität der Langsamkeit», «ist eine Gesellschaft, in der nicht das Haben von Sachen, sondern das Sein der Menschen im Mittelpunkt stehen wird. Alles wird sich um ihr Wohlbefinden, um die Entfaltung und Erfüllung ihrer Möglichkeiten drehen. Und das ist der Kern menschlichen Glücks. Die entschleunigte Gesellschaft wird eine Gesellschaft der Muße und der Faulheit sein, verstanden als ‹kluge Lust›.» Ein ganz und gar anarchistischer Satz, für manche Eltern eine Herausforderung, die man nicht aushalten kann – Muße und Faulheit als «kluge Lust».

Man erschrickt: Hatte man dem Kind nicht gerade vorgehalten: «Träumst du schon wieder?» «Träum nicht ständig!», «Trödel nicht herum!» Es sind solche vorwurfsvollen Sätze, die Kinder ständig wieder hören, Bemerkungen von Erwachsenen, die die Träume, das Trödeln, die Langeweile oder die Zerstreuung abwerten, die zugleich zeigen: Man hat verlernt, vom Kind aus zu denken, es in seiner Entwicklung ernstzunehmen, es zu begleiten. Erziehung hat nichts mit ziehen zu tun, sie hat zu tun mit Begleitung. In einem afrikanischen Sprichwort heißt es: Man schaut dem Gras beim Wachsen zu. Wer am Halm zieht, damit es schneller wächst, der zieht ihn mitsamt seiner Wurzel aus der Erde. Der Halm welkt, er verdorrt. Erziehung stellt sich als Begleitung der Kinder ins Leben dar, sie ist keine gezielte Vorbereitung auf das Leben.

Die Entwicklung verläuft in Phasen, und in jeder hat das Kind Entwicklungsaufgaben zu erfüllen. Erwachsene können Kinder dabei unterstützen, sie können Kinder fördern, indem sie entwicklungsangemessen auf sie eingehen. Sie können sie aber auch überfordern, indem man sie wie kleine Maschinen, wie kleine Erwachsene behandelt, ihre Eigenart, ihre Individualität, ihre Persönlichkeit nicht ernst nimmt.

Es gibt in der indischen Philosophie das Bild von drei Lehrertypen und ihrer Haltung zum Kind: Da ist jener Erwachsene, der Kinder als ein leeres Gefäß betrachtet und der versucht, dieses Gefäß mit seinem Wissen zu füllen. Da gibt es einen anderen, der Kinder als ein Stück ungeformten Lehms ansieht und der nun bemüht ist, das Kind nach seinen Vorstellungen zu modellieren. Und dann existiert da noch der Typ des Gärtners, der spürt, jede Pflanze ist anders: Die eine braucht Sonne, die andere eher den Schatten, die andere benötigt viel Wasser, eine andere würde in dieser Menge ersaufen.

Übertragen auf die Kinder und ihre Entwicklung: Natürlich brauchen sie den Wissensvermittler, zweifelsohne die haltgebende Persönlichkeit, die versucht, Orientierung zu geben, die Strukturen anbietet, ohne die man sich verlieren würde. Vor allem aber brauchen sie den Gärtner, der von Kindern aus denkt, der Verständnis zeigt, ohne dabei seine Erziehungsverantwortung zu vergessen.

Wer Kinder in den Mittelpunkt seiner Haltung stellt, tritt in Kontakt zu ihnen, hört ihnen zu, versucht, sich in sie hineinzuversetzen, weiß nicht alles und sofort besser, kann in den Kindern auch einen meist geduldigen Lehrer erblicken. Ja, die Kinder sind Lehrmeister.

Unterhält man sich mit Kindern, dann wird Eltern, wird den Erwachsenen Respekt und Achtung entgegengebracht. Aber es werden fraglich auch kritische Töne laut. Sie fühlten sich ständig beobachtet und bewertet, so lautet ein Vorwurf. Ein anderer macht auf den Zeitstress aufmerksam, dem Kinder in einem durchorganisierten und verplanten Alltag unterworfen sind.

Kinder artikulieren das nicht, weil sie es nicht können oder wollen. Aber Kinder zeigen durch ihr Handeln, dass ihnen manches nicht passt. Aus der Perspektive der Erwachsenen sind solch störende Hinweise dann «Unarten», die es zu unterbinden gilt. Dabei ist es für den Erwachsenen viel bedeutsamer, die Botschaften hinter den «Unarten» zu erkennen. Um diesen wunderbaren Begriff nochmals kurz zu beleuchten: Viele Eltern wollen das eigenständige, mutige, neugierige, unangepasste Kind, aber zu viel Autonomie, zu viel Mut, gar Übermut, zu viel forschendes Entdecken, zu viel «Gegen-den-Strich-Bürsten», das will man dann doch nicht.

Es sind drei «Unarten», die Eltern häufig verzweifeln lassen: Das ist die Zerstreuung, das ist die Langeweile, da gibt es den Rückzug, das Bedürfnis, nur für sich zu sein. Und da ist dann noch das Eintauchen in Phantasie- und Traumwelten, verbunden mit der elterlichen Angst, das heranwachsende Kind könne nicht zu einem lebenstüchtigen Mitglied der Gesellschaft werden, könne nicht am sozialen Miteinander teilhaben.

Von «Hand und Fuß»

«Das hat Hand und Fuß» – wer kennt nicht diesen Satz! Er stand für: Alles in Ordnung! Wunderbar! Hervorragend! Doch wer sich den Satz genau anhört, entdeckt zwischen den Zeilen jene Botschaften, die schon Pädagogen vor Jahrhunderten formuliert haben. Mit der Hand begreift man, fasst man an, mit den Füßen steht man fest auf der Erde.

Das Verstehen setzt – so Pestalozzi, Fröbel oder Montessori – das Stehen, das In-der-Welt-Sein voraus. Der abstrakte Begriff entsteht über das unmittelbare Begreifen; was man intellektuell erfassen will, muss zuvor angefasst werden. Jeder intellektuellen Anstrengung geht also eine körperliche voraus. Wer den Körper stilllegt, der legt Entwicklung still. Kinder zeigen das: Sie lieben körperbetonte Spiele. Spiele, in denen sie sich austoben, aus sich herausgehen können. Und was beim Spiel auf einer physiologischen Ebene geschieht, passiert in Phantasie und Traum ähnlich.

Auch hier überwinden die Kinder Grenzen: Alles ist möglich. Man ist – wie im Märchen – mit allem und jedem im Kontakt, man begleitet den Helden, die Heldin auf einer Reise ins Ungewisse, auf ihren Abenteuern mit bekanntem, eben mit gutem Ausgang. Man steigt aus der Zeit aus: «Und wenn sie nicht gestorben sind, dann leben sie noch heute.» Sie leben in den Kindern von heute fort. Da herrscht ein stilles Einverständnis, eine fraglose Nähe.

Märchen sind wie ihre Protagonisten zeitlos, sich ausklinken aus zeitlichen Zusammenhängen, sich wegbeamen in andere Welten. Dies wollen auch die Kinder, sie wollen für sich sein. Das war sicherlich zu allen Zeiten so. Märchen, Phantasiegeschichten haben immer fasziniert, aber vielleicht haben sie gegenwärtig eine besondere Bedeutung. Kinder sind in feste zeitliche Strukturen mehr denn je eingebunden. Aber mit einer Portion Eigensinn, mit widerständiger Hinterlist schaffen sie sich ihren Raum, bauen sie eigene Zeiten auf, die nur ihnen gehören. Erwachsene haben keinen Zutritt, und je mehr diese sich echauffieren, umso mehr spüren die Kinder, dass sie auf dem richtigen Pfad sind, ihre Eigenständigkeit zu beweisen.

Das Glück der Langeweile

Kinder sind eigenständig, sind widerständig. Sie eignen sich, wie es der Soziologe Rainer Zoll einmal für die Erwachsenenwelt formuliert hat, ihre Zeit auf ihre Art und Weise an. Sie lassen sich nicht so ohne weiteres beschleunigen. Entschleunigen ist das Gebot der Stunde. Um es an den Begriffen der Zerstreuung und Langeweile zu veranschaulichen.

Vor über 200 Jahren galt Langeweile als wichtig und notwendig. Nun ist sie wichtiger und notwendiger, aber verkannter und abgewerteter denn je. Sich aus den Vorgaben auszuklinken, der organisierten und vorgeplanten Freizeit die kalte Schulter zu zeigen, Zeit für eigene Ideen zu entwickeln, auf dem Bett zu liegen, die Hausaufgaben genauso zu ignorieren wie das pädagogisch wertvolle Spiel, das achtlos in der Ecke liegt, weil man hier nur das spielen kann, was vorgeplant und vorbestimmt ist.

Wenn Kinder ständig formulieren, ihnen «sei so langweilig», «einfach nur noch fad», dass sie keine eigenen Ideen entwickeln, kann das in zwei Richtungen deuten: einerseits eine verdeckte Botschaft an die Eltern, sich mehr mit ihnen zu beschäftigen, in ihre Welt, ihre Träume einzutauchen, «mitzuspinnen», Logik und Rationalität beiseitezulassen, sich mit den Kindern auf einen gemeinsamen Weg zu machen. Kinder mögen Eltern, die nicht als Vater und Mutter «vernünftig» daherkommen, nur den geraden, den richtigen Weg beschreiten, die versteckten Oasen, die jenseits liegen, unbeachtet lassen. Umwege, und seien sie noch so verrückt, erweitern nicht allein die Ortskenntnis, Umwege dienen zugleich dazu, Persönlichkeitsanteile – eben die Phantasie – in sich zu entdecken, die verschüttet sind, die man beiseitegeschoben hat. Phantasie, so hat es der Neurologe Gerald Hüther ausgedrückt, ist das «Zusammenfügen von Erinnerungsspuren und Erfahrungen zur Kreation einer eigenen Gedankenwelt». Das gilt für Kinder ebenso wie für Erwachsene.

Doch weist der stereotyp formulierte Satz, es wäre alles so langweilig, noch auf einen anderen Sachverhalt hin. Es fällt auf: Kinder, bei denen alles verplant ist, oder aber jene, die keine Alltagsstrukturen erfahren, die nicht wissen, woran sie sind, die sich alleingelassen fühlen, diesen Kindern ist es eben auch sehr schnell langweilig, weil sie keine Bindung, keine Beziehung haben. Hier stellt Langeweile einen Hilferuf dar. Langeweile ist eben nicht Langeweile, es kommt darauf an, in welchen Bezügen sie erlebt wird.

Fühlt ein Kind sich in Beziehungen aufgehoben, dann ist Langeweile für die Persönlichkeitsentwicklung ausgesprochen wichtig. Sie stellt eine Zeit dar, die nur dem Kind gehört. Deshalb reagiert es so vehement, so barsch, wenn ihm vorgeworfen wird, es langweile sich wohl wieder. Solchen Satz deutet es als Eingriff in seinen Wunsch nach Autonomie, danach, die Eigenzeit so zu gestalten, wie man es selber möchte. Langeweile, das heißt, auf dem Bett zu liegen, an die Decke zu starren, das heißt, gedankenverloren im Sessel zu sitzen, vor sich hin zu träumen, das heißt, Zeit für eigene Ideen zu haben, diese zu vertiefen, Zeiten, in denen nichts, aber rein gar nichts ge- und verplant ist. Langeweile ist eine Quelle der Kraft. Aber wer zu dieser Quelle will, so heißt es in einem chinesischen Sprichwort, der muss gegen den Strom schwimmen.

Ähnliches trifft auf die Zerstreuung zu. Ein zerstreutes Kind, so die landläufige Meinung, ist ein Kind, was nicht bei der Sache ist. Stimmt! Doch warum müssen Kinder bei jeder Sache sein, die von außen vorgegeben wird: Da ist der siebenjährige Malte, der im Schulunterricht aus dem Fenster schaut, weil auf dem Fensterbrett ein Zaunkönig hockt. Der ist doch viel wichtiger als die Buchstaben, die die bemühte Lehrerin ihm anbietet. Der Zaunkönig fliegt gleich weg, die Buchstaben aber bleiben. Da ist die vierjährige Anna, die in ihrem Zimmer hockt wie eine Prinzessin, eine umtriebige Mutter um sich herum, die sie zum Aufräumen bewegen will. Doch sieht Anna keinen Anlass dazu, findet sie doch in ihrem Chaos alles wieder. Die Einzige, die durchdreht, ist ihre Mutter. Kinder lieben die «Streu-Ordnung», denn in der Zerstreuung sind strukturierende Momente enthalten, die nur die Kinder, aber nicht die Erwachsenen erblicken und zu deuten wissen.

Und da ist dann noch der knapp sechsjährige Benjamin, der in den Kindergarten muss, aber «der aus dem Anziehen seiner Schuhe», so seine Mutter, «ein Projekt macht. Der untersuche jeden Morgen seine Schuhe, die Schnüre, die Lasche, «einfach alles!» Sie würde durchdrehen, Benjamin säße da wie «ein kleiner Wissenschaftler», durchdenke alles, käme vom «Hundertsten ins Tausendste», der könne sich mit allem beschäftigen, würde allen Dingen auf den Grund gehen. Albert Einstein hat einmal von «der heiligen Neugier des Forschens» gesprochen, die in Kindergarten und Schule, aber nicht nur da, wieder angesagt ist. Kinder wollen hinter die Dinge schauen, sie begreifen, sie erfassen – und das so lange, bis sie Zusammenhänge begriffen haben. Mag das aus der Sicht von Erwachsenen noch so zusammenhanglos, noch so zerstreut daherkommen, für Kinder macht das Sinn, macht Zusammenhänge erfahrbar.

Bleibt da noch die Phantasie: Phantasie und Wissen darf man nicht als sich ausschließende Gegensätze betrachten. Phantasie baut auf Wissen, Erfahrung und Verständnis auf. Je jünger die Kinder sind, umso mehr verwischen sich Phantasie und Wirklichkeit. Wenn jüngere Kinder sich Realität nicht erklären können, wenn da Wissenslücken sind, dann werden diese Lücken durch die Vorstellungskraft der Kinder erklärt. Phantasie ist eine Kraft, die Kindern Stärke verleiht, wenn man ihnen dann die Möglichkeit gibt, zu phantasieren. «Nun, spinn hier nicht rum!», das ist so ein Satz, mit dem Kinder reglementiert oder belächelt werden.

Dann ist da noch die andere Seite: Einerseits beklagt man,

dass Kinder phantasielos sind, keine «blühenden Phantasien» mehr haben, andererseits werden phantasiebegabte Kinder schnell als problematisch beschrieben, weil sie Realitäten überwinden.

Kinder lieben Phantasiewelten, weil sie nur ihnen gehören und nur jene Erwachsenen Zutritt haben, die Kind geblieben sind. Wer Phantasien hat, der kann sich fortträumen, kann andere Welten erobern. In der Phantasiewelt ist alles möglich, hier herrschen keine Regeln, die in der Wirklichkeit eingehalten werden müssen.

Damit fangen die Probleme an. Die Fähigkeit zum Phantasieren nimmt schon mit der Pubertät ab. Der Realitätssinn gewinnt die Übermacht. Das gilt für das Erwachsenenalter allemal. Wir hatten es betont: Was Phantasie und Tagträume anbetrifft, sind Kinder die Lehrmeister der Erwachsenen. Sie fordern ihre Eltern auf, in ihre Welten, ihre Phantasiegeschichten einzudringen, sie lassen sie teilhaben an einer Welt, in der Zeit und Raum verschwinden.

Phantasien schützen und stärken

Das ist leichter gesagt als getan. Lernen – immer früher, immer intensiver, immer mehr. Das ist das Gebot der Stunde! In Kindergärten, die Englisch für Dreijährige, Chinesisch für Vierjährige anbieten, da geht der Daumen nach oben. In jenen, in denen «nur» gespielt, «nur» getobt wird, da senkt er sich unbarmherzig nach unten. Frühförderung ist angesagt. Sie fängt bei manchen Eltern schon in der Schwangerschaft an. Und der Erfolgsdruck beginnt schon mit der Geburt. Besorgte Mütter und Väter vergleichen ihre Kinder mit anderen, fragen sich besorgt, ob sich ein Kind «plangemäß» entwickelt, achten darauf, was ein Kind nicht kann, und übersehen dessen Stärken und Fähigkeiten. Der Gedanke, einem Kind für seine ganz eigene Entwicklung Zeit zu lassen, ihm Raum zu geben, schein eher ein «No-Go» zu sein, ein Blick in ein vermintes Gelände. Man will sich ja später nichts nachsagen lassen. Statt Kinder zu begleiten, statt Kinder entwicklungsangemessen zu fördern, wird die Überforderung zur Regel. Da spukt die alte Redensart in den elterlichen Gehirnen herum: «Was Hänschen nicht lerne, das würde Hans nimmermehr kapieren.» Welch Irrtum! Lernen ist ein lebenslanger Prozess, man lernt sein ganzes Leben lang, wenn auch nicht mehr ganz so schnell. Aber möglichst schnell und ganz viel – das scheint heute die Regel zu sein! So läuft die Bildungsmaschinerie schon früh auf Hochtouren, wobei das mit der Bildung so nicht stimmt. Es geht nicht um eine ganzheitliche Entwicklung, vielmehr um eine staubtrockene Vermittlung von Fakten, mag diese noch so sehr an dem kindlichen Auffassungsvermögen orientiert sein. Bei der Bildung steht nicht die Effektivität im Mittelpunkt. Sie bewegt sich nicht auf der Überholspur, sie hat mit der «Entdeckung der Langsamkeit» zu tun. Kinder lieben Umwege, weil sie die Ortskenntnis erweitern, weil sie Einblicke zulassen, die man ansonsten nicht gewonnen hätte. Wege entstehen beim Gehen, und auch der Weg zum Nordpol fängt mit dem ersten Schritt an. Der so gern zitierte Satz, dass der Weg das Ziel ist, wird dann zu einem Problem, wenn der Erfolg darin besteht, als erster und schnellster am Ziel zu sein und nicht einen mühsamen, gleichwohl lehrreichen Pfad beschritten zu haben. Wenn die Definition von Erfolg nicht mit neuen Inhalten gefüllt wird, mit Inhalten, die sich an Entwicklungsbesonderheiten der Kinder orientieren und nicht rational-ökonomischer Effektivität, dann bleibt jedes Nachdenken über veränderte Möglichkeiten von Bildung nur nutzlose Gedankenspielerei.

Wie wichtig solches Nachdenken ist, zeigt sich an den Problemen, die Kinder als Folge von Zeitstress oder kognitiver Überforderung haben. Immer mehr haben mit psychosomatischen Auffälligkeiten zu kämpfen. Ohrenschmerzen, ständige Erkältungen, Allergien, eitrige Mandeln, chronische Bauchschmerzen, Essstörungen wie Magersucht, Bulimie oder Übergewicht, Aufmerksamkeits- und Konzentrationsstörungen. Die Techniker Krankenkasse weist darauf hin, dass die Anzahl der Kinder, die mit Psychopharmaka behandelt werden, ständig steigt. Es heißt, jedes zehnte Kind leide an depressiven Symptomen. Das spricht nicht gerade für die Bedingungen, unter denen die Kinder heute ihren Weg ins Leben finden müssen. Und schnell werden Etikettierungen verteilt, werden Kinder nach Krankheitssymptomen betrachtet und diagnostiziert: der Zappelphilipp, die Störenfrieda, der Chaot, die Träumerin. So ein Schubladendenken ist praktisch. Gibt es eine Diagnose, gibt es meistens auch eine Therapie, nicht selten in Form von Medikamentierung. So werden nur Symptome bekämpft und gemildert. Aber «Probleme», so Albert Einstein, «kann man nicht auf der Ebene lösen, auf der sie entstanden sind».

Wenn Kinder sich nicht mehr konzentrieren können und Schwierigkeiten haben zuzuhören, dann lautet die Schlussfolgerung oft: Etwas stimmt mit diesen Kindern nicht. Also werden die Symptome bekämpft, damit die Kinder so «funktionieren», wie es die gesellschaftlichen Anforderungen verlangen. Anders herum ergibt es Sinn: Wie sieht es denn mit den gesellschaftlichen Anforderungen aus?

Vielleicht sind die Störungen, die die Kinder zeigen, ein Zeichen dafür, dass bei diesen Anforderungen etwas korrigiert werden muss. Das fängt an mit dem, was erzählt wird und wie es erzählt wird. Es gibt kaum noch Erzählrituale, die Kinder wirklich in den Bann ziehen. Und Beispiele von Geschichten, die der kindlichen Vorstellungswelt entsprechen, zeigen, dass Kinder mit einem Mal sehr wohl in der Lage sein können, fasziniert zuzuhören.

Eltern klagen, dass ihre Kinder in die Medien abtauchen, deswegen begrenzen sie die Medienzeit, was immer wieder zu alltäglichen Auseinandersetzungen führt. Die Frage, die auf eine andere Ebene führt und uns dahinterschauen lässt, lautet: Was finden Kinder in den Medien, was sie in ihrem Alltag sonst nicht finden? Ist es vielleicht ihre Lust auf Abenteuer? Ihre Lust, Dinge zu erleben, die spannender sind als das, was ihr normaler Alltag sonst so zu bieten hat.

Solange auf Symptome nur reagiert wird, werden sie nicht verschwinden. Es kann sich nichts ändern, wenn man nicht auf die Suche nach den Ursachen geht und versucht, diese in den Griff zu bekommen. Wir müssen die Ebene verlassen, auf der die Symptome sich zeigen, und auf die Suche nach der Ebene gehen, die den Nährboden dafür bietet, dass die Störungen verschwinden und die Schieflage wieder geradegerückt werden kann.

Wie kann diese andere Ebene aussehen? Es ist die Welt der Phantasien, es ist jene Welt, mit der Kinder Realität durchdringen.

«I have a dream»

Phantasien verändern die Welt, das was gedacht, geträumt wird, das dringt in die Wirklichkeit. «I have a dream», hat Martin Luther King vor Jahrzehnten gesagt, ein Erwachsener, der seinen Traum von einer humanen Welt formuliert hat. Kinder haben diese Träume. Es gilt, diese zu erhalten. «Wenn ihr nicht werdet wie Kinder», so heißt es im Matthäusevangelium. Zu träumen und trotzdem Wurzeln spüren, das führen wir in den einzelnen Kapiteln aus.

Kinder sind Geschenke für die Erwachsenen, so hatten wir es am Anfang betont, Geschenke, von denen Erwachsene auf eine wunderbare Weise lernen können. «Kindheit könnte für Erwachsene», so nochmals der Pädagoge Michael Pfister, «jenen Zwischenraum bedeuten, in dem das Wechselspiel von Vernunft und Unvernunft, aber auch von Eindeutigem und Ungefährem, von Stärke und Schwäche, von Ernst und Spiel stattfindet. Überzeugungen werden weniger engstirnig, Handlungen weniger kompromisslos ausfallen, wenn es gelingt, diesen Zwischenraum offenzuhalten.»

Und ein wenig mehr zu träumen.

LEBENSKRÄFTE, PHANTASIE, NEUGIER UND KREATIVITÄT

> «Wir träumen von Reisen durch das Weltall –
> ist denn das Weltall nicht in uns? Nach innen geht
> der geheimnisvolle Weg.»
> NOVALIS

«Träum hier nicht rum!» – an diese Worte erinnert sich Hannes Weber noch gut. Wie oft hatte er sie von seinen Eltern gehört. Heute hat er selber Kinder. Und nun erwischt er sich manchmal dabei, wie er genau diesen Satz zu seinem vierjährigen Max sagt, wenn sein Sohn am Morgen mal wieder versonnen in seinem Müsli stochert und nicht in die Gänge kommt. Und nachdenklich stellt er fest: «So ist das eben. Wenn man als Erwachsener funktionieren muss, dann verlernt man das Träumen. Vielleicht auch, weil die Eltern einem so früh beigebracht haben, dass Träume nur dummes Zeug sind. Dass Träumen nichts bringt, weil es einen abhält von den wirklich wichtigen Dingen des Lebens.»

Als Hannes noch klein war, waren seine Träume groß. In seinen Abenteuern, die er nachts durchlebte, war er der Held, der Retter, der trickreich selbst die größten Gefahren meisterte. Meistens unerkannt, weil er sich dabei oft mit Tarnkappe auf dem Kopf träumte. Und vielleicht war dieses magische Requisit für ihn auch ein Hilfsmittel gegen die

Zweifel an seiner eigenen Traumgröße. So erkannte ihn ja keiner. Also konnte ihn auch keiner auslachen. Wie es vielleicht sonst passieren würde. Deswegen erzählte er seinen Eltern auch nie etwas von seinen großartigen Träumen. Er fürchtete, sie könnten sich über ihn lustig machen, weil er doch eigentlich noch so klein war.

Mit seiner Tarnkappe hatte Hannes einen guten Trick gefunden, um «unerkannt» auf Abenteuerreisen gehen zu können ins Traumland der unbegrenzten Möglichkeiten. Und was für Kinder eine Selbstverständlichkeit ist, müssen sich Erwachsene später wieder antrainieren mit der Hilfe von «Kreativitäts-Coaches». Sie sollen den Erfindergeist wieder wachkitzeln und das «Kind im Manne oder in der Frau» wieder hervorlocken, das zu denken und sich vorzustellen vermag, was bis dahin undenkbar war.

Träume: Bilder für Emotionen und kreativer Ideenpool

Fenster zur Seele und innerer Hausputz

Träume gehören zu unserem Leben wie die Luft zum Atmen. Sie helfen unserer Psyche, all das im Schlaf zu verarbeiten, was an Informationen, Erlebnissen und Bildern am Tag auf uns einstürmt.

Das gleicht einem inneren Hausputz, der das Unterbewusstsein davor bewahrt, jeden Schrott ungefiltert speichern zu müssen. Es ist so etwas wie ein natürlicher Spamfilter für unser Gehirn, eine Art Konvertierungsprogramm für Unerledigtes und zugleich aber auch ein Zugangsportal für Unentdecktes.

Im Traum wird das, was uns im tiefsten Innern beschäftigt, in skurrile Bilder umgesetzt, die oft intensive Gefühle hervorrufen.

Und träumend sind wir imstande, Inspirationsquellen anzuzapfen. Diese können uns Dinge bescheren, die uns im Wachzustand selber erstaunen. So soll Paul McCartney die Melodie zu dem berühmten Beatles-Song «Yesterday» auch im Traum eingefallen sein. Als er aufwachte, hatte er diese Melodie im Ohr und fragte sich immer wieder, wer diesen wunderbaren Song nur geschrieben haben könnte. Er kam nicht dahinter, bis ihm dämmerte, was für einen Schatz er da selber gefunden hatte. Und Chester Carlson, der Gründer der Xerox Company, soll im Traum sogar Stimmen gehört haben, die ihm den Tipp gaben, wie man Kohlenstaub auf eine geladene, belichtete Trommel sprüht und damit Kopien anfertigt.

Jeder Mensch träumt. Nur kann sich der eine mehr an seine Träume erinnern, der andere weniger. Genauso ist es mit der Bedeutung, die Träumen gegeben wird. Für manche sind Träume Schäume, irgendein «Quatsch, der nichts zu bedeuten hat». Andere sehen in ihnen sogar Winke des Schicksals. Die Deutung von Träumen hat in vielen Kulturen schon immer eine große Rolle gespielt.

Mit Sigmund Freund, dem Begründer der Psychoanalyse, begann die wissenschaftliche Untersuchung der Träume. Er war überzeugt davon, die Bildersprache entziffert und die Traumrätsel gelöst zu haben. Für ihn steckten vor allem sexuelle Bedeutungen dahinter. Und einmal auf diesen Pfad gebracht, liegen die Assoziationen auf der Hand. Lange, steife Objekte z. B., wie Baumstämme, Schirme und Stöcke, sind für ihn phallische Sinnbilder. Und hinter Dingen, die einen Hohlraum haben, wie Dosen, Kästen und Öfen, sieht er das weibliche Geschlechtsteil verborgen. Die Liste ließe sich jetzt noch lange fortführen, und da sind auch der eigenen Phantasie keine Grenzen gesetzt. Die Frage ist nur, stimmt das wirklich? Oder besser gefragt, lässt sich die Traumsymbolik überhaupt generell entschlüsseln? Oder ist es nicht viel wichtiger, die jeweils individuellen Assoziationen gelten zu lassen?

Aktuelle Traumforscher sind noch viel radikaler. Der Neurologe Allan Hobson geht davon aus, dass Träume gar keinen Sinn haben und dass die Zellen im oberen Hirnstamm nur zufällig erregt werden. Der Mannheimer Psychologe Michael Schredl, wissenschaftlicher Leiter des Schlaflabors am Zentralinstitut für seelische Gesundheit in Mannheim, widerspricht ihm. Aufgrund seiner Studien zieht er den Schluss, dass Alltags- und Traumerleben zusammenhängen: «Meine These ist, dass das Traumgeschehen das Wachleben spiegelt und dass es da eine Kontinuität gibt. Was einen im Wachzustand beschäftigt, beschäftigt einen auch im Traum, gerade was die sozialen Kontakte angeht. Aber der Traum greift auch auf vergangene Erfahrungen zurück, er verbindet aktuelle und vergangene Erlebnisse.»

Und hier schaltete sich Jau-Jau, unser Spezialist für Träume und Phantasien aller Art, wieder ein: «Jau, jetzt bringt das Ganz doch einfach mal auf den Punkt», meinte er. «Der Mensch besteht eben nicht nur aus Fleisch und Blut. Da ist eben mehr dahinter. Träume sind auch Fenster zur Seele, schaffen Verbindungen zu Unerklärlichem. Und da könnt ihr euch einiges bei den Kindern abschauen. Sie haben diese Verbindung noch. Wo ihr lange analysieren müsst, braucht es für Kinder keine Erklärung. Sie sind noch ganz anders verbunden mit dieser tiefen Schicht unseres Bewusstseins. Kapiert es endlich! Und nutzt die Chancen, die darin liegen.

Lasst den Kindern ihre Träume, erklärt sie ihnen nicht so lange, bis sie wirklich nur noch Schall und Rauch sind. Hört ihnen zu, wenn sie davon erzählen. Seid neugierig auf ihre Traumgeschichten. Und vor allem, bewertet sie nicht!»

Das mag sich für viele zu einfach anhören. Denn manchmal haben Kinder Albträume, in denen sie von grässlichen Monstern verfolgt werden. Auf diese Art und Weise setzen sie sich nachts mit ihren unbewussten Ängsten auseinander, die in den Monstern Gestalt annehmen. Und den Kampf mit den dunklen Traumgestalten erleben die Kinder oft so intensiv, dass sie nassgeschwitzt aufwachen oder sogar einnässen. Für Eltern ist dann schnell das Bettnässen das eigentliche Problem. Und sie machen sich Gedanken, was mit ihrem Kind nicht stimmen könnte, ob es gar eine Therapie braucht. Aber es kann auch ganz normal sein, dass man sich vor Angst in die Hose macht, wenn man mit furchterregenden Monstern kämpfen muss. Diese Formulierung kommt ja nicht von ungefähr.

Weil sie es gut meinen und ihre Kinder trösten wollen, erklären manche Eltern dann ausführlich, dass es diese Monster gar nicht gibt. Deswegen müsse man auch keine Angst vor ihnen haben. Aber diese Erklärung kann die Kinder nicht erreichen. Für sie sind die Monster real. Und wenn die Eltern leugnen, dass es sie gibt, fühlen sich die Kinder nicht verstanden, fühlen sich alleingelassen im Kampf mit dem Monster. Was bleibt dann übrig von dem großen Abenteuer, das die Kinder hinter sich haben? Die Eltern glauben es anscheinend nicht. Also müssen sich die Kinder schämen, dass sie ins Bett gemacht haben. Denn wenn es die Monster gar nicht gibt, gibt es dafür ja auch keinen Grund.

«Das hast du dir alles nur eingebildet.» So argumentiert

der Erwachsene rational, redet am Kind vorbei und erreicht die tiefen Schichten nicht, die symbolhaft diese Monster hervorbringen. Um diese Unholde zu vertreiben, muss man sich auch auf die Ebene der Symbole begeben, in das Reich des Märchenhaften. Hier kann man die Zaubermittel finden, die Monster verwandeln und unschädlich machen. Hier kann man sich die magischen Kräfte holen, die einem helfen, schwierige Situationen zu meistern.

Diese Tricks wenden auch Ella und Enno an in einer von Jau-Jaus Geschichten.

Ella, Enno und das Mutmachgespenst

Langsam begann es zu dämmern, und fetzige Wolkengebilde schwebten am Abendhimmel über die Stadt. Ella hatte ihrer Mutter versprochen, auf ihren kleineren Bruder Enno aufzupassen. Ella war schon groß und konnte lesen und schreiben. Enno konnte das noch nicht. Er träumte lieber vor sich hin und schaute in die Wolken.

Heute entdeckte er da sogar ein Gespensterschloss mit einem kleinen Gespenst. Er zeigte es Theo, seinem Teddy, und überlegte, wie er das Gespenst herunterlocken konnte. Enno fing an, in seinem Zimmer etwas zu bauen.

«Was soll das werden?», fragte Ella.

«Ein Gespensterschloss», erklärte Enno. «Für das Wolkengespenst.»

Ella schaute ungläubig an den Himmel. Enno wollte ihr das Gespenst in den Wolken zeigen. Aber es war nicht mehr da.

Da hörte Enno mit einem Mal ein dünnes Stimmchen unter seinem Bett. Und er glaubte magische Nebelschwaden zu sehen.

«Da! Unter meinem Bett! Da hat es sich versteckt!»

Ella kam das alles komisch vor. Sie schaute im Lexikon nach, ob es Gespenster wirklich gab.
Währenddessen hatte Enno das kleine Gespenst schon entdeckt.
«Hey, komm da weg!», rief Enno ihm zu. «Unter meinem Bett ist nämlich der Eingang zu einem Krokodilgespensterschloss.»
Ella hatte inzwischen im Lexikon gelesen, dass es keine echten Gespenster gab. Das wollte sie ihrem Bruder erklären. Aber Enno glaubte seiner Schwester nicht und rief noch einmal unters Bett:
«Hey, komm da weg! Manchmal lauern da Krokodilgespenster!»
Und das Gespenst antwortete: «Kein Problem! Mit ganz viel Mut fühlst du dich gut!»
Enno wollte seinem Teddy das Gespenst zeigen.
Doch mit einem Mal war Teddy Theo verschwunden. Hatten die Krokodilgespenster ihn geholt?
Der tauchte auch schon ihr König auf.
«Na, los, fragen wir ihn nach dem Teddy!», schlug Ella vor.
Keiner traute sich, den Krokodilkönig anzusprechen.
Das Gespenst verriet ihnen ein Mutmachzauberwort:
«Woschzongschark – Ich bin stark.»
Enno sprach es laut aus. Und auf einmal fühlte er sich wirklich mutig und rief dem Krokodilkönig zu: «Rücken Sie meinen Theo raus! Aber sofort!»
Der Krokodilkönig lachte böse. «Wir werden ihn grillen. Teddybären sollen besonders lecker schmecken.»
«Kommt! Wir müssen Theo befreien!», rief Enno.
Aber wo sollten sie nach ihm suchen? Überall lauerten Krokodilgespenster, die darauf warteten, sie zu fangen.
«Kein Problem. Mit meinem Mutmach-Umhang seid ihr sicher!», erklärte das kleine Gespenst. Und es zauberte für

jeden einen durchsichtigen Umhang. Doch wo sie auch nach dem Teddy schauten, Theo blieb verschwunden.

Am besten sehen wir uns alles von oben an», schlug das Gespenst vor.

Und schon saßen sie zusammen auf einer Mutmachwolke und schwebten über das Gespensterschloss. Auf einer Insel im Gespenstergarten entdeckten sie den Teddy.

«Wie sollen wir ihn da wegholen?», sorgte sich Enno. «Überall lauern Krokodilgespenster. Und mit denen ist nicht zu spaßen.»

«Kein Problem», erklärte das Mutmachgespenst. «Für solche Fälle gibt es einen besonderen Trick. Wir verwandeln sie einfach in etwas, mit dem man Spaß haben kann.»

«Au ja! Wir können sie in Clowns verwandeln», schlug Ella vor. «Mit roten Nasen.»

Sie sprachen zusammen einen Verwandlungsspruch, und aus den Krokodilgespenstern wurden Krokoclowns. Die tanzten auf Seilen, hoben Gewichte und ließen Mäuse auf Bällen balancieren. Und der Krokodilkönig war der Zirkusdirektor und spielte für den Teddy Trompete.

So wurde das Gespensterschloss zu einem Krokodilzirkus. Und Enno, Ella und das Mutmachgespenst setzten mit ihrer Wolke zur Landung an ...

Endlich konnte Enno seinen Teddy wieder in die Arme schließen.

Der Krokodilkönig spielte einen Tusch auf seiner Trompete. Und alle sangen und tanzten vor Freude.

Aber nun wurde es Zeit für den Heimweg. Der kürzeste Weg führte durch eine schwarze Höhle, in die kein Licht drang.

«Aber im Dunkeln habe ich Angst», gestand Ella.

Enno tröstete seine Schwester: «Dafür gibt's bestimmt auch einen Spruch.»

«Na klar!», erklärte das Mutmachgespenst. «Er muss beson-

ders laut gesprochen werden, vertreibt alle Angst und lautet:
«Woschzongwu – weg bist du!»
Und gerade waren sie in der schwarzen Höhle angekommen,
da kam die Mutter zur Tür herein und knipste das Licht an ...
Das Gespensterschloss war verschwunden.
Enno hatte Teddy Theo im Arm, und alles war wie vorher ....

Magische Hilfsmittel, wie Mutmachsprüche, Verwandlungszauber und Umhänge, die unsichtbar machen, helfen nicht nur gegen Krokodilgespenster. Es sind «phantastische Waffen», um Bedrohungen aller Art abzuwehren und in etwas Fröhliches zu verwandeln.

Bei den Senoi, einem Stamm von Ureinwohnern in Malaysia, gehört die Auseinandersetzung mit dem Geträumten als festes Ritual zu ihrem Tagesablauf. Zwischen den Träumen von Kindern und denen der Erwachsenen wird dabei kein Unterschied gemacht. Beide werden gleichermaßen wichtig genommen. Man erzählt sich die Träume in der Gruppe und versucht gemeinsam Wege zu finden, Bedrohliches in Tagträumen umzuträumen. Dabei geht es ihnen darum, «Herr des eigenen Traumreiches» zu werden und Erkenntnisse aus diesem Prozess in ihre Handlungen und ihre kreative Arbeit einfließen zu lassen. Ihre Träume sind ihnen genauso wichtig wie ihre alltägliche Wirklichkeit. Und sie glauben daran, dass der Traum ein Fenster zur Seele öffnen kann, dass er etwas von dem erzählt, was sonst hinter Fassaden versteckt ist. Im Traum ist man vor den störenden Einflüssen der Umwelt geschützt und empfangsbereit für kreative Kräfte, die die Wirklichkeit neu gestalten können. Es heißt, im Traum ist man mit seiner Seele verbunden. Und aus dieser Einheit kann eine ganz besondere Stärke wachsen.

«Lebe deinen Traum», das geben die Senoi einem Freund als Abschied im Dschungel mit auf den Weg.

Im Traum sind die physikalischen Gesetze der Realität außer Kraft gesetzt. Alles ist möglich. Im Traum können Kinder zu Heldinnen und Helden werden und ausprobieren, wie es sich anfühlt, Schwierigkeiten zu meistern. So machen Träume auf phantastische Art und Weise fit fürs Leben.

Eine Nacht voller guter Träume

Eine behütende Traumumgebung schaffen
Wichtig ist, dass die Umgebung, in der das Kind schläft, so ist, dass gute Träume unterstützt werden:
- gedämpftes Licht zum Einschlafen,
- das Lieblingskuscheltier und andere «kraftgebende» Kuscheltiere als Schlafbegleiter,
- ein Mobile und Bilder, die die Phantasie postiv anregen,
- ein Traumfänger – das ist ein mit Federn und Perlen geschmückter Ring mit einem Netz in der Mitte. Und bei den Indianern gibt es eine Geschichte, die davon erzählt, wie durch so einen Traumfänger alle bösen Träume eingefangen werden. Die guten kommen durch die Maschen des Netzes durch, und die bösen verfangen sich darin. Und sie lösen sich auf, wenn sie von den ersten Strahlen der Sonne berührt werden.

Rituale vor dem Einschlafen schaffen Vertrautheit
Für Eltern und Kinder ist die Zeit vor dem Einschlafen eine ganz besondere Zeit. Schlafen heißt auch immer abtauchen in einen Raum, den man nicht unter Kontrolle hat. Dafür ist es hilfreich, wenn man sich gut fallen lassen kann und mit

dem Gefühl einschläft, da ist jemand, der einen hält, wenn man schläft. Deswegen ist die Stimmung wichtig, mit der man in den Schlaf gleitet, und die Begleitung, die man dabei hat. Für eine entspannte, gute Stimmung hilft es:

Eine Gutenachtgeschichte vorzulesen. – Dabei wirkt allein schon die Stimme von Vater oder Mutter beruhigend. Und mit dem Vorlesen tauchen Eltern und Kind für diese Zeit gemeinsam ein in den phantasieentfaltenden Raum der Geschichte, verbinden sich auf der Gefühlsebene. Die Eltern vermitteln dabei die Botschaft: «Ich bin bei dir, auch wenn du schläfst.» Und bei den Kindern kommt der kraftgebende Trost an: «Mama und Papa passen auf mich auf. Sie sind da, wenn ich sie brauche.»

Schlaflieder zu singen – Die Wirkungen sind ähnlich wie beim Geschichten-Vorlesen, werden noch einmal verstärkt durch den Gesang, weil der Gefühle noch intensiver erleben lässt.

(Tipps für Geschichten und Lieder sind am Ende des Buches unter den «Empfehlungen» zu finden.)

Etwas, das man tun kann, um zu entspannen und den Atem zu beruhigen, z.B.

Gemeinsame Traumschlösser bauen – Gemeinsam kann man sich ausmalen, wie so ein Traumschloss aussehen würde, in dem man sich «pudelwohl» fühlt und sicher.

Ein Zaubersack hilft Angst zu verwandeln – Dieser Zaubersack wird am besten vorher gebastelt. Seine Zauberkraft beruht darauf, dass es möglich ist, alle Monster und Ungeheuer, die man sich vorstellen kann, auch in etwas Witziges zu verwandeln. Denn wenn man sich das eine vorstellen kann, klappt es bestimmt auch mit dem anderen. Für beides braucht man nur genügend Vorstellungskraft. Und so wird der Zaubersack mit lauter kleinen witzigen Bildern gefüllt, in die Monster und Ungeheuer verwandelt werden können, z.B.: pfeifende Kobolde, schmatzende Eichhörnchen, quakende Watschelenten, pupsende Schweinchen, tanzende Kichergespenster.

Bestimmt fällt den Kindern noch viel mehr ein. Und sollte irgendetwas im Anmarsch sein, das Angst machen will, dann greift man zum Zaubersack, zieht ein Bild, schwenkt den Sack dreimal in der Luft herum und stellt sich vor, wie sich das Bedrohliche in etwas Witziges verwandelt.

Ein Zauberballon holt magische Helfer herbei. Der Trick kann z.B. angewendet werden, wenn es ein Problem gibt, das Kopfzerbrechen bereitet. Hier kann sich das Kind magische Hilfe holen. Und das funktioniert so:

Man stellt sich vor, wie man dieses Problem in einen Luftballon packt. Diesen Ballon lasst man hochsteigen in den Himmel. Und man sieht ihn hoch fliegen und immer höher, über alle Wolken, bis er auf einer besonders kuscheligen Wolke landet. Und hier findet ihn eine Wolkenfee ... (oder ein Engel). Sie kann man bitten, dabei zu helfen, das Problem zu lösen.

So können Kinder sich magische Helfer holen, die sie in allem unterstützen.

Von Träumen erzählen
- Wenn man weiß, dass man von seinen Träumen erzählen kann und ein offenes Ohr dafür findet, ist man ihnen nicht hilflos ausgeliefert. Im Gegenteil.
- Wer viel von seinen Träumen erzählen kann, lernt dabei, wie viel Spaß es macht, zu erzählen und seine Phantasie zu entfalten. Im Traum ist alles möglich, deswegen sind es Geschichten ohne Grenzen.

- Und wer schlecht geträumt hat, kann sich ausdenken, wie er diesen Traum ins Gute wenden kann, wie die Geschichte verlaufen würde, wenn alles gut ausgeht.
- Manchmal ist es leichter, den Traum nicht einer anderen Person zu erzählen, sondern dem Teddybären oder dem Lieblingskuscheltier.
- Und manchmal kann man den Traum gar nicht erzählen. Dann kann man versuchen, ihn zu malen, auch wenn nur Farbkleckse dabei herauskommen.

Phantasie: Die eigene Welt erfinden

> «Die Sehnsüchte der Menschen sind Pfeile aus Licht.
> Sie können Träume erkunden, das Land der Seelen besuchen,
> Angst verscheuchen und Sonnen erschaffen.»
> INDIANISCHES SPRICHWORT

Phantasie ist die Kraft, die aus Zwergen Riesen macht.

«Ich bin ein Löwe!», brüllt die dreijährige Lea. Ihre Mama schmunzelt, weil Lea mit ihrer verrutschten Windel mehr einem Pamperslöwen gleicht. Lea deutet das Lächeln ihrer Mutter richtig, ist damit nicht einverstanden. «Ich bin ein echter Löwe!», versucht Lea ihre Mama zu überzeugen. Da sie immer noch lächelt, beißt Lea sie kurzerhand in den Arm. Die Mutter erschreckt sich. «Au, du Löwe! Ich muss mich ja vor dir in Acht nehmen.» Lea strahlt. Jetzt hat sie ihre Mama doch überzeugen können. Sie fühlt sich stark, stark wie ein Löwe.

Der siebenjährige Jonas kämpft in seinem Zimmer gegen unsichtbare Feinde. Sie tauchen plötzlich auf. Er muss auf der Hut sein. Zu seinem Schutz hat er sich Höhlen gebaut aus Kissen und Decken. Da fühlt er sich sicher, tankt Kraft für den nächsten Angriff. Und er spürt genau, wenn sie wieder im Anmarsch sind. Dann stürzt er aus seiner Höhle, schwingt sein unsichtbares Schwert und macht dazu furchterregende Laute, die laut durchs Haus hallen. Als es das erste Mal passierte, stürzte seine Mutter herbei, weil sie dachte, Jonas habe sich verletzt. Als er von den Angreifern erzählte, schüttelte seine Mutter nur verständnislos den Kopf. Seitdem kommen die Feinde immer, wenn niemand sonst im Haus ist. Dann stört Jonas auch keiner bei seinem Kampf. Angst vor den unsichtbaren Gegnern hat er sowieso nicht. Bisher hat er sie immer besiegt. Und nach jedem Kampf fühlt er sich stärker.

Die Bedeutung von Phantasie
Die Phantasie hilft Kindern ein Bewusstsein für ihre eigenen Kräfte zu entwickeln. Phantasie gibt Mut, ohne übermütig zu werden, sie verleiht Macht, ohne übermächtig zu werden, sie macht vorsichtig, ohne in Übervorsichtigkeit zu erstarren.

Um mehr darüber zu erfahren, was Phantasie bedeutet, wie sie entsteht und was man mit ihr alles anfangen kann, fragen wir den, der sich wirklich damit auskennen muss: Den weisen Ibu Alli Dalli Dalli Saliba Arriba Tai-Fun al Schock Ibn Ala Basta Wan kum Zasta, von guten Freunden einfach nur Jau-Jau genannt. Als Wanderer zwischen allen Welten ist er viel herumgekommen. Deswegen ist sein Name so lang. Er lebt im grenzenlosen Raum der Vorstellungskraft, sammelt Geschichten und taucht immer dann auf, wenn sein phantastisches Wissen gefragt ist. Eigentlich gibt er keine Interviews. Aber für uns macht er eine Ausnahme.

Jau-Jau, wie wichtig ist Phantasie für dich?
Jau, für mich ist sie überlebenswichtig. Ohne sie würde ich gar nicht existieren.

Und was bedeutet für dich Phantasie?
Sie ist das Material, aus dem wir alles erschaffen. Sie ist der Ort, wo wir nach allem suchen können. Sie ist die Schatzkiste, wo wir alles finden. Und sie gibt uns Kraft, wenn wir aufhören wollen zu suchen und nicht mehr daran glauben, etwas zu finden.

Was ist der Unterschied zwischen Phantasie und Wirklichkeit?
Gegenfrage: Was ist der Unterschied zwischen Einatmen und Ausatmen? Ohne einzuatmen könnten wir nicht ausatmen. Und ohne auszuatmen würden wir platzen. Phantasie ist genauso real wie die Wirklichkeit. Sie existiert nur auf einer anderen Ebene. Und mein guter Freund Salvador Dalí hat sogar mal gesagt: «Eines Tages wird man offiziell zugeben müssen, dass das, was wir Wirklichkeit getauft haben, eine noch größere Illusion ist als die Welt des Traumes.»

Wovon hängt es ab, wie viel Phantasie jemand hat?
Wenn ich das wüsste, könnte ich euch auch sagen, warum die eine Rose mehr Blüten hat als die andere. Wir bekommen Gaben mit auf den Weg und die Aufgabe, sie zu nutzen. Welche Gaben und wie viel davon, das liegt in der Hand von dem, der den ganz großen Überblick hat. Wer das genau ist, darüber erhitzen sich die Gemüter, seit die ersten Menschen die ersten Worte gewechselt haben. Eine spannende Frage. Aber nur solange man sich nicht deswegen die Köpfe einschlägt.

Wie kann Phantasie gefördert werden?
Jau, eigentlich ist das ganz einfach. Erst einmal muss man sie erkennen und sie annehmen. Und wenn dann noch dazukommt, dass man begreift, welchen Wert sie hat, was für ein Schatz es ist, dann ist man schon auf einem guten Weg. Phantasie ist wie ein Schmuckstück, das poliert werden will. Dann fängt sie an zu glänzen. Und mit ihrem Glanz bringt sie Licht in die dunkelsten Ecken. Dort kann man ungeahnte Dinge finden. Die lassen dann auch Bekanntes in der alltäglichen Realität in einem neuen Licht erscheinen. Apropos Licht, mein guter Freund Thomas A. Edison stieg ja immer wieder mit Absicht aus der Realität aus, begab sich in einen Dämmerzustand und wartete auf «Bilder aus der Zukunft». So fand er den Schlüssel zu vielen seiner Erfindungen. Und jetzt kommt der Clou: Kindern muss man das alles nicht mehr beibringen – es sei denn, man hat ihnen diese natürliche Gabe, auf phantastische Entdeckungsreisen zu gehen, schon ausgetrieben.

Was ist der Unterschied zwischen kindlicher Phantasie und der Phantasie von Erwachsenen?
Kindern steht die Welt noch offen. Erwachsene leben zumeist nach dem Credo: «Schluss mit lustig. Um zu überleben, müssen wir vernünftig sein.» Mit der Erfahrung geht bei vielen die Neugier verloren. Sie haben gelernt zu funktionieren, etwas zu leisten, die Dinge im Griff zu haben und zu kontrollieren. Und je höher sie die Karriereleiter hinaufklettern, umso mehr verlagert sich ihr Spiel auf andere Ebenen. Sie werden zu Schachbrettfiguren, die stolz darauf sind, «Global Player» zu sein. Da bleibt keine Zeit mehr für scheinbar Nebensächliches, wie die Phantasie. Auch Mütter und Väter werden von diesem Sog ergriffen. Konkurrenz auf allen Ebenen. Wer ist die bessere Mutter, der bessere Vater? Wer hat die klügeren Kinder, auf die man

mächtig stolz sein kann? Wenn Frau Müller von den guten Noten ihrer Tochter schwärmt, sagt Frau Meier kaum: «Mein Sohn malt aber so schöne Bilder und erzählt phantastische Geschichten.» Bei der Phantasie versagt jede Leistungskontrolle. Und es gehört viel Stärke dazu, sie zu verteidigen, wenn die Kinder erst einmal in die Mühlen des Bildungssystems geraten sind. Da Eltern diese Mühlen schon durchlaufen haben und durch ihren eigenen Weg geprägt sind, fällt es vielen Müttern und Vätern oft schwer, an all das Wunderbare, Phantastische, Grenzenlose wieder glauben zu können, an das sie als Kinder auch geglaubt haben.
«Kinder müssen mit großen Leuten viel Nachsicht haben», hat mein guter Freund Antoine de Saint-Exupéry mal gesagt.

Was ist, wenn Kinder davon erzählen, sie würden Engel sehen? Ist das auch eine Phantasie? Oder sehen sie diese Wesen wirklich?
Was macht das für einen Unterschied? Beides ist real. Und für Kinder allemal. Warum soll es Engel nicht geben, nur weil sie bei manchen durch das Beurteilungsraster der Vernunft fallen? Gerade jüngere Kinder sind noch tief mit den Schichten verbunden, in denen sich mehr abspielt, als der menschliche Geist zu fassen vermag. Wenn Eltern die Phantasie ihrer Kinder fördern wollen, dann ist es wichtig, ihnen ihre Weltsicht zu lassen und sie nicht von der eigenen überzeugen zu wollen. Wenn Mütter und Väter voller Neugier nachfragen, werden sie erstaunt darüber sein, was die Kinder ihnen alles erzählen können. Und wenn sie sich darauf einlassen, haben Eltern die Chance, Stück für Stück auch die eigene – vielleicht in weiten Teilen verlorene – Phantasie wiederzuentdecken.

Was ist für dich das Besondere an der Phantasie?
Für mich ist sie die Kraft, die alles schafft. Mein guter Freund Einstein hat mal gesagt: «Phantasie ist wichtiger als Wissen. Denn Wissen ist begrenzt. Phantasie aber umfasst die ganze Welt.»

Phantasie – was ist das?
Für alle, die gerne tiefer in die Materie eindringen, wollen wir das Ganze jetzt doch noch ein wenig untermauern. Das Wort «Phantasie» oder «Fantasie» leitet sich aus dem Lateinischen und dem Griechischen ab. Lateinisch wird mit «phantasia» der Gedanke, der Einfall bezeichnet, und auf Griechisch ist es der Ausdruck für Vorstellung, Einbildung, Erscheinung.

Für C. G. Jung, den Begründer der analytischen Psychologie, ist es auch die Phantasie, die die Wirklichkeit erschafft. Er schreibt dazu:

«Die Psyche erschafft täglich die Wirklichkeit. Ich kann diese Tätigkeit mit keinem andern Ausdruck als mit Phantasie bezeichnen. Die Phantasie ist ebenso sehr Gefühl wie Gedanke, sie ist ebenso intuitiv wie empfindend. Es gibt keine psychische Funktion, die in ihr nicht ununterscheidbar mit den andern psychischen Funktionen zusammenhinge. Sie erscheint bald als uranfänglich, bald als letztes und kühnstes Produkt der Zusammenfassung alles Könnens.»

Wenn man das bedenkt, ist es kaum noch nachvollziehbar, dass gerade diese «Allroundgabe» bei der Ausbildung der Kinder so sträflich vernachlässigt wird. Das mag daran liegen, dass all denen, die dafür verantwortlich sind, genau diese Gabe fehlt. Aber nur auf das Bildungssystem zu schimpfen, bringt nichts. Eltern haben die Möglichkeit, wenigstens im Kleinen anzufangen und ihre Sicht auf das, was für die Bildung ihrer Kinder wichtig ist, zu verändern. Und wieder sind wir bei der Phantasie. Ihr Stellenwert ist inzwischen auch durch neurologische Untersuchungen untermauert. So stellt der Neurobiologe Gerald Hüther fest: «Je intensiver ein Kind seine Phantasie ausleben kann, desto kreativer wird es. Und das wirkt sich unmittelbar auf die Entwicklung seiner Intelligenz aus.» Und er beschreibt auch, wie das funktioniert: «Jede neue Erfahrung, die ein Kind macht, wird in seinem Gehirn abgespeichert. Und je mehr Eindrücke es sammelt, desto mehr Erregung und Spannung entstehen im Gehirn. Bei Erfolgserlebnissen – beim Forschen und Entdecken, beim Ausdenken lustiger Spiele oder beim phantasievollen Malen – wird diese Spannung plötzlich aufgelöst. Das Kind fühlt sich wohl und ist zufrieden. Doch es spürt gleichzeitig auch den Drang, weiter zu spielen und zu forschen. Je lustvoller Kinder dies tun, desto größeren Appetit bekommen sie auf mehr. Bei solchen Prozessen im Gehirn werden immer auch Botenstoffe freigesetzt, die Lustgefühle erzeugen. Deshalb ist es wichtig, dass Eltern bei Kindern die Freude am Spielen und Entdecken erhalten und fördern.»

Imagination: Vorstellungskraft, die Phantastisches schafft

Für Kinder ist es eine der leichtesten Übungen, das Phantastische hinter dem Normalen zu sehen: Wolken am Himmel verwandeln sich in Drachen, Feen, Luftschlösser, Kobolde und fliegende Pferde. Ein Häufchen Sand mit Steinen wird zu einer Kuchenkreation, die es den genussvollen «Mhhm»-Lauten seiner Schöpferin nach mit den erlesensten Confiserieprodukten aufnehmen kann. Aber was bedeuten die

Chips, die der fünfjährige David auf Stäbchen spießt und mit seinem Papierflieger angreift? «Na, is doch klar!», erklärt er, erstaunt darüber, dass man da noch fragen muss. «Das sind Hühner. Die sitzen alle auf der Stange. Und ich jag sie mit meinem Flieger.» Sind die Hühnchen verjagt, werden die Chips gegessen. So einfach ist das.

Konzentration bremst
«Stell dir mal vor ...» ist für Kinder eine Zauberformel, die immer funktioniert. Weil es das ist, was sie am liebsten tun: sich vorzustellen, wie es wäre, wenn ... Wie es wäre, wenn ich fliegen könnte. Wie es wäre, wenn ich ein Ritter wäre. Wie es wäre, wenn ich als Prinzessin in einem Schloss wohnen würde. Wie es wäre, wenn ich zaubern könnte.

Und weil sie sich so gerne alles Mögliche vorstellen und dabei jede Menge Spaß haben, geht ihnen der Stoff für ihre Phantasien auch nicht aus.

Erwachsene müssen erst wieder lernen, ihren inneren Kritiker auszuschalten, müssen Wege finden, nicht zu viel zu denken.

Denn verbissene Grübeleien und krampfhaftes Forschen nach der richtigen Idee bauen Mauern aus Gedanken. Sie sind umso dicker und undurchdringlicher, je mehr man sich anstrengt. Da hat der Geistesblitz, den man so sehnsüchtig herbeidenken will, keine Chance mehr. Durch diese Mauern kommt er nicht durch. Denn die angestrengte Konzentration auf ein Problem blockiert kreative Gedankenverbindungen aus der rechten Gehirnhälfte, die zu einem Durchbruch führen können. «Wir behindern genau die Art von Gehirnaktivität, die gefördert werden müsste», so beschreibt es Jonah Lehrer in seinem Buch «Imagine». «So scheinen denn auch viele Wachmacher, welche die Aufmerksamkeit erhöhen sollen – etwa Koffein, Adderal oder Ritalin –, Aha-Erlebnisse eher zu hemmen, als zu fördern.» Mit diesen Mitteln könne man zwar lange wach bleiben, würde aber wohl kaum noch auf bedeutende Einsichten kommen.

Dösen hilft
Reine Konzentration auf eine Frage oder einen Gegenstand aktiviert die linke Gehirnhälfte. Unsere Aufmerksamkeit ist dann mehr nach außen gerichtet, auf die Fakten, Aspekte und Rahmenbedingungen des Problems. Damit kommen wir weiter, wenn wir ein Problem analytisch lösen wollen. Aber um die Alphawellen zum Tanzen zu bringen, sie dazu zu bringen, Geistesblitze zu versprühen und uns überraschende Lösungen zu übermitteln, müssen wir unseren Geist zur Ruhe bringen und unsere Aufmerksamkeit nach innen lenken. «Reine Konzentration kann kontraproduktiv wirken und uns auf falsche Lösungswege festlegen», stellt Lehrer fest. «Erst wenn wir entspannt und zerstreut sind, stoßen wir auf die richtige Antwort.

Die Einsicht kommt, wenn wir sie schon nicht mehr suchen.»

Also müssen wir aufhören zu suchen, um bereit zu sein zu finden.

Aber wie stellt man das an?

Allen, die tagtäglich funktionieren müssen, fällt es nicht leicht, einfach mal abzuschalten und nichts zu tun. Das Projekt «Seele baumeln lassen» verschiebt man gerne auf die Urlaubzeit.

Manche helfen sich auch mit Entspannungsübungen, wie Meditation und Yoga. Das Geheimnis besteht darin, es zu schaffen, wirklich im gegenwärtigen Moment zu sein, also im Hier und Jetzt. Da kann schon das intensive Betrachten einer Blüte oder einer Kerzenflamme beruhigen, wenn das Gedankenkarussell sich mal wieder zu schnell dreht. Sie können auch abtauchen in ein Musikstück, das Ihnen hilft, Stress abzubauen. Oder Sie lassen sich von Ihrem Kind anstecken, wenn es mal wieder auf eine phantastische Reise geht. Versuchen Sie es, lassen Sie sich darauf ein, fragen Sie neugierig nach, geben Sie das Steuer ab und und werden Sie zum Begleiter, bereit, sich überraschen zu lassen. Und genießen Sie es, dabei zu lachen. Lachen befreit. Mit guter Stimmung geht alles leichter.

Warum machen wir es uns schwer, wenn es eigentlich so leicht wäre? Auch hier können wir von Kindern lernen. Sie schaffen es, spielend zu lernen. Ihre Neugier ist dabei eine besondere Antriebsfeder. Und ihre Freude darüber, wenn sie etwas geschafft haben, steckt an. In ihnen ist der innere Kritiker noch nicht aktiv, der Bedenkenträger, der Versagen heraufbeschwört, eh man überhaupt etwas probiert hat. Und je mehr die Eltern es schaffen, zu ermutigen, statt zu warnen, umso mehr können Kinder lernen, der eigenen Intuition zu vertrauen und die Kraft von positiven Vorstellungen zu nutzen.

Vorstellung ist Wirklichkeit
Für das Gehirn ist es egal, ob etwas real ist oder «nur» in der Vorstellung existiert. Durch funktionelle Kernspintomographien gelang es Neurophysiologen, herauszufinden, dass eine Vielzahl von Mechanismen, die durch Aufmerksamkeit ausgelöst werden, die gleichen sind, egal ob die Versuchspersonen sich etwas mit geschlossenen Augen vorstellen oder es mit offenen Augen «wirklich» vor sich sehen. Hier werden jeweils die gleichen visuellen Areale stimuliert.

Und indem sie sich auf diese Forschungen bezieht, kommt die Psychotherapeutin Verena Kast zu dem Schluss: «Der Mensch kann interne Modelle aufbauen: Damit können wir spielen, spielerisch Konsequenzen simulieren, wahrscheinlich auch Emotionen wahrnehmen und so Gefahren aus dem Weg gehen.»

Diese Fähigkeit wird bei jeder Art von mentalem Training genutzt.

Und genau das tun Kinder auch, wenn sie sich in phantastische Welten träumen. Sie haben Freude daran, das, was ihnen im Alltag zustößt, mit magischen Phantasien auszuschmücken. So schaffen sie es, die Realität mit anderen Augen zu sehen, und können für sich neue Möglichkeiten im Umgang mit den Dingen entdecken.

❐ TUN UND LASSEN – FÖRDERN ODER BREMSEN

Wodurch wird Phantasie gefördert?

- ❐ Wenn man Kindern ihre Träume lässt, ihnen zuhört, wenn sie davon erzählen, nicht bewertet, sondern dazu ermutigt, weiterzuspinnen. Denn die Vorstellungskraft braucht Freiraum, um sich zu entfalten.
- ❐ Wenn Kinder im Traum zu Heldinnen und Helden werden und ausprobieren können, wie es sich anfühlt, Schwierigkeiten zu meistern, und so fit fürs Leben werden.

  Denn das Gehirn speichert ab, womit wir uns beschäftigen. Und gerade die frühen Jahre sind für die Entwicklung von «Erfahrungsspeichern» entscheidend. Sie bilden das Fundament für jede weitere Entwicklung.
- ❐ Wenn Eltern kindliche Ängste ernst nehmen und den

Kindern nicht erklären, es gibt keine Monster, wenn sie ihnen im Traum erscheinen. Wenn sie sich vielmehr auf die Ebene der Kinder begeben, in das Reich des Märchenhaften, um mit den Kindern zusammen hier Zaubermittel zu finden, die Monster verwandeln und unschädlich machen können.
❒ Wenn Eltern die Phantasie verteidigen, auch wenn die Kinder sich in den Mühlen des Bildungssystems befinden. Denn Phantasie stärkt die Entwicklung von Intelligenz und hilft Kindern ein Bewusstsein für ihre eigenen Kräfte zu entwickeln. Phantasie ist das Material, aus dem wir alles erschaffen. Sie ist so real wie die Wirklichkeit und existiert nur auf einer anderen Ebene.

Wodurch wird Phantasie gebremst?
❒ Wenn Träume erklärt und bewertet werden.
❒ Wenn Eltern leugnen, dass es angstmachende Monster gibt, indem sie beruhigen wollen: «Du brauchst keine Angst zu haben. Das böse Krokodil gibt es nicht.» Dann fühlen sich die Kinder im Kampf damit unverstanden und alleingelassen.
❒ Wenn Eltern dem Credo unsrer Zeit folgen und auf dem Standpunkt verharren: Um zu überleben, müssen wir vernünftig sein.
❒ Wenn versucht wird, die Kriterien der Leistungskontrolle unseres Bildungssystems anzuwenden. Denn Leistungsdruck und Phantasie passen nicht zusammen.

Warum es Kindern so leichtfällt, den Alltag mit Phantasie zu füllen, und warum sie die eigentlichen Erfinder des «magischen Realismus» sind, das Geheimnis lüften wir im nächsten Kapitel.

Vorher gibt Jau-Jau noch praktische Reisetipps zum Abschalten und Krafttanken und so Räume zu schaffen, in denen Phantasie sich entfalten kann. Diese Reisen sind extrem kostengünstig, brauchen kaum Vorbereitung, und auf dem Weg zu diesen «Traumzielen» stecken Sie garantiert nicht im Stau.

Jau-Jaus Phantasiereisen

Phantasiereisen sind so etwas wie ein mentaler Kurzurlaub. Sie entspannen und können auch starke Gefühle hervorrufen. Wenn man sich tief in sie hineinbegibt, ist es möglich, einen «Flow» zu erleben, ein Fließen, das man überall im Körper spürt.

Kinder lieben Phantasiereisen. Ob sie sich diese inneren Abenteuer selber ausdenken oder dazu angeleitet werden. Dabei gehen sie immer so weit, wie sie es aushalten können. So gibt es keine guten oder schlechten Reisen. Jedes Kind begibt sich auf den Weg, der gerade passend ist. Und so kann es vorkommen, dass ein Kind aus der Reise aussteigt, weil es genug hat, sich überfordert fühlt, emotional noch nicht so weit ist. Andere Kinder steigen tiefer ein, genießen es, sich fallen zu lassen. Jedes Kind bestimmt das Tempo und die Intensität, mit der es die Reise gestalten möchte.

Wichtig ist auch, dass die Reise an einem Ort stattfindet, wo das Kind sich wohl fühlt, wo es sich bequem hinsetzen oder hinlegen kann. Das gilt natürlich auch für Sie, wenn Sie sich selber auf die Reise begeben wollen.

Und bevor es losgeht, kommt hier noch ein spezieller Reisetipp von Jau-Jau:

«Leg dich gemütlich hin oder setz dich auf einen bequemen

Stuhl. So, wie du dich am wohlsten fühlst. Wenn du willst, schließ die Augen. Oder behalt sie offen. Beides ist in Ordnung. Es ist deine Reise, und du bestimmst, wie du reisen möchtest. Diese Reisen sind wie ein Märchen. Am Ende kommst du immer gut an. Jau, so isses.»

Eine Reise übers Meer
Stell dir vor ...
*Du liegst auf einer roten Luftmatratze am Strand
und hörst dem leisen Rauschen der Wellen zu.
Leicht schaukelst du auf der Matratze hin und her.
Und mit einem Mal merkst du,
dass du auf dem Wasser schaukelst.
Du segelst mit der Luftmatratze übers Meer.
Gerade geht die Sonne unter und färbt alles orangerot.
Langsam wiegst du dich auf den Wellen
und treibst auf eine Insel zu,
landest mit dem Floß am Strand.
Du schaust dich um,
bist umgeben von leuchtendem Gelb,
denn auf der Insel blühen viele gelbe Blumen.
Du entdeckst eine riesige Sonnenblume,
kletterst zu ihrer Blüte empor
und kuschelst dich ins Blütennest.
Langsam wiegt sich die Blüte im Wind.
Ein grüner Papagei landet auf der Blüte,
lädt dich ein, mit ihm zu fliegen.
Du kletterst auf seinen Rücken,
spürst die seidig grünen Federn,
und schon hebt er sich in die Lüfte ...
Zusammen fliegt ihr höher und immer höher.*

Unter dir siehst du das blaue Meer ...
Der Papagei will umkehren,
aber du willst noch weiterfliegen.
«Trau dich, du kannst es!», ruft er dir zu.
Du springst von seinem Rücken,
und die Luft trägt dich,
lässt dich schweben
und du spürst, wie du selber fliegst.
Du schwebst immer höher, immer weiter,
schwebst ins Universum.
Es wird immer blauer und blauer,
und du schwebst im unendlichen Blau
zwischen den Sternen
und wirst eingehüllt von einer violetten Kuschelwolke,
die unter dem Mond schwebt.
Auf der anderen Seite siehst du die Sonne aufgehen,
und ein riesiger Regenbogen spannt sich unter dir.
Er wächst höher und immer höher
bis er deine Wolke berührt.
Die Farben des Regenbogens leuchten.
Sanft bilden sie eine Rutschbahn zur Erde hinunter
und laden dich ein, dieser Rutschbahn zu folgen.
Du bist dir nicht sicher, ob du es tun sollst.
Die Regenbogenfarben leuchten und machen dir Mut.
Dann vertraust du dem Weg,
stößt dich mit deinen Händen ab
und schon schwebst du auf deinem Wolkenkissen
den Regenbogen hinunter.
Die Farben führen dich,
bis du sanft landest.
Und es fühlt sich an
wie in einem großen Wolkenfederbett.

*Der Regenbogen wird blasser und immer blasser,
und auch deine Kuschelwolke löst sich langsam auf,
bildet eine unsichtbare violette Schutzhülle
Und du liegst wieder im warmen Sand
und reckst dich und streckst dich,
streckst deine Arme und Beine,
fängst an zu blinzeln,
nimmst wahr, wo du jetzt bist,
und kommst zu dir.*

Bei der nächsten Reise war Jau-Jau hautnah dabei. Er hat sie selbst erlebt, zu der Zeit, als er mit Lina und Lumin unterwegs war, den Helden unseres Buches «Kleine Helden – große Reise». In den Abenteuern, die die kleinen Heldinnen erleben, verstecken sich symbolische Geschichten für viele Lernprozesse. Und indem Kinder diese Geschichten lesen und hören, machen sie sich mit den kleinen Helden auf den Weg, werden ermutigt, ihrem eigenen phantastischen Potenzial zu vertrauen, werden in ihrer Imaginationskraft bestärkt, aber auch darin, sich selbst anzunehmen und zu akzeptieren. Jedes Kind hat Schöpferphantasien, die für seine Entwicklung wichtig und richtig sind. Deswegen wollen wir auch die Eltern damit ermutigen, jedem Kind seine Phantasien zu lassen.

In der Rahmengeschichte des Buches stellt Lina ihren Eltern die Frage. «Wo war ich, als ich noch nicht hier war? Und wer oder was war ich?» Die Eltern – vor allem der Vater – sind mit dieser Frage überfordert. Sie vertrösten Lina auf den nächsten Tag und bringen sie ins Bett. Alleingelassen mit ihren Fragen, phantasiert sich Lina einen Freund herbei: Lumin. Er hat vergessen, woher er herkommt. So beschäftigt beide dieselbe Frage. Das war natürlich auch ein

Fall für Jau-Jau, der ja immer wieder gerne hilft, Antworten auf so knifflige Fragen zu finden.

Und Jau-Jau erinnert sich: «Jau, ich bin mit einem riesigen Fesselballon vorbeigekommen. Und ab ging die Fahrt! Und am Ende wollte ich Lina und Lumin einen Trick zeigen, wollte ihnen mit dem Regentropfentrick beweisen, dass in der Vorstellung alles wahr werden kann, was man sich wünscht. Und schon war ich mit ihnen mittendrin in der nächsten Geschichte ...»

Die Wunschblase

Die Nacht war windstill. Kein Lüftchen regte sich. Hell funkelten die Sterne am Himmel und bildeten ein blinkendes Lichtmuster. Keine Wolke war zu sehen. Trotzdem fiel warmer Regen vom Himmel in dicken, schillernden Tropfen.

Und Lina, Lumin und Jau-Jau stellten sich vor, wie es sich wohl anfühlen würde, wenn sie ihre Reise in so einem Regentropfen fortführen würden. «Konzentriert euch genau darauf, denkt an nichts anderes mehr», erklärte Jau-Jau.

Plötzlich schwebte ein Tropfen vom Himmel und landete auf dem Korb des Ballons. Er wurde größer und größer – oder wurden Lina, Lumin und Jau-Jau immer kleiner? Jedenfalls war der Tropfen am Ende größer als der Fesselballon mitsamt den dreien. Er war zu einer riesig großen Blase geworden, die Lina, Lumin und Jau-Jau samt dem Fesselballon umgab.

«Es funktioniert ja wirklich!», jubelte Lina.

Und sie wollte sich sofort noch mehr wünschen, versuchte sich an ihre letzten Wünsche zu erinnern. Was war das noch? Eine neue Puppe? Ein Fernseher für ihr Kinderzimmer? Eine Riesenportion Eis? Aber was sollte sie hier oben im Himmel in der

Wunschblase damit? Hier war sie irgendwie wunschlos glücklich. Doch dann fiel ihr doch etwas ein ...

«Jau-Jau, meinst du, ich kann mir auch so eine Wunschblase für meinen Vater wünschen? Dann sagt er vielleicht nicht mehr, dass es so etwas nicht gibt, wenn ich ihm meine Geschichten erzähle.»

«Tja ...» Der Weise zögerte. «So eine Wunschblase kann man sich nur selber wünschen.»

«Wusste ich doch, dass es einen Haken gibt.»

«Jau. Aber dein Vater war da bestimmt auch schon mal drin.»

«Mein Papa? Das glaube ich nicht!»

«Oh ja. ich selbst habe mit ihm auch schon so eine Reise gemacht.»

Und Jau-Jau holte eine Bild aus einer seiner vielen Taschen. Darauf war ein kleiner Junge zu sehen, der mit Jau-Jau in einem Piratenschiff, umgeben von einer großen Wunschblase, durch den Himmel segelte.

«Aber das ist doch nicht mein Papa!», wehrte Lina ab.

«Jau. Doch, das ist dein Papa. So hat er sich gemalt, als er etwa so alt war wie du.»

«Und wo ist seine Wunschblase jetzt?»

Jau-Jau seufzte. «Irgendwann ist sie verschwunden, geplatzt wie ein riesiger Luftballon. Und jetzt kann er sich nicht mehr daran erinnern.»

«Der Arme!» Lina tat ihr Papa leid. «Wie schade! Ich wollte ihm immer mal meinen Drachen zeigen. In so einer Wunschblase hätte ich das vielleicht machen können.»

«Du kannst ihn ja uns zeigen», schlug Lumin vor.

Lina wollte es probieren. Sie versuchte sich daran zu erinnern, wie sie den Drachen gemalt hatte: ein dicker, grüner Körper mit bunten Schuppen, ein langer Hals mit einem großen Drachenkopf, zwei grün funkelnden Augen, eine Drachenschnau-

ze mit gefährlich spitzen Zähnen und zwei dunklen Nasenlöchern, aus denen er Feuer speien konnte. Und Flügel hatte der Drache auch. Lina stellte sich vor, dass sie laut rauschten, wenn ihr Drache durch die Luft flog.

Mit einem Mal hörten sie ein lautes Rauschen. «Ja, so hört sich wohl auch mein Drache an», erklärte Lina.

Und da kam er auch schon durch die Nacht geflogen. Als großer, dunkler, gezackter Schatten näherte sich der Drache der Wunschblase, in der Lina, Lumin und Jau-Jau saßen. Als er jetzt so auf Lina zuflog, bekam sie plötzlich doch Angst. «Oje, bestimmt ist das ein gefährlicher, böser Drache!»

Und schön öffnete der Drache sein Maul. Es war so groß, dass die Blase mit Lina, Lumin und Jau-Jau vollständig hineinpasste.

Lina fing an zu zittern. «Wenn er nun ...» Weiter kam sie nicht, weil Lumin ihr den Mund zuhielt.

«Halt! Nicht aussprechen. Ich glaube, er macht alles genauso, wie du es dir vorstellst.»

Oh nein. Lina hatte sich gerade vorstellen wollen, wie er Feuer spie und sie alle verschluckte. Aber dieses Bild verbannte sie gleich wieder. «Ist das wirklich so, Jau-Jau?»

Der Weise nickte. «Du hast dich in die Blase gewünscht, du hast dir den Drachen gewünscht ...»

Lina unterbrach Jau-Jau. Sie verstand, was er sagen wollte.

«Du meinst, ich kann mir auch wünschen, dass er nicht so böse ist?»

«Jau. Er ist genauso, wie du ihn dir vorstellst.»

Lina atmete auf. «Ich habe mir eigentlich auch immer gewünscht, dass es ein lieber Drache ist, einer, der mein Freund sein könnte.»

Schon blinzelte der Drache Lina gutmütig zu.

«Hat er denn einen Namen?», wollte Lumin wissen.

«Ja, er heißt Flitzblitz», erklärte Lina stolz, und sie winkte dem Drachen zu. «Hallo, Flitzblitz, schön, dass du da bist!»
«Hallo, Lina», antwortete der Drache, und seine Stimme war so laut, dass die ganze Wunschblase zitterte. Doch jetzt hatte Lina keine Angst mehr.
Und der Drache fuhr fort: «Lina, was ich dir immer schon mal sagen wollte ...» Er druckste ein wenig herum. «Der Name ‹Flitzblitz› gefällt mir nicht. Ich würde so gerne ‹Furio› heißen, am liebsten sogar ‹Furio Furioso›. Bitte!»
Lina gefiel der Name auch besser. Also taufte sie ihn feierlich auf den Namen «Furio Furioso». Der Drache freute sich so sehr darüber, dass er ein buntes Feuerwerk versprühte, und dazu machte er Musik, die brachte alle Sterne zum Tanzen.
Auch Lina, Lumin und Jau-Jau fingen an, sich zum Klang der Musik zu bewegen. Fröhlich tanzten die drei in dieser magischen Nacht.

Und wenn die Reise in der Wunschblase nicht irgendwann zu Ende gegangen wäre, dann tanzten sie vielleicht noch heute ...
Aber ein großer Tusch ließ die Blase auf einmal platzen wie einen riesigen Luftballon. Und Lina, Lumin und Jau-Jau landeten mit dem Fesselballon sicher auf dem Boden. Sie hatten ihre normale Größe wieder, und alles war gut.

DAS MAGISCHE LAND DER KINDER

> «Es gibt nichts Wunderbareres und Unbegreiflicheres
> und nichts, was uns fremder wird und gründlicher verlorengeht
> als die Seele des spielenden Kindes.»
> HERMANN HESSE

Kinder glauben an die Magie von Dingen und Worten, in ihrer Welt sind die physikalischen Naturgesetze außer Kraft gesetzt. In ihrer Vorstellung können sie Kartons in Schiffe verzaubern, in Autos oder Flugzeuge. Ihre Angst kann aus getürmten Bettdecken Monster erschaffen, ihr Mut verwandelt sie in fliegende Teppiche, die einen davontragen in ferne Phantasiereiche. Sie springen ohne Mühe zwischen Imagination und Wirklichkeit hin und her. Denn für sie existiert beides gleichermaßen. Insofern leben Kinder den «magischen Realismus» ganz natürlich, den Künstler wie der Literaturnobelpreisträger Gabriel García Márquez für sich entdeckt und zu einer Kunstform erhoben haben. Oder vielleicht ist es besser, zu sagen, den sie für sich «wiederentdeckt» haben. Auch in Márquez' Welt scheinen manche Naturgesetze außer Kraft gesetzt, wenn z. B. in dem Buch «Hundert Jahre Einsamkeit» Zigeuner auf Teppichen fliegen. Für Kinder ist so etwas das Normalste von der Welt.

Wunder gehören für kleinere Kinder zum alltäglichen Leben dazu. Ja, mehr noch, das Leben stellt sich für sie wie eine Kette von Wundern dar, Magie am laufenden Band. So scheinen für ein Baby Gegenstände wie Flaschen, Spielzeug, Teddybären, aber auch Menschen, wie Mutter, Vater, Großeltern, plötzlich zu verschwinden und dann aus dem Nichts wieder aufzutauchen. Später lernt es, dass sie wieder auftauchen, wenn es ein «Zauberwort» wie «Mama», «Papa», «Ball» spricht. Und die spielerische Variante, um mit diesem Verschwinde-und-Auftauch-Zauber umzugehen, ist dann das beliebte «Guck-Guck»- oder Versteckspiel.

Die logischen Zusammenhänge, das Prinzip von Ursache und Wirkung können Babys und die jüngeren Kinder noch nicht begreifen. Für sie ist das alles eine Art von Zauberei. Und das Kind selbst begreift sich als Magier, weil es z.B. die Welt um sich herum verschwinden lassen kann, indem es die Augen schließt.

«Magie ist die ursprüngliche Art des Denkens der Welt noch vor der Entstehung des Wortes», so formuliert es die Psychoanalytikerin Selma Fraiberg. In ihrem – leider inzwischen vergriffenen – Buch «Die magischen Jahre» hat sie sich einfühlsam und praxisnah mit der Persönlichkeitsentwicklung des Vorschulkindes auseinandergesetzt. Dabei ging es ihr besonders darum, das Geheimnis zu entschlüsseln, das die ersten Jahre der Kindheit umgibt, dieser Jahre, an die wir Erwachsenen kaum noch eine Erinnerung haben. «Die Erlebnisse der ersten drei Jahre sind für uns fast ganz verloren», schreibt Fraiberg. «Versuchen wir aber, in die Welt des kleinen Kindes einzutreten, kommen wir als Fremde. Wir haben die Landschaft vergessen und reden nicht mehr in der Sprache der Eingeborenen.»

Wie kann man diese Sprache wieder lernen? Ein erster Schritt ist es, zu akzeptieren, dass wir uns in «einem anderen Land» befinden, in einem Land, in dem alles möglich ist.

Hier gelten andere Regeln, Regeln, die nicht mit unserer Erwachsenenlogik erklärt werden können.

In diesen Jahren, in denen das Kind an Märchen und phantastische Ereignisse glaubt, in denen harmlose Gegenstände zu Monstern werden können, empfindet es sich als eine Mischung aus Wissenschaftler und Magier, aus Forscher und Künstler. Aber auf der anderen Seite lernt es immer mehr die Realität zu begreifen, blickt immer mehr durch, beginnt Hintergründe vieler Dinge zu verstehen. Aber daneben gibt es – ganz zwangsläufig – riesige Lücken, die das Kind mit eigenen Phantasien und selbst gestalteten Überlegungen füllt.

So stellt das magisch-phantastische Denken nichts Wirres, Irres oder Weltabgewandtes dar. Es ist eine altersgemäße Form von Intelligenz, mit der Kinder schöpferisch tätig sind, um ihre Umgebung, ihre Nah- und Umwelten zu begreifen. Das Kind ist fasziniert von seiner Energie und Kraft. Und nicht selten ist es überzeugt davon, Dinge passierten nur, weil es selbst das so gewünscht hat. Und wenn das die Eltern nicht nachvollziehen können, werden Kinder schon mal ungeduldig, weil sie einfach nicht begreifen können, dass die Menschen, die ihnen am nächsten sind, die Welt so ganz anders sehen als sie. Oder wie es Antoine de Saint-Exupéry so schön ausgedrückt hat: «Kinder müssen mit großen Leuten viel Nachsicht haben.»

Phantasie verleiht Flügel

Auf dem Weg ins Leben müssen Kinder zahlreiche Entwicklungsaufgaben bewältigen. Und das tun sie mit einer rasanten Geschwindigkeit, wenn man sich überlegt, dass die Welt des Kindes am Anfang einem riesigen Puzzlespiel gleicht. Jedes Teil ist unbekannt und anders. Jeder Augenblick bringt etwas Neues. Personen, Gegenstände, die Auswirkung von Handlungen – alles will erforscht und in Zusammenhang gebracht werden. Was für immense Aufgaben! «Das Lernen der ersten achtzehn Monate ist eine überragende intellektuelle Leistung», schreibt Selma Fraiberg. «Kein Wunder, dass alle Eltern denken, ihr Kind sei ein Genie. Es *ist* ein Genie.»

Stellen wir uns vor, das Kind könnte den Umfang dieser Aufgaben schon so einschätzen, wie wir als Erwachsene es tun. Die Fülle und der Berg an zu bewältigenden Aufgaben wäre so hoch, dass er höher wäre als der Berg, mit dem in einem Märchen die Ewigkeit beschrieben wird. Dort wird von einem Berg am Ende der Welt erzählt. Mit seinem Gipfel reicht er weit in den Himmel hinein. Und jedes Jahr kommt ein kleiner Vogel zu diesem Berg und wetzt seinen Schnabel an ihm. Und wenn dieser Berg abgetragen ist, so heißt es, dann ist noch nicht mal eine Sekunde der Ewigkeit vorbei.

Die Ewigkeit ist für uns nicht vorstellbar. Um für dieses Unfassbare eine Entsprechung zu finden, ist hier ein phantastisches Bild gewählt worden. Und genau das macht das Kind mit seinem magisch-phantastischen Denken. Es schafft Erklärungen und Bilder, um all das, was noch unerklärbar ist, besser aushalten und produktiver bewältigen zu können. Und es ist ja wirklich ein genialer Trick. Denn die kindliche Magie stellt damit nicht nur Möglichkeiten zur Verfügung, mit den verschiedensten Lebenssituationen auf eine angemessene Weise fertig zu werden. Die phantastische Verarbeitungsform gestaltet diese Möglichkeiten auch noch in besonderer Art und Weise aus. Und zwar so, dass sie in hohem Maße dem Lustprinzip dienen, das Spiel in den Vordergrund stellen und Spaß machen. So schafft sich das Kind selber die Grundlage, lachend und voller Freude zu lernen, wie das Leben funktioniert. Spielend entdeckt es ferne Welten, ohne das eigene Zimmer zu verlassen, und startet mit einem Karton zu einer Reise zum Mond.

Jakobs Reise im Karton

«So, fertig!» Jakob ist stolz. Soeben ist das neue Heim für ihn und seinen Plüschhund Wuschel fertig geworden. Es ist ein Haus aus einem Karton, quadratisch, praktisch, gut und zu hundert Prozent recycelbar. Jakob schnappt sich Wuschel, um mit ihm eine Hausbesichtigung zu machen. Die Highlights sind schnell gezeigt: die bewegliche Eingangsklappe, die Griffluken, die kurzerhand zu Fenstern umfunktioniert wurden, und das gemütliche Bett mit der Pappmatratze. Da fehlt nur noch ein Kopfkissen. Jakob holt es sich. Jetzt ist sein Haus schon so gut wie voll. Kein Problem. Der Rest der Möbel wird auf die Wände gemalt. Dabei denkt Jakob sogar an so wichtige Dinge wie Kaffeemaschine und Mikrowelle. Alles scheint perfekt. So perfekt, dass schnell Langeweile aufkommt. Was liegt da näher, als zu einer Reise zu starten. Plüschhund Wuschel ist begeistert. Er kann es gar nicht erwarten. Jakob auch nicht. Deswegen startet er die Reise in einem Rennwagen – keiner Seifenkiste, sondern einer Kartonkiste. Dazu wird das, was vorher Haus war, mal eben zur Seite gekippt, sodass die Öffnung oben ist. Und los geht es im Cabrio-Karton. Wer Jakob hört, wie er mit «brähmbrähmbrähm-wuahmmmm» in die Kurven geht, zweifelt keinen Augenblick, dass der Motor in der Pappkiste wahrhaftig hochgetunt ist. Und damit die beiden ihr Ziel auch erreichen, hat sich Jakob noch ein Navi aufgemalt, bevor sie starten. Kein Wunder, dass Jakob mit Wuschel schon bald am Ziel ist, oder besser gesagt am Zwischenziel. Denn ein Meer versperrt ihnen den Weg. Für Jakob, den genialen Erfinder für Fortbewegungsmittel jeder Art, die leichteste aller Übungen. Das Navi hat er schon. Jetzt muss nur noch das Behältnis den Umweltbedingungen angepasst werden. Ein Rennwagen würde im Meer versinken, das weiß Jakob. Also muss etwas her, das wassertauglich ist. Klar, ein Schiff! Der Umbau ist in null Komma nix erledigt. Eigentlich denkt sich Jakob nur die Räder weg. Und statt sich in die Kurven zu legen, schaukelt er nun auf den Wellen. Die bringen ihn sicher auf eine Insel. Welches Abenteuer könnte hier auf ihn warten. Mit kleinen Dingen gibt Jakob sich nicht ab, wenn schon, denn schon! Also warum nicht zum ganz großen Abenteuer starten, zum Flug auf den Mond! Zum Glück hat Jakob zufällig eine Rakete dabei. Wen stört es, dass sie gerade noch ein Schiff war. Erfinder Jakob kennt den Zauber, wie er daraus mit ein paar Handgriffen ein Raketenraumschiff macht. Plüschhund Wuschel zeigt sich sehr beeindruckt, als Jakob ihm sein Wundergefährt präsentiert. Und schon startet der Countdown. Ein paar «Wuaaaaaaasch-Tschuu-uh-Wuaaaam»-Sekunden später landen sie auf dem Mond – oder besser gesagt in Jakobs Bett. Hüpfend und springend feiert Jakob mit seinem Wuschel hier den schwerelosen Zustand.

Bis Jakobs Mama ins Zimmer kommt und neugierig nachschaut, was denn dort los ist.

«Wie bist du denn auf den Mond gekommen?», erkundigt sich Jakob.

«Manchmal kann ich fliegen», erklärt die Mama. «Ich kenn da nämlich ein Zauberwort, das heißt: «Beam me up, Scotty!»

«Cool», staunt Jakob. Von seiner Mama kann er echt noch was lernen.

Kinder erleben ihre Welt subjektiv. Und Antworten und Lösungen auf sie bewegende Fragen und Probleme sind für sie dann überzeugend, wenn dies im Rahmen des eigenen Wissens, der eigenen Gefühle und Möglichkeiten geschieht.

Wenn sich Gardinen in Geister verwandeln
Erwachsene erklären die sie umgebende Wirklichkeit rational, greifen auf Erkenntnisse von (Natur-)Wissenschaft zurück, denn das entspricht ihrem Erfahrungs-und Bildungsstand. Kinder verfahren im Prinzip genauso. Aber da ihr Level, mit dem sie die Welt begreifen können, ein ganz anderer ist, kommen sie auch zu anderen Schlussfolgerungen und Bewältigungsstrategien. Wissenslücken füllen sie mit Phantasien. Und Mythen und magische Beschwörungsformeln nehmen in ihren Erklärungsmustern von Welt und Realität einen gewichtigen Raum ein. Kinder sehen ihre Umgebung subjektiv. Kinder besetzen die Dinge um sie herum mit eigenen Erfahrungen und Deutungen – aus unbelebten Gegenständen werden belebte, aus dem Besenstiel wird ein Pferderücken, aus wehenden Gardinen Gespenster, aus (Stoff-)Tieren Wesen, über die man lachen kann, aber die einen genauso beunruhigen können.

Solange Kinder sich nicht sicher sind – und wie können sie das, wenn sie als ein David ständig von Riesen umgeben sind –, solange sie also nicht über genügend Kraft und Körperlichkeit verfügen, so lange brauchen sie die Phantasie und das magische Spiel als Schutzschild gegen alle erdenkliche Unwägbarkeiten, als magisches Mittel, um ihre Ängste zu verarbeiten.

Angst ist eine natürliche Erfahrung des Menschen, hat eine sichernde Funktion, ist notwendig, um das Überleben zu gewährleisten. Zugleich fordern Ängste zur Bewältigung auf: Sich einer Angst freiwillig zu stellen, ihr ein Gesicht zu geben, setzt Vertrauen in die eigenen Kräfte voraus. Es stärkt zudem das Selbstwertgefühl, wenn man Ängste verarbeitet hat.

Kinder haben ganz eigene Wege der Angstbewältigung. Sie inszenieren ihre Ängste, geben ihnen ein Gesicht. Und Eltern können ihren Kindern dabei helfen, die Monster, die sie herbeiimaginiert haben, zu besiegen. Aber ihre rationalen Vernichtungsversuche greifen da nicht. Formulierungen wie «Monster gibt es nicht!», oder «Vor so etwas hat ein großer Junge wie du doch keine Angst mehr!», helfen den Kindern nicht, zu ihren Ängsten zu stehen. Und das ist die Voraussetzung, um sie produktiv verarbeiten zu können.

Kindern ist deshalb weit mehr geholfen, wenn Eltern sich auf die besonderen kindlichen Verarbeitungsfähigkeiten einlassen können und sich auch auf die Ebene der Magie begeben. Dann können sie gemeinsam mit den Kindern Rituale entwickeln, die Monster bannen. Dabei ist die Phantasie der beste Ratgeber.

Und da kann auch Jau-Jau einiges erzählen, z. B. die Geschichte, wie Lotta, die Gardinenmonster verjagt hat.

Lotta und die Gardinenmonster

Auf der Suche nach neuen Geschichten kam Jau-Jau auch im Tal der 1000 Teiche vorbei. Hier traf er Lotta. Sie hockte nachdenklich an einem dieser vielen Teiche und starrte ins Wasser. «Na, zählst du Fische?», fragte Jau-Jau.

Das Mädchen schüttelte stumm den Kopf.
«Du würdest dich aber bestimmt gut mit denen verstehen. Die sprechen nämlich auch nicht.»
Das Mädchen sagte immer noch nichts.
«Ich bin übrigens Jau-Jau», stellte sich der Weise vor. «Hast du auch einen Namen?»
«Ich heiße Charlotta. Und meine Freunde nennen mich Lotta.»
«Lotta! Der Name klingt, als ob du kein Abenteuer auslässt.»
«Geht so», antwortete Lotta zaghaft.
«Das klingt jetzt eher so, als ob du gerade mitten in einem Abenteuer steckst.»
«Wieso?»
«Na ja, du klingst nicht fröhlich, sondern eher ... so, als ob es da etwas gibt, was dich hindert, fröhlich zu sein.»
«Das sind diese blöden fliegenden Monster. Die verstecken sich tagsüber hinter den Gardinen und kommen immer abends, wenn ich schlafen will.»
Jau-Jau war beeindruckt «Du kennst fliegende Monster?»
Lotta nickte. «Ja, mit ganz grässlichen Gesichtern. Die sind so gruselig ... da kann ich überhaupt nie schlafen.»
«Und wie sehen die genau aus?»
«Wieso willste das wissen?»
«Na ja, vielleicht kann ich dir helfen, sie zu fangen.»
Lotta überlegte kurz und fing an, die Monster zu beschreiben.
«Also die sind groß und können ihre Form verändern. Und haben ganz böse Gesichter. Ganz dunkle Augen, lange Nasen und einen großen Mund mit scharfen Zähnen.»
«Hm, am besten malst du sie auf», schlug Jau-Jau ihr vor. «Dann haben wir Monstersteckbriefe. Und dann finden wir diese langnasigen Scharfzahnmonster bestimmt.»

Lotta war begeistert von der Idee. Sie holte aus ihrem Rucksack einen Malblock und Buntstifte und fing an, die Monster aufzumalen. Und die sahen wirklich furchterregend aus.
«Tja, ich glaube, da haben wir ein großes Abenteuer vor uns», stellte Jau-Jau fest. «Wie sollen wir die denn wegkriegen?»
Lotta dachte nach. «Vielleicht wegpusten?»
«Aber sie können doch fliegen», gab der Weise zu bedenken.
«Stimmt», gab Lotta ihm recht. «Pusten finden die vielleicht noch toll!»
Jau-Jau nickte nachdenklich. Das Problem war gar nicht so einfach zu lösen.
Lotta schaute auf den Teich und hatte plötzlich eine Idee.
«Vor Wasser, da haben die Monster Angst!» Und aufgeregt schlug sie vor: «Weißt du was, wir bauen aus den Monsterbildern Papierschiffchen, und die lassen wir im Teich schwimmen. Und dann tun wir Steine in die Schiffchen, und dann gehen die Monsterschiffchen unter, und die Fratzen lösen sich auf!»
Das klang nach einem guten Plan.
Und zusammen falteten sie aus den Monsterbildern Papierschiffchen und ließen sie in einem der 1000 Teiche schwimmen. Dann sammelten Lotta und Jau-Jau am Ufer Steine ein. Und während sie die Steine in die Schiffchen taten, murmelten sie einen Zauberspruch, der die Monster vertreiben sollte:
«Wasser weich böses Luftmonster zu Brei,
lös es auf, spül die Fratze entzwei,
spül hinein in alle Monsterecken,
jetzt kann es keine Kinder mehr erschrecken.»
Und wirklich, die Papierschiffchen lösten sich auf.
Nach einer Weile holten sie die weichen Papierlappen aus dem Wasser und blickten in völlig verschwommene Monsterfratzen. Und Jau-Jau beglückwünschte Lotta zu ihrem genialen Einfall und überreichte ihr eine Medaille. Auf der stand:

Für Lotta, die siegreiche Heldin, die die Luftmonster zum Verschwinden gebracht hat.
Lotta lächelte stolz und meinte: «Weißt du was, Jau-Jau, die Medaille hänge ich über mein Bett. Dann kommen die Monster bestimmt nie wieder.»
Und genauso war es. In Windeseile hatte es sich bei allen bösen Luftmonstern rumgesprochen, dass mit Lotta, der siegreichen Heldin, die die Luftmonster zum Verschwinden gebracht hatte, nicht zu spaßen war. Deswegen tauchten sie auch nie wieder bei ihr auf.

Kinder wollen in ihren Ängsten ernst genommen werden. Sie wünschen sich, dass Eltern die Unholde und Gespenster auch ernst nehmen, die sie selber erschaffen und dadurch ihren Ängsten Gestalt verleihen. Nur dann können sie die Fähigkeit entwickeln, kreativ mit ihnen umzugehen. Denn wenn die Kinder selbst Schöpfer sind, können sie die «selbstgemachten» Geschöpfe, die Figuren und wilden Gefährten auch wieder zum Verschwinden bringen. Und dabei können Eltern helfen, indem sie sich auf dieses kindliche Phantasiepotenzial einlassen und es nutzen.

Je älter das Kind wird, umso mehr verändert sich seine Auseinandersetzung mit der Wirklichkeit. War das Denken im Kindergartenalter magisch-phantastisch, so wird es nun zwischen dem fünften und achten Lebensjahr immer abstrakter und klarer.

Identifizierte sich das vierjährige Kind mit seinem Hamster total, meinte es sogar, mit ihm sprechen zu können, so weiß das Kind nun, dass es sich um ein Tier handelt, das zwar Fürsorge braucht, aber eben anders als ein Mensch reagiert. Hatte der Mörder, der Einbrecher, der Entführer für das fünfjährige Kind eher symbolischen Charakter, standen sie für Kräfte, die stärker waren als das Kind selber, konkretisierten sich in ihnen Vernichtungsängste, die man mit phantastischen Mitteln besiegen konnte, haben sie nun realen Charakter, werden die Kinder doch damit in den Gesprächen der Erwachsenen und den Berichten der Medien konfrontiert. Konnte der imaginäre Räuber oder das gefräßige Krokodil für ein vierjähriges Kind noch mit magischen Mitteln besänftigt werden, so stehen diese Techniken in diesem Lebensabschnitt nur begrenzt zur Verfügung.

«Früher, da hatte ich Angst vor Krokodilen», erzählt der sechsjährige Lukas. Die lagen unter meinem Bett. Da durfte nichts aus meinem Bett raushängen. Und ich bin dann auch nirgendwo mehr hingegangen. Dann hatte ich aber 'ne Idee: ich wusste, die sind ganz gefräßig. Deshalb wollten sie mich ja auch haben. Da hab ich Smarties um mein Bett verteilt. Die sollten sie zuerst essen. Und dann sind sie satt, und dann fressen sie mich nicht mehr. Und am anderen Morgen waren die Smarties immer noch da. Da hab ich gedacht, da sind ja gar keine Krokodile, und hab selber die Smarties gegessen. Aber dann war mir schlecht. Ich hab gedacht, vielleicht haben die Krokodile die nur nicht gegessen, weil ihnen nicht schlecht werden sollte. Also habe ich gedacht, da sind doch Krokodile. Am nächsten Tag hab ich dann Schokolade um das Bett verteilt. Und als die am nächsten Morgen dann auch noch dalag, hab ich gedacht, so wählerisch können die nicht sein. Also gibt's doch keine Krokodile unterm Bett.»

Die Kraft phantastischer Methoden, um Ängste zu bewältigen, nimmt ab, je älter die Kinder werden – dazu werden die bedrohlichen Mächte mit zunehmendem Alter zu realistisch. Die Kinder lassen sich dann immer weniger wirklich auf die Möglichkeiten ein, die Zauberpillen und Geschichten bieten. Sie stellen mehr in Frage, forschen nach Ursachen, wollen hinter die Dinge schauen. Doch auch in dieser Phase lassen sich noch Spuren des magisch-phantastischen Denkens finden.

Die Ungeheuer, um die es in dem folgenden Fall geht, sind keine Monster, Drachen oder Gespenster. Vielmehr geht es um Räuber.

Aber die hier benutzten Vertreibungstricks lassen sich auch auf Monster aller Art anwenden.

Zwei Jungs – Dennis und Hendrik – haben sie herausgefunden. Und wir wollen hier von ihrem «heldenhaften» Vorgehen berichten, wie sie die Räuber, die sie verfolgt haben, losgeworden sind.

Denis, Hendrik und die 40 Räuber

Alles fing damit an, dass Denis seinem Freund Hendrik davon berichtete, dass im Traum immer Räuber zu ihm kamen, die ihn jagten und ihn mitnehmen wollten. Und dann konnte er nur noch Verfolgungsjagden träumen, gar nichts anderes mehr.

«Mag schon gar nicht mehr einschlafen», erzählte Denis.
«Und was sagen deine Eltern?», wollte Hendrik wissen
«Solche Räuber gibt's nicht!»
Hendrik lachte nervös auf.
«Warum lachst du denn so blöd?», fragte Denis ärgerlich.
«Kenn ich.»
Denis schien verwirrt. «Sag schon. Was kennst du?», drängte er seinen Freund.
«Das mit den Räubern. Hab auch schon davon geträumt. Und meine Eltern haben es mir auch nicht geglaubt.»
«Und träumste immer noch davon?»

Hendrik lachte befreit auf: «Nö!»

«Was haste gemacht?»

«Hab sie verjagt», sagte Hendrik selbstbewusst: «Weg waren sie!»

Denis schaute ungläubig: «Die waren dann wirklich weg?»

Hendrik nickte: «Weg! Einfach weg!» Er atmet tief aus, so als wolle er seine Räuber nachträglich noch wegpusten.

«Und wie hast du das gemacht?»

«Ganz einfach. Als die in meinem Traum hinter mir her waren, hab ich mich umgedreht, meine Zähne gezeigt ...» Hendrik grinste.

«Du hast doch 'ne Riesenlücke...», wunderte sich Denis.

«Deshalb ja. So sehe ich aus wie ein Pirat. Und ich hab geschrien: ‹Haut ab! Haut ab!›»

«Und?», fragte Hendrik.

«Die Räuber haben sich erschreckt und sind weggelaufen!»

«Kamen die wieder?»

«Dreimal. Dann hatten sie genug!» Hendrik fährt mit der Hand seinen Hals entlang, so als massakriere er die Räuber mit einem Säbel. «Musste auch mal probieren!»

Ein paar Tage später.

«Du, Hendrik», fing Denis an, «meine Räuber sind weg.»

«Welche Räuber?»

«Die aus'm Traum.»

«Ach so.» Hendrik klang gelangweilt.

Denis stieß ihn an.

«Na, willste wissen, was ich gemacht hab?»

«Was haste denn gemacht?»

«Hatte mich als Räuberhauptmann verkleidet und...»

«In echt verkleidet?» Hendrik schien daran zu zweifeln.

«Nicht in echt. Im Traum! Und als die kamen, hab ich mich umgedreht und gesagt: ‹Hier spricht euer Hauptmann. Wegtreten! Ich will euch nicht mehr sehen!›»

«Und?»

«Die sind abgehauen. Ganz schnell!»

«Wohin denn?», wollte Hendrik wissen.

«Ich glaub, wieder zu dir!»

«Blödkopp!», rief Hendrik.

Dann lachen sich beide an.

Die Geschichte zeigt, dass die beiden älteren Jungs noch spielerischer mit den Ereignissen umgehen, so als ob sie sich in einem Abenteuerrollenspiel befänden. Auf diesen Spielansatz gehen wir in einem späteren Kapitel auch noch näher ein.

Der unsichtbare Mister X

Phantastische Freunde
Um stark zu erscheinen, lassen sich Kinder alles Mögliche einfallen. Sie verkleiden sich als Cowboys, als Hexe, als Superman oder als Zauberer. Und wenn das nicht reicht, holen sie sich Verstärkung aus dem Reich der Imagination. Es sind unsichtbare Gefährten, unsichtbar für Erwachsene. Für Kinder sind sie zum Greifen nah, für sie existieren diese Phantasiefiguren wirklich, die mit ihnen durch dick und dünn gehen. Für eine Zeit lang sind sie untrennbar mit ihnen verbunden. Und manche von ihnen vermögen auf magische Art und Weise Kraft verleihen, so wie Edgar, der Schutzvampir, der Sarah half, sich mutig zu fühlen.

Sarah und der Schutzvampir

Es war an einem Mittwoch. An diesem Tag war Sarah genau vier Jahre und neun Monate alt. In drei Monaten wurde sie fünf. «Dann bist du groß», hatte ihre Mama gesagt. Und dann war sie bestimmt auch stark, dachte Sarah. So stark, dass sie sich endlich wehren konnte, wenn die anderen blöd waren, kniffen und schubsten. Die «anderen», damit meinte Sarah die Kinder im Kindergarten. Wenn sie nur schon fünf wäre! Dann wäre sie endlich groß. Noch drei Monate...

So lange konnte Sarah nicht mehr warten. Sie musste vorher irgendetwas finden. Irgendetwas, das sie stark machte. Aber was? Das wusste Sarah auch noch nicht so genau. Aber sie wusste, wo sie als Erstes suchen wollte. Im Keller...

Schon kurze Zeit später kam sie wieder hoch mit einem Vampirumhang. Den zeigte sie stolz ihrer Mama und erklärte, dass sie damit in den Kindergarten gehen wolle.

«Sarah, Schatz, wir haben doch keinen Karneval», so versuchte die Mutter sanft ihrer Tochter das auszureden. «Damit kannst du hier schön spielen. Aber so in den Kindergarten? Wie sieht das denn aus?»

Sarah seufzte. Ihre Mutter hatte wirklich keine Ahnung.

«Oh, menno, den hab ich aber extra geschenkt bekommen.»

«Von wem denn?», wollte die Mutter wissen.

«Na, von meinem neuen Freund. Edgar.»

Die Mutter war beunruhigt. Von diesem Edgar hatte Sarah nie etwas erzählt. Und ihre Sorgen wurden nicht kleiner, als Sarah erzählte, dass Edgar ein Vampir war.

«Der wohnt in der alten Holzkiste im Keller. Und der ist jetzt mein Freund», stellte Sarah entschlossen fest.

«Hast du denn gar keine Angst vor Vampiren?», wollte die Mutter wissen.

«Quatsch», klärte ihre Tochter sie auf. «Edgar ist doch ein Schutzvampir.»

«Ah ja. Und wen schützt er?»

«Na, mich natürlich.» Sarah seufzte wieder. Ihre Mutter war wirklich schwer von Begriff. «Deswegen hat er mir doch den Umhang geschenkt.

Für den Kindergarten. Den soll ich umhängen, dann ist er bei mir und beschützt mich.»

«Ach so. Das ist ein Schutzumhang.»

Sarah rollte etwas genervt mit den Augen. «Klar. Was denn sonst?»

Ihre Mama hatte wirklich lange gebraucht, bis sie das kapierte.

«Aber ich muss ihn anbehalten, sonst wirkt er nicht.»

«Verstehe. Na, dann musst du ihn natürlich auch in den Kindergarten anziehen.»

«Sag ich doch.»

Sarah schüttelte den Kopf. Manchmal hatten Eltern wirklich eine lange Leitung.

Drei Monate später, Sarahs fünfter Geburtstag. Sarahs Vampirfreund Edgar war natürlich auch eingeladen. Sarah hatte extra ein Gedeck für ihn mit auf den Tisch gestellt. Und zur Feier des Tages gab es Blutorangensaft, dunkelroten Vampirkuchen und Lollis in Form von Vampirzähnen. Alle waren begeistert. Edgar natürlich auch. Und danach verschwand er. Er müsse zu einem Vampirtreffen, das hatte er Sarah erzählt. Diese Erklärung gab Sarah jedenfalls ihrer Mutter, als sie sich nach ihm erkundigte. Und mit Edgar verschwand auch sein Umhang wieder in der Kiste im Keller. Sarah brauchte ihn nicht mehr. Jetzt war sie ja fünf Jahre alt und endlich «groß».

Manche Eltern haben Probleme damit, wenn Kinder sich unsichtbare Freunde zulegen. Sie meinen, das Kind würde aus der Realität fliehen, Wirklichkeit und Phantasie vermischen. Aber ganz im Gegenteil: Solche Figuren sind für die gefühlsmäßige Entwicklung des Kindes außerordentlich wichtig. Die Gefährten fungieren als Kleister, um Löcher im manchmal noch lückenhaft intellektuellen Lernprozess zu stopfen – und sie sind ungefährlich für das Kind. Es lässt sich freiwillig auf sie ein, besetzt die Figuren mit eigenen Wünschen, lässt sie nach seiner Pfeife tanzen. Hier fühlt sich das Kind wieder als Magier mit ungeahnten Kräften.

Aber das Gefühl von Macht und Größe hat für das Kind zwei Seiten: Es erfährt die *positiven* und *negativen* Seiten der Macht, ihre konstruktiven wie ihre destruktiven Aspekte. Es kann aufbauen und zerstören, ehrlich sein und lügen, Zuwendung geben und Liebe entziehen, kooperativ und verweigernd sein. In seiner frühen Entwicklung reklamiert das Kind nur die *guten* Anteile für sich, die *bösen* bindet es an andere, an reale oder fremde, irreale Wesen. Denn als kleines Kind will es vor allem eins: von seinen Eltern geliebt werden. Genauso, wie es selbst seine Eltern liebt. Und in dieses Bild passt es nicht hinein, dass es etwas tut, worüber die Eltern böse werden.

«Hat es sie ‹geärgert›, dann ist es untröstlich», schreibt Selma Fraiberg. «Sogar seine Selbstliebe schwindet dahin, wenn es die Missbilligung seiner Eltern fühlt. Es will großartig sein, um ihre Liebe und Anerkennung zu verdienen; es will gut sein, damit es sich selbst lieben kann. (Daraus entsteht später Selbstachtung.)»

Und um das auch immer gut hinzubekommen, greift das Kind zunächst zu dem Trick, dass es sich selbst nur als Summe aller guten Eigenschaften wahrnimmt.

Diesen Trick hatte auch Frieda angewendet. Ihre Oma Margret hatte ihr das Bilderbuch vom «Grüffelo» geschenkt. Und seitdem trieb diese braune Monstergestalt mit Hörnen und furchterregenden Zähnen unsichtbar im Haus ihr Unwesen. Unsichtbar stimmt nicht ganz. Denn Frieda konnte den Grüffelo natürlich sehen. Wie sonst, hätte sie feststellen können, dass er es war, der andauernd Unfug trieb. Der Becher auf den Boden warf, Friedas Spielzeug in der ganzen Wohnung verteilte, mit Essen rummatschte und ihr Zimmer regelmäßig verwüstete. Friedas Eltern waren verzweifelt. Wie wird man so ein Monster wieder los?

Frieda und der Grüffelo

«Mir reicht es!», brüllte Friedas Vater Franz , als seine Tochter die Schuld auf die Unordnung mal wieder auf den Grüffelo schob. «Hör auf zu schwindeln und räum endlich auf! Wer Unordnung macht, muss sie auch wieder aufräumen.»

«Das tue ich ja», verteidigte sich Frieda. «Aber dann kommt der Grüffelo und schmeißt alles wieder durcheinander.»

«An all dem Quatsch ist nur meine Mutter schuld!», beschwerte sich Franz nun bei seiner Frau Heike. «Der haben wir das zu verdanken. Was muss sie Frieda auch so ein Buch schenken! Und du lässt das auch noch zu!»

Als Oma Margret das nächste Mal zu Besuch kam, klärte Heike ihre Schwiegermutter darüber auf, wie allergisch Franz auf die Grüffelo-Angelegenheit reagiere.

«Der soll sich nicht so anstellen», meinte Margret und zog sich zu einer «Geheimkonferenz» mit Frieda in ihr Zimmer zurück.

«Dieser Grüffelo macht ja wohl, was er will», sagte sie zu ihrer Enkelin.

«Ja, das ist wirklich schlimm», erwiderte Frieda. «Mir reicht es! Der ist ganz böse.»

«Also ich finde, du solltest mal mit ihm schimpfen», schlug Oma Margret vor. «Dich nervt das doch auch.»

Frieda fand die Idee gut und wollte das so schnell wie möglich probieren. Und stolz erzählte sie ihrem Vater abends von dem Plan, den sie mit Omi ausgeheckt hatte. Aber Friedas Papa lächelte nur gequält und meinte später zu seiner Frau: Jetzt sei seine Mutter völlig durchgeknallt. So auf diesen Blödsinn einzusteigen. Das bringe ja wohl nichts.

Aber da sollte er sich täuschen. Einige Zeit später bemerkten die Eltern, wie ihre Frieda wirklich anfing, aufzuräumen. Und dabei hörten sie ihre Tochter mitunter sprechen. Immer wieder schimpfte Frieda mit dem Grüffelo: «So, jetzt ist aber Schluss! Mir reicht es! Wer Unordnung schafft, muss auch aufräumen! Entweder du tust, was ich sage, oder ich spiel nicht mehr mit dir!»

Als Oma Margret dann wieder zu Besuch kam, sprach Franz sie darauf an, bedankte sich bei ihr und lobte sie. Erstaunlich, wie sie das hinbekommen habe. Das hätte er wirklich nicht gedacht.

«Das wundert mich jetzt aber», stellte seine Mutter schmunzelnd fest. «Du hast es doch damals mit Pumuckl genauso gemacht.»

Oma Margret konnte diese magische und kindgerechte Lösung finden, weil sie sich auf Friedas Phantasien einließ. Die Kritik der Eltern an der Unordnung konnte Frieda nicht annehmen. Sie empfand sie weniger als Kritik an der Sache, sondern mehr als Kritik an ihrer Person. Um damit zurechtzukommen, übertrug sie diese negativen Eigenschaften auf den Grüffelo.

Wenn wir die Rolle von so einem unsichtbaren Gefährten – wie hier dem Grüffelo – richtig einschätzen wollen, wäre es zu einfach, ihn nur als Sündenbock abzutun. «Das ist er natürlich», erklärt Selma Fraiberg. «Aber es ist äußerst wichtig, dass er den Anfang der Selbstkritik darstellt.»

Diese polare Sichtweise, also die Aufspaltung in «gute» – Frieda – und «böse» – Grüffelo – Personen, ist typisch für Kinder in diesem Alter. Eine differenziertere Betrachtung gewinnen Heranwachsende etwa vom fünften Lebensjahr an. Dann entwickelt sich aus einer Entweder-oder-Haltung eine Sowohl-als-auch-Haltung. Aber auch danach bleibt die polare Sichtweise noch erhalten. Sie wandelt sich erst allmählich.

Der Grüffelo diente Frieda als Vehikel, ein magisches Vehikel, dessen Bedeutung für die Eltern auf den ersten Blick nicht zu erkennen war, weil sie mit ihren logischen Maßstäben an die Sache herangingen. Und wenn Eltern sich mehr auf eine genauere Beobachtung ihrer jüngeren Kinder einlassen könnten, und es lernen würden, Verständnis für deren magisch-mythische Sichtweisen zu zeigen, dann könnten sie so manche Überraschung erleben. Sie würden sich wundern, welche unerwarteten Konfliktlösungen mit zwei- bis vierjährigen Kindern möglich sind.

Aber die Phase, wo Lösungen dieser Art gefunden werden können, ist begrenzt. Wenn das Kind älter wird, entwickelt es andere Fähigkeiten, sich mit sich und anderen Personen auseinanderzusetzen. Dann gewinnen Sprache und rationale Herangehensweisen immer mehr an Gewicht.

Manchmal können unsichtbare Freunde Heranwachsende allerdings lange begleiten. So hatten der dreizehnjährige Finn und sein vier Jahre älterer Bruder Olli sich einen gemeinsamen unsichtbaren Freund mit Namen «Friedhelm» angeschafft. Friedhelm verkörperte all das, was sie als extrem «uncool» empfanden – Klamotten, Aktionen oder auch Meinungen. «Oh nee, der Friedhelm schon wieder!» hieß es dann.

Ohne Freunde wäre das Leben sehr einsam, oder besser gesagt, wir wären wohl gar nicht überlebensfähig. Ein Freund oder eine Freundin kann alles Mögliche sein, der Teddy, die Puppe, ein Hund, eine Katze, ein Kanarienvogel, eine Maus. Und natürlich vor allem die Spielgefährten von klein auf, die, wenn man Glück hat, ein Leben lang «allerbeste Freunde und Freundinnen» bleiben. Daneben gibt es die Freunde, die in der Phantasie existieren und in der realen Welt unsichtbar sind. Und dann gibt es noch die virtuellen Freunde. Die leben zwar nicht in der realen Welt, aber man kann sie sehen und mit ihnen kommunizieren. Computer sei Dank. Oder doch eher nicht?

Über das Verführungspotenzial dieser virtuellen Freunde wird viel diskutiert und geschrieben. Es wird untersucht und gewarnt. Und manche, die in «prävirtuellen Medienzeiten» aufgewachsen sind, haben große Bedenken gegen diese künstlichen Welten und urteilen pauschal, ohne genauer hinzuschauen. Schnell wird das Unbekannte verteufelt. Das führt leicht zur Polarisierung.

Wenn man das Ganze jedoch genauer betrachtet, dann gibt es auch viel zu entdecken in diesen virtuellen Welten. Es ist eben wie bei allen technischen Neuerungen: Es gibt gute und es gibt schlechte Seiten, den Segen gibt es nicht ohne den Fluch. Es kommt darauf an, ob man gelernt hat, damit umzugehen.

Wer beizeiten spinnt, beherrscht auch virtuelle Welten

Kreative Kraft aus dem Computer

Der Wandel unserer alltäglichen Welt nimmt immer mehr an Tempo auf. Unsere Mütter und Väter hätten sich nicht träumen lassen, dass es eines Tages ein Telefon gibt, das zugleich eine Art Computer ist, der durch Wischen oder Tippen mit der Fingerspitze auf dem Bildschirm bedient werden kann. Das Smartphone und auch die Tablet-Computer gehören heute bei vielen, die digitale Medien nutzen, schon zur Grundausstattung. Vor allem bei Jugendlichen ist das Smartphone sehr beliebt und ein begehrtes Statussymbol. Der Computer und die mobilen internetfähigen Geräte sind aus unserem Leben nicht mehr wegzudenken, zukünftig werden sie unser Leben immer mehr bestimmen. Wie stark sie unser Leben schon bestimmen, merken wir, wenn z. B. Großrechner lahmgelegt wurden. Dann überkommt den ein oder anderen vielleicht mal wieder die Angst, dass wir auf eine Welt zusteuern, die von Maschinen beherrscht wird. Und es ist in der Tat gespenstisch, wenn es schon Programme gibt, die Nachrichtenmaterial kreieren, zusammenstellen und formulieren, den sogenannten computergenerierten Journalismus.

Aber Fortschritt ist nicht aufzuhalten. Und dabei verhält es sich wie bei allem, das Angst auslöst – davor wegzulaufen macht die Angst nur stärker. Der erste Schritt, um diese unguten Gefühle besser in den Griff zu bekommen, besteht darin, sich «das Objekt» genauer anzuschauen, nicht alles in Bausch und Bogen zu verteufeln.

Das gilt auch für die virtuellen Welten, in die Kinder heute abtauchen.

Manchen jungen Eltern, die damit schon aufgewachsen sind, erzählen wir hier nichts Neues. Die Anzahl derer, die Computerspiele nicht ablehnen, sondern sie sogar als pädagogisch wertvoll ansehen, wächst rasant. Und allen anderen, also denen mit gewissen Berührungsängsten, raten wir, sich einfach mal an die Spezialisten zu wenden – also an die Kinder und Heranwachsenden – und sie zu fragen. Und wenn Sie als Eltern oder Großeltern echtes Interesse zeigen für das, was da so am Bildschirm abläuft, dann werden Sie staunen, wie gesprächig ihr sonst eher redefauler Nachwuchs wird. Wichtig dabei ist, dass das Interesse echt ist. Ist es nur geheuchelt, um herauszubekommen, was die Brut da so treibt, erreicht man eher das Gegenteil. Kinder und Jugendliche haben ein feines Gespür dafür, ob jemand es ernst mit ihnen meint und wirklich Anteil nehmen will. Dann sind sie auch gerne bereit, die Dinge zu erklären, die für manchen Erwachsenen so verwirrend und kaum zu durchblicken sind.

Was ist so faszinierend an diesen digitalen Welten? Als wir Kinder dazu befragt haben, bekamen wir Antworten, wie:
- Weil da einfach alles möglich ist.
- Weil man da etwas schaffen muss.
- Weil es coole Abenteuer sind.
- Weil man da so viel ausprobieren kann.
- Weil es spannend ist und kniffelig und auch lustig.
- Weil man da in verschiedene Rollen schlüpfen kann.

Dies alles sind Antworten, die auch für «angewandte Phantasie» sprechen könnten. So kann man den Reiz, den Computerspiele haben, mit der Möglichkeit erklären, dass die Kinder hier in Phantasiewelten abtauchen können, die ihnen in der Realität genommen wurden. Wenn Heranwachsende früh funktionieren sollen, lernen müssen, vernünftig zu sein, Lernen als das Postulat schlechthin angesehen wird und einfaches Spielen kaum noch stattfindet, dann spricht es für die Stärke der Durchsetzungskraft von Phantasie, wenn sie sich ihre Bahnen sucht. Und andersherum: Wenn Kinder schon früh im Umgang mit Phantasie gefördert werden, dann können sie eine eigene kreative Kraft entwickeln, die ihnen hilft, dass sie sich nicht in virtuellen Welten verlieren. Und wenn die richtigen Computerspiele präsentiert werden, kann das bereichernd sein.

Konkrete Tipps zu geeigneten Computerspielen finden Sie am Ende unter unseren «Empfehlungen». Hier findet man auch Hinweise, wo man sich ausführlich weiter informieren kann.

Und hier folgt noch ein Bespiel für ein Spiel, das für einen speziellen Reiz der Computerspiele steht.

Leben auf Probe in der Pixelwelt
Ein Aspekt , der auch viel mit dem Wesen von Phantasie zu tun hat, wird im dem Spiel «Die Sims» deutlich. «Sims» kommt von «Simulation». Denn in dem Spieleuniversum der Sims geht es darum, dass man sich mit Hilfe dieser Figuren in der virtuellen Welt ein eigenes Leben aufbauen kann. Laut Wikipedia ist es das meistverkaufte PC-Spiel überhaupt.

So kann man z. B. in dem Spiel «Die Sims 3 Inselparadies» das Leben auf einer Insel entdecken. Man kann eigene Charaktere schaffen, die passenden Klamotten dazu aussuchen, auf der Insel eine Familie gründen, einen eigenen Haushalt aufbauen und Beziehungen zu anderen pflegen. Man muss für den Unterhalt sorgen, sich Arbeit suchen, z. B. ein Hotel oder ein Restaurant leiten. Oder man kauft Grundstücke.

Nicht nur Kinder sind fasziniert von diesem Leben auf Probe in der virtuellen Welt. Das Spiel ist auch bei Erwachsenen sehr beliebt. Was gut nachvollziehbar ist. Denn träumt nicht jeder davon, manchmal in eine andere Rolle schlüpfen zu können. Und haben wir das nicht alle früher in Rollenspielen auch gemacht? Aber hier sind die Spielpartner eben keine echten Menschen, sondern virtuelle Figuren – hinter denen aber echte Menschen stecken. Diese Art von virtuellem Rollenspiel bringt die Möglichkeiten, die uns die Computerspielwelt bietet, auf den Punkt. So ist es nachvollziehbar, dass dieser Spielansatz die Gemüter spaltet und besonders zur Polarisierung reizt. Auf der einen Seite ist es faszinierend und gut, sich in diesem virtuellen Erlebnisraum ausprobieren zu können. Auf der anderen Seite wird davor gewarnt, dass man sich in diesen Welten auch verlieren kann und den Bezug zur normalen Realität verliert.

Wie bei allem geht es auch hier um das richtige Maß der Dinge.

Und es geht darum, dass Kinder in den ersten Entwicklungsjahren eine gute Grundlage aufbauen können, die sie dazu befähigt, kompetent mit den Verführungen der virtuellen Welt umgehen zu können. Mit diesen Fähigkeiten wird man nicht geboren, die müssen entwickelt werden. Oder besser gesagt, ein Kind kommt mit einem großen Anlagenspektrum auf die Welt. Und die Anlagen, mit denen es sich beschäftigt, die gefördert werden, die entwickeln sich weiter.

Der Neurobiologe Gerald Hüther beschreibt, «dass sich nur solche Verknüpfungen im Hirn des Kindes langfristig ausbilden, die auch in der konkreten Lebenswelt regelmäßig aktiviert werden. Das, was ungenutzt bleibt, schrumpelt wieder weg.» Der entscheidende Teil dieses Prozesses findet in etwa bis zu einem Alter von sechs Jahren statt. Hier werden die Grundlagen gelegt. Das Gehirn ist zwar später immer noch in der Lage zu lernen. Aber dann ist das Lernen ein anderes. «Der Lernprozess läuft nicht mehr intuitiv und automatisch ab», so Hüther. «Die Kinder schämen sich ihrer Defizite wegen, werden gehänselt – und lernen mit Angst. Das ist keine gute Grundlage.»

Betrachtet man diese Erkenntnisse, dann ist es verständlich, dass auch Computerspiele und Apps (das sind kleine Programme, die auf iPads, Tablet-PCs und Smartphones runtergeladen werden können) für kleinere Kinder entwickelt wurden.

Die Erfindung des iPads – insbesondere des Touchscreens – und der Smartphones hat die Möglichkeiten, mit dem Computer umzugehen, revolutioniert. Es ist wirklich «kinderleicht» geworden und stellt die Erfahrungswelten im Vergleich zu unserer Jugend auf den Kopf. Und schon bei den Apps für die ganz Kleinen zeigt sich, wie virtuelle Realitäten das Echte ersetzen können. Da gibt es z. B. eine «Rassel-App», d. h., wenn man unterwegs ist und die Rassel für die Kleinsten ist zu Hause geblieben, dann soll diese App helfen, die auf 3 Arten rasseln kann.

Oder dann gibt es das «Wunderwimmelbuch», eine Wimmelbuch-App, die nach den beliebten Wimmelbilderbüchern gestaltet ist.

Sie ist «ein Muss wenn du deinem Kind dein iPad, iPod Touch oder iPhone zum Spielen geben möchtest», schreibt ein begeisterter Vater auf papa-online.com im Internet.

Doch auch er plädiert für das richtige Maß, «sonst könnten sich die Kinder zu sehr an das iPad & Co. gewöhnen und vergessen, wie andere Dinge funktionieren». Und als Beispiel zeigt er ein Video von einem einjährigen Mädchen, das erst voller Freude auf einem iPad mit bunten Bildern spielt und dann eine Illustrierte bekommt. Auch hier probiert sie mit Fingertippen und Auseinanderziehen, die gedruckten Bilder zu bewegen. Aber es funktioniert nicht. Schließlich pfeffert das Mädchen die Illustrierte frustriert in die Ecke.

Mit Sicherheit wird die Kleine den Unterschied zwischen einem iPad und einer gedruckten Illustrierten noch weiter erforschen und letztendlich auch erkennen. Aber auch hier wird wieder etwas deutlich. Erinnern wir uns, wie es war, als Kleinkinder ohne iPad-Erfahrung eine Illustrierte in die Hand bekamen. Im ersten Moment interessierten sie sich vielleicht für die bunten Bilder. Im zweiten Moment kamen sie vielleicht auf die Idee, weiter zu erforschen, was man mit diesen Seiten noch machen kann. Dann stellten sie schnell heraus, dass sie mit ihren Händen aus einer Seite viele kleine Fetzen zaubern konnten. Interessante Geräusche entstanden dabei. Und sie genossen das Gefühl, selber Zeitungsfetzenflugobjekte zu produzieren, die sie dann durch die Luft segeln lassen konnten ...

Selbermachen ist das Zauberwort. Selber begreifen, anpacken, verwandeln können mit allen Sinnen, eigene Abenteuer bestehen – das ist die beste Voraussetzung, um auch die Kämpfe in den digitalen Welten gut zu überstehen. Und das beste Rüstzeug ist die Phantasie. Die gilt es zu fördern, damit sie zu einer eigenständigen, starken, selbständig machenden, die Widerstandskräfte stärkenden Phantasie wird. Dann stehen die Chancen gut, dass Kinder später dazu fähig sind, die neuen Medien auch kreativ zu nutzen. Nehmen wir das Beispiel eines Straßenmusikers, der sich erst auf seiner Wetter-App darüber informiert, ob Regen angesagt ist für die nächsten paar Stunden. Zeigt das Radar regenwolkenfreie Zone, dann baut er seine Marimba auf.

Zum kindlichen Entwicklungsprozess gehört es dazu, in Phantasiewelten abzutauchen. Wenn man diese magischen Reisen unterbindet oder zu stark in eine rationale, realistische Richtung lenkt, dann unterbricht man auch den organischen Entwicklungsprozess, mit dem sich das Kind von selber wieder mit zunehmendem Alter von dieser phantastischen Wirklichkeit entfernt. Damit nimmt man dem Kind auch die Chance, Strategien zu entwickeln, wie man mit phantastischen Welten umgeht.

Die virtuellen Welten der Computerspiele bekommen für diese Kinder nicht zuletzt dadurch einen besonderen Reiz. Nur sind sie ihnen dann hilflos ausgeliefert, weil sie nicht gelernt haben, sich «spielerisch» in solchen Welten zu bewegen.

Eine Garantie, dass ein Kind nicht doch den Verführungsmechanismen der digitalen Welten erliegt, gibt es nicht. Auf jeden Fall hilft es wenig, nur mit Verboten zu arbeiten. Das Beste, was Sie tun können, ist, eine Grundlage zu schaffen aus Vertrauen, Annahme und Liebe. Und bleiben Sie in Kontakt, auch wenn Ihr Kind mal andere Wege gehen will. Also tun Sie all das, was sowieso am besten ist, um Kinder stark, widerstandsfähig und kompetent zu machen. Oder einfach ausgedrückt: Sie müssen gar nichts Besonderes tun. Denn Kinder lernen am meisten durch das Vorbild ihrer Eltern.

Und dabei erfahren sie eine besondere Unterstützung durch die Zauberformel. «Das schaffst du schon.»

Und wenn Sie sich als Eltern jetzt fragen, wie fördere ich dabei die Phantasie, dann hat Jau-Jau in einem eigenen Kapitel dieses Buches noch viele Tipps, Tricks und Spielvorschläge für Sie.

❐ *TUN UND LASSEN – FÖRDERN ODER BREMSEN*

Wodurch wird Phantasie gefördert?
- ❐ Wenn Eltern begreifen, dass das magisch-phantastische Denken eine altersgemäße Form von Intelligenz ist, eine kreative Leistung der Kinder, die ihnen hilft, die Welt um sie herum zu begreifen.
- ❐ Wenn es Eltern gelingt, sich auf diese kindliche Weltsicht einzulassen, und sie bereit sind, mit ihren Kindern zusammen dieses magische Land der unbegrenzten Möglichkeiten zu erkunden.
- ❐ Wenn Eltern darauf vertrauen, dass das Kind dieses Phase seiner normalen Entwicklung gemäß überwindet und sich von selber für rationalere Formen der Weltaneignung öffnet.
- ❐ Wenn Eltern begreifen, dass Intuition ein wesentlicher Bestandteil von Kreativität ist. Intuition heißt, auf die inneren Stimmen hören zu können, auf die Impulse der Seele, auf die Nachrichten aus dem «Unbewussten Universum». Diese Botschaften haben eine besondere Kraft. Und jüngere Kinder haben noch eine natürliche Begabung zur Intuition. Es geht darum, sie nicht zu zerstören, sondern Möglichkeiten zu schaffen, dass sie wachsen kann.
- ❐ Wenn Eltern die Intuition ihrer Kinder stärken, indem sie ihrem Kind vermitteln, es ist angenommen mit sei-

nen Wünschen und Träumen, es muss nicht besonders brav sein oder besonders viel leisten, damit seine Eltern es lieben.
- ❐ Wenn Eltern Kinder zum «Selbermachen» ermutigen und anleiten. Selber begreifen, anpacken, verwandeln können mit allen Sinnen, eigene Abenteuer bestehen – das ist die beste Voraussetzung, um später auch die Kämpfe mit und in den digitalen Welten gut zu überstehen.
- ❐ Wenn Kinder schon früh im Umgang mit Phantasie gefördert werden, dann können sie eine eigene kreative Kraft entwickeln, dass sie sich in virtuellen Welten nicht verlieren.

Wodurch wird Phantasie gebremst?
- ❐ Wenn Eltern durch ihre eigene Entwicklung so geprägt sind, dass es ihnen schwerfällt, an all das Phantastische und Grenzenlose wieder glauben zu können, an das man als Kind auch geglaubt hat.
- ❐ Wenn das Kind unsanft aus seinen phantastischen Welten gerissen wird und Eltern sauer sind, dass es nicht hört. Bedenken Sie, dass das Kind die Reise in die Wirklichkeit erst zurücklegen muss, bis es den Eltern folgen kann. Also gehen Sie sanft mit ihm um und kalkulieren Sie Zeit ein, wenn es darum geht, pünktlich loszukommen.
- ❐ Wenn man Kinder zu stark in eine rationale, realistische Richtung lenkt. Denn dann unterbricht man den organischen Entwicklungsprozess, mit dem sich das Kind von selber wieder mit zunehmendem Alter von dieser phantastischen Wirklichkeit entfernt.
- ❐ Wenn man dem Kind die Möglichkeiten nimmt, durch eigenes Eintauchen in phantastische Welten, Strategi-

en zu entwickeln, wie man mit diesen Welten umgeht. Die virtuellen der Computerspiele bekommen für diese Kinder nicht zuletzt dadurch einen besonderen Reiz. Nur sind sie ihnen dann hilflos ausgeliefert, weil sie nicht gelernt haben, sich «spielerisch» in solchen Welten zu bewegen.

❑ Wenn Eltern ihren Kindern die Welt immer nur aus ihrer Sicht erklären und nicht nachfragen, um zu erfahren, ob die kindliche Weltsicht vielleicht eine andere ist. Denn für Kinder sind auch Phantasiewelten real.

Und wie Kinder in ihrer eigenen Phantasiewelt verschiedene Orte gestalten können, darum geht es in Jau-Jaus nächstem Spielvorschlag.

Jau-Jaus Spiel mit phantasievollen Orten

Zu dem folgenden Spiel ist Jau-Jau durch seine vielen Reisen in phantastische Reiche inspiriert worden. Deswegen geht es hier um Phantasie-Gegenden, die erspürt werden sollen und so die Kreativität anregen. Denn durch Phantasieorte können emotionale Befindlichkeiten ausgedrückt werden. Symbolhaft spiegelt der Ort dabei bestimmte Gefühlslagen wider. Und die Verwandlung, die in diesem Spiel eine Rolle spielt, beinhaltet zugleich einen phantasievollen Erfahrungs- und Lernprozess, wie man mit Gefühlen umgehen kann.

Eine Reise zum Mittelpunkt der Monstererde

Auf seinen Expeditionen durch die Monsterreiche ist es Jau-Jau gelungen, das Geheimnis herauszufinden, wie man den Weg zum Mittelpunkt der Monstererde findet. Es ist ein abenteuerlicher Weg, und der Wegweiser ist ein rotes Band, das durch verschiedene Reiche führt: verzauberte Reiche, in denen Angst und Schrecken herrschen. Fröhlichkeit und Freude sind hier verschwunden. Aber wenn man es schafft, am Mittelpunkt der Monstererde anzukommen, kann man das Geheimnis entdecken, wie die Reiche entzaubert werden können.

Vorbereitungen und vorbereitende Übungen
Der Spielleiter bereitet Karten vor, die in Abständen an dem roten Band befestigt werden. Auf ihnen sind die Reiche angegeben, die durchquert werden. Das Band endet bei einem geheimnisvollen Objekt: einer Truhe, einer großen Muschel, einem Sack oder dergl. Hier ist auf einem Zettel, einem Holzstück oder einem Blatt der erlösende Zauberspruch verborgen.

Je nach Altersgruppe ist es möglich, die Vorbereitungen zu variieren und die Spieler selbst dazu aufzufordern, sich verzauberte Reiche auszudenken und wie es nach der Entzauberung dort sein könnte.

Das Spiel
Die Spieler gehen an dem roten Band entlang und gelangen so zu den einzelnen Reichen.

Wenn sie in einem Reich angekommen sind, fordert sie der Spielanleiter auf, das Reich zu erkunden, indem er vorschlägt, das Reich darzustellen, und Fragen stellt, wie z. B.:
- Wie sieht es da aus?
- Wie ist der Boden, auf dem ihr gehen könnt?
- Welche Geräusche hört ihr?
- Was riecht ihr?
- Welche Farben seht ihr?

- Wie mag es dazu gekommen sein, dass das Reich verzaubert wurde?

Reiche, die durchquert werden, können z. B. sein:
- Der Strand der stöhnenden Steine
- Das Reich des großen Tränensees
- Die Schlucht der spitzen Felsen
- Das Tal der zitternden Erde
- Die Ebene des eisigen Windes
- Die Insel der Krallenbäume
- Und als Mittelpunkt der Monstererde:
  Der Krater der züngelnden Flammen

Beim Mittelpunkt der Monstererde angekommen, wird das Geheimnis entdeckt, wie die Reiche entzaubert werden können, z. B. in einer großen Muschel, hier ist der Entzauberungsspruch versteckt:
Puste in alle Ecken,
verjage jeden Schrecken,
es wächst der Mut.
und der tut gut.

Auf dem Rückweg wird dieser Spruch bei jedem Reich angewendet, damit wird aus:
- dem Krater der züngelnden Flammen ...
  der Krater der kitzelnden Springbrunnen
- der Insel der Krallenbäume ...
  die Insel der Streichelbäume
- der Ebene eisigen Windes ...
  die Ebene des lauen Lüftchens
- dem Tal der zitternden Erde ...
  das Tal der wiegenden Erde

- der Schlucht der spitzen Felsen...
  die Schlucht der kugelrunden Felsen
- dem Reich des großen Tränensees...
  das Reich der dicken Lachsäcke
- dem Strand der stöhnenden Steine...
  der Strand der singenden Steine.

Auch jetzt fordert der Spielanleiter wieder dazu auf, das entzauberte Reich zu erkunden, indem er vorschlägt, das Reich darzustellen, und Fragen stellt, wie z. B.:
- Wie sieht es da jetzt aus?
- Welche Geräusche hört ihr?
- Was riecht ihr?
- Welche Farben seht ihr?

MÄRCHEN MACHEN KINDER STARK

> «Wenn du intelligente Kinder willst,
> lies ihnen Märchen vor. Wenn du noch intelligentere
> Kinder willst, lies ihnen noch mehr Märchen vor.»
> ALBERT EINSTEIN

Magie und Selbstvertrauen

Wer hätte das gedacht? Albert Einstein als Märchenonkel! Beim Wolf und den sieben Geißlein lernt man vielleicht, bis sieben zu zählen. Als mathematisches Grundwissen wird das nicht ausreichen. Und dafür steht das Märchen auch nicht. Dabei geht es gerade nicht um Wissensvermittlung. Es geht um mehr: Es geht um all die vielen emotionalen Facetten, die eine Persönlichkeit ausmachen. Es geht um märchenhafte Erlebnisräume, in denen man sich phantasierend ausprobieren kann.

Und so findet David das Märchen von dem Wolf und den sieben Geißlein gut, weil es so spannend ist, wie das kleine Geißlein es schafft, dem Wolf zu entkommen, weil es sich in der Uhr versteckt.

«Ja, und dass es dann mit der Mutter dem Wolf den Bauch aufschneidet und die ganzen Wackersteine reintut, das ist auch cool. Und als er dann in den Brunnen plumpst, hab ich gelacht.» David findet es lustig, wie das kleine Geißlein den

Wolf austrickst. Die Botschaft, dass du das Böse besiegen kannst, auch wenn du klein und schwach bist, ist angekommen.

Ganz besonders klein, aber trotzdem ausgesprochen clever, ist auch der kleine Däumling. Seine Abenteuer haben es Max angetan. «Ich find' es super, wie der alle austrickst. Und wie dem total irre Sachen passieren. Der landet im Magen von 'ner Kuh und wird vom Wolf gefressen. Trotzdem is der immer witzig. Und am Ende geht's ja auch gut aus. Da kommt der wieder zu seinen Eltern zurück.»

Für Max ist das Faszinierende an Märchen, dass «alles so anders ist. Da kann man sich alles Mögliche vorstellen, das ist toll.»

David gibt ihm recht und erzählt, dass er den Film von den sieben Geißlein gar nicht mehr so spannend fand. «Der war gar nicht so, wie ich es mir vorgestellt habe.»

Das hat wohl jeder schon einmal erlebt. Da hat man eine Geschichte im Kopf mit eigenen Vorstellungen, eigenen Bildern, freut sich auf den Film, der von dieser Geschichte gemacht wurde, und ist enttäuscht. Die Filmbilder hatten so wenig zu tun mit dem rauschhaft opulenten Kino im eigenen Kopf. Auf einmal erscheint alles so banal. Die eigene innere Bilderwelt war einfach stärker.

Unsere inneren Bilder prägen uns viel stärker als bisher angenommen. Sie schaffen die Grundlagen, auf denen alle weiteren Erlebnisse und Erfahrungen verarbeitet werden. Und wenn in uns mit Hilfe von Märchen innere Bilder verankert werden, die Grenzen sprengen, weil sie Botschaften beinhalten, wie: «Alles ist möglich. Auch wenn du klein und schwach bist, kannst du alles Mögliche schaffen», dann schafft das eine Basis, auf der Selbstvertrauen wachsen kann. Und ist die «Gehirn-Datei» für diese Eigenschaft erst einmal angelegt, dann kann sie mit neuem Erfahrungsstoff gefüllt werden. Aber wie bringen wir das Gehirn dazu, so eine Datei anzulegen? Wodurch werden die entscheidenden Nervenbahnen aktiviert? Reichen Märchen und phantastische Geschichten dazu aus? Sie mögen zwar spannend sein, haben aber doch nichts mit der Realität zu tun, könnten Skeptiker hier anmerken. Das alles ist doch nicht wahr, sondern reine Phantasie.

«Maßgeblich dafür, ob ein Sinneseindruck bewusst wahrgenommen wird, ist auch nicht der Umstand, wie ‹wahr› er tatsächlich ist, sondern wie (wichtig) er von einer bestimmten Person in einer bestimmten Situation eingeschätzt wird», schreibt der Biologe und Hirnforscher Gerald Hüther in seinem Buch «Die Macht der inneren Bilder». Dort macht er einleuchtend und ausführlich klar, dass unsere inneren Bilder maßgeblich daran beteiligt sind, wie und wofür wir unser Gehirn benutzen.

Und da Märchen stark mit Bilderwelten arbeiten, mit Symbolen und ritualisierten Handlungsabläufen, lassen sie in den Köpfen ihrer Zuhörer auch eine starke Bilderwelt entstehen. Sie schaffen emotionale Phantasieräume, in denen eine ureigene, persönliche Entwicklung erlebbar wird. Und indem sich die Kinder mit den Helden und Heldinnen ihrer Märchen identifizieren, durchleben sie mit ihnen das Abenteuer ihrer Entwicklung, das dadurch zu ihrem eigenen Abenteuer wird.

Der Spiegel des kindliches Denkens

Im letzten Kapitel haben wir beschrieben, wie stark die jüngeren Kinder in ihrer eigenen Welt leben, in einer Welt, die voll ist von Magie und märchenhaften Ereignissen. Der Märchenforscher Max Lüthi hat aufgezeigt, welch enge Verbindung zwischen der Welt der Märchen besteht und der Welt, in der die Kinder in ihrer magisch-phantastischen Phase leben. Fünf Gesichtspunkte hat er herausgearbeitet, an denen klar wird, wie sich die Welten doch gleichen.

Allverbundenheit

Das Märchen ist eindimensional. Dies meint, dass alles mit allem in Kontakt treten kann. Es ist normal, wenn leblose Gegenstände oder Tiere reden, wenn Phantasiegestalten auftreten. Sie unterstützen, helfen und retten den Helden auch aus höchster Not. Und niemand wundert sich darüber. Diese phantastischen Helfer verkörpern das Prinzip Hoffnung, erscheinen sie doch im Moment der größten Bedrängnis. Bei Schneewittchen helfen die sieben Zwerge, als sie nicht weiß, wohin. Dornröschen wird durch eine gute Fee gerettet, die den Todesfluch der bösen dreizehnten Fee in den berühmten hundertjährigen Dornröschenschlaf umwandelt. Und auch bei Cinderella taucht eine gute Fee auf und zaubert die gläsernen Schuhe und ein Kleid herbei, damit Cinderella auf den Ball gehen kann, auf dem sie ihren Prinzen trifft. Und hier sprechen auch die Tiere, genauer gesagt die Tauben. Ebenfalls in menschlicher Sprache reden die sieben Geißlein mit dem Wolf. In dem Märchen «Die Gänsemagd» spricht sogar ein abgeschlagener Pferdekopf an der Wand. Im «Froschkönig» unterhält sich ein Frosch mit der Königstochter. So kann man sagen, im Märchen erscheint es normal, wenn Tiere sprechen oder auch Dinge, wie ein Pfannkuchen im Märchen vom dicken, fetten Pfannekuchen.

Die gleiche Haltung finden wir in der kindlichen Entwicklungsphase, die etwa bis zum 5. Lebensjahr dauert. In dieser Zeit werden menschliche Attribute auf Tiere oder Gegenstände übertragen. Alles lebt. «Au! Böser Stuhl!», beklagt sich die dreijährige Sarah, als sie sich am Stuhl stößt. Marvin will der Knackwurst eine Spritze geben und verarbeitet so seinen Besuch beim Kinderarzt. Leonie besteht darauf, dass auch ihr Teddy ein Pflaster bekommt, als sie sich das Knie aufstößt.

Teddys und Plüschtiere sind für viele Kinder Gesprächspartner und bester Freund. Max und David haben mit ihren Kuscheltieren Schule gespielt. Sie waren die Lehrer und haben Arbeitsblätter an ihre Plüschschüler verteilt.

Für Kinder existieren alle möglichen Phantasiegestalten wirklich. Sie glauben, dass es Feen, Hexen und Zauberer wirklich gibt.

So erinnert sich Angelika Bartram an ein Erlebnis, nachdem sie in einem ihrer phantastischen Märchen Klara, die Wolkenfee, gespielt hatte: «Es war Jahre später, und ich wollte mir im Theater bei einer Vorstellung speziell für Schulklassen ein anderes Kinderstück anschauen. Mit einem Mal stand der siebenjährige Robin vor mir und starrte mich an. ‹Ist irgendetwas?›, fragte ich ihn. Er starrte weiter. ‹Du, du bist doch die Wolkenfee›, stammelte er dann. ‹Du erkennst mich wieder?›, fragte ich ihn verblüfft. ‹Na klar!›, erwiderte Robin. ‹Du bist Klara, die Wolkenfee. Ich hab dich oft noch gesehen auf deiner Wolke.› Und er rief seinen Mitschülern aufgeregt zu, dass er die Wolkenfee getroffen habe. Für Robin war klar, dass es sie wirklich gab. Und er wollte es nicht glauben, als ich versuchte ihm zu erklären, dass alles nur gespielt war. Für einen Moment fühlte ich mich hilflos, weil ich Robin nicht enttäuschen wollte. So erklärte ich ihm schließlich, dass ich für ihn die Wolkenfee sei. Aber für andere sei ich eben Angelika Bartram. ‹Okay›, meinte er dann. Das mit Angelika Bartram habe ich mir wahrscheinlich einfallen lassen, weil viele das mit der Wolkenfee nicht glauben würden. Ich ließ ihn in dem Glauben und hatte selber das Gefühl, eine Lektion bekommen zu haben über das, was kindliche Wirklichkeit ist. Manchmal ist sie eben wirklich märchenhaft.»

Eine Welt mit eigenen Gesetzen
Schwerkraft und Logik sind hier außer Kraft gesetzt. Märchen sind flächenhaft, d. h. die Regeln von Raum und Zeit, die normalen Gesetzmäßigkeiten der Naturwissenschaft gelten hier nicht. Im Märchen ist alles möglich, nichts ist unmöglich. Denn hier geht es nicht um die äußere Realität. Vielmehr bietet das Märchen Kindern Symbole, in Form von Figuren, symbolhaften Handlungen und Ritualen an, die ihnen bei der Bearbeitung der inneren Wirklichkeit helfen. So kann die Angst eines Kindes in einem Monster Gestalt annehmen und in dieser Gestalt auch besiegt werden.

Bei dem Wolf und den sieben Geißlein – und nicht nur in diesem Märchen – steht der Wolf für das Böse. Kindliche Urängste, gefressen und somit vernichtet zu werden, bekommen hier ein Gesicht. Letztendlich ist es die Angst vor dem Tod, die auf diese Art und Weise verarbeitet werden kann. Denn der Wolf wird dank der Schläue des kleinsten Geißleins besiegt. Mit Wackersteinen im Bauch stürzt er in den Brunnen, der in manchen Interpretationen als Verbindung zur Unterwelt angesehen wird. Nach den normalen medizinischen Naturgesetzen hätte er schon die Bauch-OP samt Wackerstein-Implantation nicht überlebt. Aber der Märchenwolf steht auf, hat Durst, will etwas trinken und begibt sich deswegen zum Brunnen. Und auf einmal stimmen gewisse Gesetze der Schwerkraft wieder. Denn dank der Wackersteine im Bauch stürzt er hinab. Der Wolf ist verschwunden, das Böse ist gebannt.

Gegen unsere landläufigen naturwissenschaftlichen Erkenntnisse spricht auch, dass Dornröschen nach ihrem hundertjährigen Schlaf immer noch wunderschön ist – und das, obwohl sie nicht schockgefroren war. Aber manchmal dauert es eben, bis der Richtige kommt. Denn natürlich muss eine Königstochter wunderschön sein, wenn sie wach geküsst wird. Und die Zauberfähigkeiten von guten Feen sind sowieso nur mit Märchenlogik zu erklären. Für die frühkindliche Logik bedarf es da gar keiner Erklärung, weil sie noch ganz und gar im Märchenhaften verhaftet ist.

Auf die tieferen Interpretationsmöglichkeiten von Dornröschen und anderer Märchen wollen wir an dieser Stelle bewusst nicht eingehen. Das würde in diesem Rahmen zu weit führen. Uns geht es hier vor allem um den Aspekt, Märchenlogik mit frühkindlicher Logik zu vergleichen und die Parallelen aufzuzeichnen. Und es geht uns darum, Eltern dazu zu ermutigen, dieser Art kindlichen Denkens mehr Verständnis entgegenzubringen und darauf zu vertrauen, dass das Kind dieses magisch-phantastische Denken seiner normalen Entwicklung gemäß überwindet und sich für rationalere Formen der Weltaneignung öffnet. Es ist aber nicht notwendig, das schon in jungen Jahren zu forcieren. Oder wie die Kinderpsychotherapeutin Selma Fraiberg es ausdrückt:

«Die Ungläubigen, die Rationalisten, die Eltern und Erzieher, halten es für ihre Pflicht und ihr Recht, der Magie die ‹Wahrheit› entgegenzusetzen, die Magie mit Vernunft zu bekämpfen, sie der Prüfung durch die Realität zu unterziehen. Sie sind im Grunde genommen *Missionare*, dazu bestimmt, einem Wilden eine fremde und höhere Kultur zu bringen, damit er seine Vorstellungswelt frei macht für ‹fortschrittlichere› Arten des Denkens und seine Betätigung und kulturellen Leistungen von der Sklaverei der körperlichen Bedürfnisse befreit.»

Das Kind, das sich bis ca. zum Alter von ca. 5 Jahren als Magier begreift, entdeckt von alleine immer mehr den Wissenschaftler in sich. Identifizierte sich das dreijährige Kind noch total mit seinem Hamster, meinte es sogar, mit ihm sprechen zu können, so weiß das Kind nun, dass es sich um ein Tier handelt, das zwar Fürsorge braucht, aber eben anders als ein Mensch reagiert. Das kindliche Denken wird nun abstrakter und klarer, und der Heranwachsende macht erstaunliche Fortschritte, wenn er dabei in seiner Neugier unterstützt und gefördert wird.

Gerade in dieser Phase – im Kindergarten und im Grundschulalter – werden die entscheidenden Weichen gestellt für die soziale, emotionale und intellektuelle Entwicklung. Das Kind lernt beispielsweise, differenzierter mit der Sprache umzugehen. Sein Wissen über die Welt nimmt täglich zu. Viele abstrakte Informationen strömen auf die Kinder ein. Das alles geschieht in einem rasanten Tempo. Und manchmal staunt man, wie wissend viele Kinder erscheinen, man könnte meinen, ein kleiner Erwachsener steht vor einem. Und das verleitet einen dazu, zu übersehen, dass die Kinder bei der Erklärung der Welt und der Verarbeitung von Ängsten nach wie vor auf ihre phantastisch-magischen Erklärungsmodelle angewiesen sind. Das Kind erfährt unzählige Einzelheiten, häufig mehr, als es gefühlsmäßig und intellektuell verarbeiten kann. Deshalb bleiben viele Informationen diffus und unverbunden nebeneinander stehen, und die Kinder versuchen, nach den Ursachen und den Bedingungen für die erfahrenen Phänomene zu suchen und zu forschen. Wo Lücken sind, wo ihnen Wissen «fehlt», da fragen sie, oder sie fügen magische, symbolische oder bildhafte Denk- und Spielmuster ein und platzieren diese Erklärungen so, um für sich Sinn und Zusammenhang herzustellen. Und auch hierbei können Märchen behilflich sein.

Die Kraft von Ritualen

Das Märchen lebt von Formeln, wie: «Es war einmal» oder «Und wenn sie nicht gestorben sind». Diese Formeln wirken wie Beschwörungen und schaffen Momente der Vertrautheit, weil sie immer wiederkehren. So spielen auch Sprüche eine große Rolle.

Bei Cinderella z.B. überbringen die Tauben mit einem Spruch die Botschaft, die das Happy End einleitet:
Ruckedigu, Ruckedigu
Blut ist im Schuh
Der Schuh ist zu klein,
die rechte Braut sitzt noch daheim.

Bei Schneewittchen befragt die böse Stiefmutter ihren Zauberspiegel:
Spieglein, Spieglein an der Wand,
wer ist die Schönste im ganzen Land?

Im Märchen von Hänsel und Gretel wird der erste Kontakt zur bösen Hexe auch durch einen Spruch hergestellt:
Knusper, knusper knäuschen,
wer knuspert an meinem Häuschen?
Der Wind, der Wind, das himmlische Kind.

Und bei Rumpelstilzchen wird noch etwas anderes deutlich. Hier zeigt sich die erlösende Kraft des Wortes.

Um in der Sprache des Märchens zu bleiben:
Wird der Name genannt,
ist die Gefahr gebannt.

Hier geht es darum, dass eine Müllerstochter mit einem hutzeligen Männlein einen Pakt schließt. Damit der König sie zur Frau nimmt, soll sie Stroh zu Gold spinnen. Das Männlein verspricht ihr, dabei zu helfen. Aber der Preis, den es dafür verlangt, wird von Mal zu Mal höher. Am Ende verlangt er ihr erstgeborenes Kind. Als die Müllerstochter dann wirklich Königin wird und ihr erstes Kind auf die Welt kommt, erinnert sie das Hutzelmännchen an ihr Versprechen. Die Verzweiflung der jungen Mutter rührt das Männchen, und er gibt ihr eine neue Chance. Wenn sie errate, wie er wirklich heißt, dann werde sie verschont. Ein Bote des Königs kann der jungen Königin helfen. Durch einen Zufall belauscht er das Männchen, als es um sein Feuer tanzt und seine Vorfreude in diesem Spruch ausdrückt:

Heute back ich, morgen brau ich,
übermorgen hol ich der Königin ihr Kind.
Ach, wie gut, dass niemand weiß,
dass ich Rumpelstilzchen heiß!

Dadurch konnte der Bote der Königin am Ende den entscheidenden Hinweis geben. Und aus Wut, dass sie seinen Namen richtig erriet, zerriss sich Rumpelstilzchen in der Luft. So wirkte sein Name, wie ein Zauberspruch, der das Böse zerstört hat.

Jüngere Kinder glauben an die Macht von Zaubersprüchen. Und dieser Glaube hilft ihnen in Momenten, wo sie eine Mutmach-Unterstützung brauchen. Und wie machtvoll die Kombination aus Glauben und Worten sein kann, zeigen die Gebete.

Das formale Element der Wiederholungen im Märchen hat ebenfalls den Charakter von Ritualen, mit denen man Schrecken bannen, Schwierigkeiten aushalten und Bedrohungen in den Griff bekommen kann.

Und Rituale sind für Kinder wichtig. Die kindliche Entwicklung und der Alltagslauf sind von Ritualen begleitet: die Körperhygiene, das Stillen im ersten Lebensjahr, die Einschlafgewohnheiten mit Gutenachtgeschichten und Kuscheltier, das gemeinsame Essen, der Tagesablauf mit zeitlichen und räumlichen Strukturen, Aggressionsrituale beim Raufen und Rangeln, das Erlernen von Konfliktlösungen. Rituale dienen dazu, starke Gefühle, verunsichernde Erfahrungen und existenzielle Krisen auszuhalten. Sie geben dem Leben eine Struktur, an der man sich (fest)halten kann. Sie geben Sicherheit, weil man sich darauf verlassen kann, dass die Dinge sich wiederholen. Und durch die Wiederholung lernt das Kind, eigenständig mit ihnen umzugehen. Viele Märchen handeln davon, dass Dinge immer wieder und wieder getan werden müssen, dass mehrere Versuche notwendig sind, wiederholte Erfahrungen des Scheiterns überwunden werden müssen.

Auch Kinder lieben Wiederholungen, wollen Geschichten immer und immer wieder hören mit genau demselben Wortlaut.

Aus der Gehirnforschung wissen wir, dass Wiederholungen notwendig sind, um neuronale Synapsenverbindungen zu schaffen und so im Gehirn den Grundstock für Gelerntes zu bilden. So holen sich Kinder, wenn sie in Kontakt mit Märchen gebracht werden, auf ihre Art und Weise genau das, was sie zur Weiterentwicklung brauchen. Und da im Märchen so ein tiefgründiges Wissen um die Persönlichkeitsentwicklung verborgen ist, ist es auch das, was die kindliche Seele braucht, was Kinder brauchen, um eine gefestigte, starke Persönlichkeit zu entwickeln.

Urprinzip Polarität
Das Märchen lebt von der polaren Gegenüberstellung von groß und klein, stark und schwach, gut und böse, wobei der kleine Listige, der zerbrechliche Schwache, das Gute über das Böse, über das Unrecht siegt. Das Wertesystem von Kindern (Vorschülern) folgt dem gleichen Prinzip. In der Polarität erkennen sie sich wieder. Und der Wunsch, dass das Gute siegt, entspricht ihrem Urempfinden nach Gerechtigkeit.

Deswegen fiebern sie mit, wenn der kleine Däumling versucht, sich gewitzt in einer Welt zurechtzufinden, in der es vor Riesen nur so wimmelt.

Auch das tapfere Schneiderlein kämpft nicht nur gegen ein Wildschwein, sondern vor allem auch gegen einen Riesen, kann ihn mit List und Tücke besiegen und bekommt dafür die Königstochter.

Im Märchen vom Wolf und den sieben Geißlein siegt das kleinste und jüngste Geißlein am Ende über den großen, bösen Wolf.

In der Geschichte von Hänsel und Gretel besiegen die Kinder die Hexe, lassen sie sozusagen in ihrem eigenen Höllenfeuer schmoren. Und auch Cinderella kann am Ende über ihre bitterböse Stiefmutter samt den Stiefschwestern triumphieren, die sie behandelt haben wie ein Stück Dreck.

Angelika Bartram hat auf der Grundlage dieses Märchenstoffes das Buch zu dem gleichnamigen Popmusical geschrieben. Und ihre Erfahrungen bei dem Besuch vieler Vorstellungen zeigen, dass die jungen Zuschauer gerade auch von den fiesen Stiefschwestern fasziniert sind. Und generell heißt es bei Schauspielern, dass die Rollen, die den bösen Part verkörpern, «dankbarer» sind. Woran liegt das? Auch hier ist die Polarität im Spiel und zwar die ganz persönliche, die Polarität, die in jedem von uns schlummert. In der Polarität zeigt sich das Urprinzip unseres Lebens. Wo Licht ist, da ist auch Schatten. Jede positive Charaktereigenschaft hat auch ihre Schattenseite. Diese Seiten wollen wir nur meistens nicht wahrhaben, verteufeln sie sogar, weil nicht sein kann, was nicht sein darf. Aber wenn wir dann mal jemanden präsentiert bekommen, der tatsächlich abgrundtief böse ist, dann erwischen wir uns dabei, dass es uns sogar Lust bereitet, ihm dabei zuzusehen. Denn in der Identifikation mit dieser Erscheinung, die alles ist, nur nicht zwischenmenschlich korrekt, da können wir unseren Schattenseiten endlich einmal gestatten, ein Tänzchen auf der Bühne des Lebens zu wagen. Da müssen sie endlich kein «Schattendasein» mehr fristen. Deswegen spielen Kinder auch so gerne das gefräßige Krokodil, den alles verschlingenden Drachen, der Menschenfleisch riecht, oder ein anderes Monster, das alle zwischenmenschlichen Benimmregeln sprengt. Wenn ein Kind die Möglichkeit hat, auf diese Art und Weise mit seiner anderen Seite in Kontakt zu kommen, wenn es die Möglichkeiten hat, diese Polarität in seiner Phantasie auszuleben, dann ist das die beste Grundlage, damit sich alle Facetten seiner Persönlichkeit frei entwickeln können und zu einem harmonischen Ganzen heranreifen.

Bilder für Reifungsprozesse
Der Märchenheld besteht seine Abenteuer allein, isoliert von der Außenwelt. Unsichtbare Hände oder die helfende Außenwelt greifen nur dann ein, wenn er in größter Gefahr

ist. Im Märchen geht es um Reifung, Identitätssuche und Entwicklung. Der Märchenheld steht am Ende geläuterter, entwickelter, schlichtweg reifer da. Es geht um Lebensthemen wie Liebe, Eifersucht, Verlassensängste, Vernichtungsängste, Konkurrenz, der Suche nach dem Sinn des Lebens. Diese Themen werden nicht rational abgehandelt, sondern in Bilder verpackt.

In der Geschichte von Cinderella oder Aschenputtel z. B. ist so ein modernes Thema wie «Mobbing» verpackt. Cinderella wird von ihrer Stiefmutter und den beiden Stiefschwestern nach allen Regeln der Kunst schikaniert. Das geht so weit, dass sie sogar in der Asche schlafen muss. Was für eine Genugtuung ist es da, dass dieses am Anfang so getretene und verhöhnte Opfer am Ende als strahlende Siegerin den Prinzen bekommt. Die Botschaft ist klar: «Hör nicht auf, an das Gute zu glauben, auch wenn es dir noch so dreckig geht. Unterstützung kommt vielleicht dann, wenn du es am wenigsten erwartest. Bleib dir selber treu, und glaub an dich. Dann kannst du alles schaffen.»

Diese Botschaft macht Mut. Und der steckt an. Jeder, der sich mit den Märchengestalten identifiziert, kann davon ein Stückchen abbekommen und im Märchenerlebnis erfahren, wie es ist, sich am Ende stark zu fühlen.

Wenn uns ein Märchen besonders anspricht, können wir davon ausgehen, dass wir darin Themen finden, die uns selbst tief im Innern bewegen. So können wir in der Handlung und den Figuren Teile von uns selbst entdecken. Und diese Anteile sind hier so gut verpackt, dass wir sie mit Spannung, Lust und Freude erleben, auch wenn sie uns im realen Leben vielleicht oft viel zu schaffen machen. Das Märchenbild schafft vertraute Nähe und heilsame Distanz zugleich. Dadurch können wir mit all dem, was uns sonst möglicherweise blockiert, weil wir keinen Ausweg sehen, anders umgehen. In der Märchengeschichte schauen wir es an, fühlen uns verstanden und am Ende auch getröstet, weil Märchen immer gut ausgehen. Dieses Erlebnis schafft Erleichterung, Blockaden können sich auflösen und den Weg frei machen für Lösungen, die in unserem Innern schlummern. So werden Märchenbilder zu Blockadelösern. Denn sie führen uns vor Augen, wie Prozesse auf unübliche Art und Weise – eben märchenhaft – gelöst werden können. Das gibt Trost und stärkt die Zuversicht: Auch für uns kann am Ende alles gut werden. Die Kraft der Märchenbilder liegt auch in dem Prozess, in den sie eingebettet sind.

Die Psychotherapeutin Verena Kast schreibt dazu in ihrem Buch «Märchen als Therapie», dass dieser Prozess «der Struktur der Zaubermärchen gemäß, zu einem kreativen Ende geführt werden kann. Wenn wir also mit Märchenbildern arbeiten, stellen wir unsere Bilder in einen Entwicklungsprozess hinein, der in sich hoffnungsvoll ist.»

Und indem das Kind sich mit den Märchenhelden identifiziert, geht es mit ihm voller Zuversicht auf eine hoffnungsvolle Reise, erlebt mit ihm und durch ihn die Abenteuer und reift durch die intensiven märchenhaften Erlebnisse.

Märchen, Mythen und das Herzenswissen der Menschheit

Märchen und Mythen sprechen zu uns in Symbolen. Das macht es möglich, dass sie auf verschiedenen Ebenen verstanden werden können. Kinder sehen darin etwas anderes als ihre Eltern. Kinder erleben die Geschichten, erspüren intuitiv den Hintergrund, der die Seele berührt. Die meisten Erwachsenen geben sich eher beeindruckt von dem parabelhaften Verlauf der Geschichte, fühlen sich angespornt, die Märchenbotschaft zu deuten und zu analysieren.

Aber mögen die Interpretationsansätze auch verschieden sein, die Herzen werden in beiden Fällen berührt bei denen, die sich für die Magie von Märchen und Mythen öffnen können.

In mythischen Erzählungen haben oft die Götter ihre Hand mit im Spiel, d.h., die Geschichten handeln meist von Begebenheiten, die mächtiger und größer sind als die alltägliche Realität. Sie schaffen Verbindungen zu dem, was hinter dem Sichtbaren existiert, erzählen von Ereignissen vor dem Beginn der Zeit und nehmen die Zuhörer mit in transzendente Welten. Viele Mythen erzählen davon, wie die Welt entstanden ist, versuchen uns Himmel und Hölle zu erklären und in welcher Beziehung der Mensch zu den Göttern steht, wie z.B. das Gilgamesch-Epos, eine der ältesten mythischen Dichtungen der Menschheit. Es hat seinen Ursprung im babylonischen Raum und wurde auf 12 Steintafeln in Keilschrift überliefert.

Gilgamesch, König der sumerischen Stadt Uruk, soll zu einem Drittel Mensch und zu zwei Dritteln Gott gewesen sein. Und das Epos beschreibt die Heldentaten des Gilgamesch und seine Abenteuer mit Enkidu. Dieses wilde, starke menschenähnliche Wesen wurde von der Göttin Aruru erschaffen, weil es Gilgamesch in seinem ungestümen Vorgehen Schranken setzen sollte. Aber die beiden schlossen Freundschaft, wurden unzertrennlich. Und nachdem Enkidu starb, machte sich Gilgamesch auf, um das ewige Leben zu finden.

In Märchen geht es mehr um das irdische Leben. Märchen sind handfester, spielerischer, bodenständiger, auch wenn oft genug Phantastischeres geschieht. Märchen sind wie Tore ins Reich der Phantasie. Ihre Symbole sind Wegweiser. Wenn wir uns auf sie einlassen und ihnen folgen, dann ist es möglich, dass wir eine Ahnung bekommen von dem «tragenden Urgrund», wie Verena Kast ihn nennt. «Dieser intermediäre Raum ist der Raum der Phantasie, des Schöpferischen, der Kunst, des symbolischen Lebens und damit auch der Märchen.»

Kinder sind durch ihre märchenhafte Erlebnisfähigkeit und Ihr magisches Denken noch auf natürliche Art und Weise mit diesem magischen Urgrund verbunden. Wir Erwachsenen müssen den Pfad erst wieder freilegen. Aber es lohnt sich, eröffnet er uns doch Räume, in denen wir auf das Wesen treffen können, das uns am ehesten mit unserem Inneren versöhnen kann: Unser Inneres Kind. Es wartet nur darauf, von uns wahrgenommen und mit seinen Bedürfnissen akzeptiert zu werden. Genauso wie die real existierenden Kinder.

Das Geheimnis der Magie, die in Märchen verborgen ist, liegt darin, dass Dinge angesprochen werden, die in jedem von uns schlummern. Märchenmagie setzt die Magie des Lebens in Bilder um. Denn Figuren, Orte und Ereignisse sind Symbole für Lernprozesse, denen wir alle unterworfen sind.

Symbole bieten Projektionsflächen, lassen Raum für Gefühle und Assoziationen, ohne sich auf einen klar definierten Inhalt festzulegen. Jeder kann in einem Symbol eigene Erfahrungsinhalte entdecken, kann sie anschauen wie in einem Spiegel, kann die Bilder in seinem Herzen bewegen.

Sie helfen, Gefühle zu verarbeiten und emotionales Chaos zu ordnen. Sie schaffen Identifikationsangebote, auf denen wir die Lasten, die unsere Persönlichkeitsentwicklung mit sich bringt, zeitweise abladen können. Wir nutzen sie als unsere Spiegelbilder, um Luft zu schnappen und durchzuatmen. Mit dem Draufblick und der nötigen Distanz können wir dann neu durchstarten.

Bei Kindern läuft das alles noch sehr intuitiv ab. Sie werden verzaubert von der Magie der Märchen, tauchen ein und machen im «Meer der Phantasie» ihren Freischwimmer.

Ängste beherrschen

Erwachsene erklären die sie umgebende Wirklichkeit rational, greifen auf Erkenntnisse von (Natur-)Wissenschaft zurück. Bei Kindern dagegen nehmen Phantasien, Mythen und magische Beschwörungsformeln in ihren Erklärungsmustern von Welt und Realität einen gewichtigen Raum ein.

Jüngere Kinder können sich sprachlich noch nicht so differenziert ausdrücken. Deswegen benötigen sie andere Instrumente, um sich zu verständigen, zu behaupten und mitzuteilen.

Wenn Kinder in Märchen, Mythen und Phantasiegeschichten, eintauchen, sich mit den Helden und Heldinnen identifizieren, dann ist es für sie so, als ob sie selbst dieses Abenteuer erleben. So können sie sich hier als ein aktiv handelndes Subjekt begreifen, das versucht, sich von dunklen, bedrohlichen Mächten zu befreien. Und deswegen sind Zaubersprüche für sie auch nicht irgendein Hokuspokus, sondern Ausdruck einer eigenständigen Produktivität. Sie stärken die Abwehrkräfte gegen archaische Ängste und vermitteln ihnen Strategien, damit umzugehen.

Solange Kinder sich nicht sicher sind – und wie können sie das, wenn sie als ein David ständig von Riesen umgeben sind –, solange sie also nicht über genügend Kraft und Körperlichkeit verfügen, so lange brauchen sie die Phantasie und das magische Spiel als Schutzschild gegen alle erdenklichen Unwägbarkeiten. Mit Zauber und List können Kinder ihre Realität beherrschen. Deswegen sind Märchen, Mythen, Phantasien und Träume so lange ein Teil der kindlichen Wirklichkeit, bis sie andere, (vielleicht) reifere Formen der Aneignung von Realität entwickelt und gefunden haben.

Märchen und viele Phantasiegeschichten inszenieren das Grauen, das Verwunschene, das Unscheinbare, das Missgestaltete, das abgrundtief Abstoßende. Aber sie zeigen auch, dass man all das Schaurige und Monströse nicht vernichten sollte. Es könnten doch Prinzen und Prinzessinnen darin verborgen sein. So lautet eine wichtige Botschaft des Märchens und der Phantasiegeschichte: Zerstöre das Widerwärtige und Hässliche nicht, es könnte ein Teil von dir selbst sein. Dieser Teil symbolisiert unsere Schattenseiten. Und auch die Anteile in uns gilt es anzunehmen. Denn durch das Annehmen können sie sich verwandeln, können ins Licht treten.

So bieten Märchen Kindern Identifikationsangebote für ihre Ängste. Und wenn sie es schaffen, ihren Ängsten in einer Märchenfigur ein Gesicht und einen Namen zu geben, dann können sie in einem zweiten Schritt auch versuchen, den hässlichen angstbesetzten Figuren standzuhalten, sie auf märchenhafte Weise zu besiegen.

Wenn sie dabei auch erregt sind, gebannt und mitgenommen, die Augen fest zukneifen, sich die Ohren zuhalten, die Kuschelpuppe und den Teddy an sich drücken oder am Daumen lutschen. Am Ende dieses Prozesses erleben sie, dass sie ihren Ängsten nicht machtlos ausgeliefert sind. Kinder müssen erfahren und fühlen, dass Ängste begreiflich sind. Natürlich macht das Ungeheuerliche, das Hässliche, das Böse Kindern Angst. Aber das verunsichernde Gefühl verwandelt sich in große Lust, wenn Kinder erfahren, wie sie ihre Ängste meistern können. Wichtig dabei ist, dass Eltern, Großeltern und andere nahestehende Personen sie dabei unterstützen durch Ermutigung, Vertrauen und Zuversicht.

Und hier schaltet sich auch Jau-Jau wieder ein, weil er uns daran erinnern will, wie wir ihn kennengelernt haben. Dabei ging es genau um dieses Thema. Denn die Rahmengeschichte in unserem Buch «Kleine Helden, großer Mut» handelt von einer Prinzessin, der Prinzessin Pauranella, die eines Tages anfing zu schlottern und nicht mehr aufhörte. So wurde sie von allen nur noch Schlotterinchen genannt. Ihr Vater, der König, war ratlos. Und deswegen suchte er Hilfe bei einem, der sich in allem auskannte, einem, der sich in der ganzen Welt einen Namen gemacht hatte, unserem Jau-Jau.

«Jau, ich erinnere mich noch gut an diesen Auftrag», erzählt Jau-Jau. «Dem König fiel fast die Brille von der Nase, als ich ihm klarmachte, dass ich Geschichten als Medizin gegen das Schlottern anwenden wollte. Er starrte mich nur ungläubig an. ‹Wie soll das gehen?›, fragte er. Und ich erklärte ihm: ‹Geschichten sind wie eine Kuscheldecke, in die man sich verkriechen kann, wenn man schlottert.› Der König verstand mich immer noch nicht. Er bestand darauf, dass ich ihm meine Geschichten erkläre. ‹Verehrter, verwirrter König›, erwiderte ich. ‹Geschichten kann man nicht erklären. Geschichten sind

wie eine Flaschenpost. Das, was wichtig ist, ist im Innern versteckt.› Der König hat sich dann doch auf meine Methode eingelassen, und am Ende konnte ich Schlotterinchen helfen. Sie hat ihren Ritter Zitter getroffen. Und die beiden leben glücklich und zufrieden. Und wenn die Prinzessin doch mal wieder schlottert oder der Ritter doch mal wieder zittert, dann erzählen sie sich Geschichten, bis die Angst verflogen ist.»

Märchen und Geschichten können uns helfen, unsere Angst anzuschauen und zu überwinden. Angst gehört zum Leben. Sie ist ein wichtiger Bestandteil des Erfahrungsprozesses auf unserer Lebensreise. Sie ist Schutz und Motor zugleich. Einerseits warnt sie uns vor Gefahren, warnt uns davor, nicht zu übermütig und unvorsichtig zu sein. Andererseits spornt sie uns an, sie zu überwinden, und trägt so dazu bei, dass wir in unserer Entwicklung voranschreiten. Märchen, Mythen und Geschichten erzählen von den unterschiedlichsten Ängsten und verpacken sie in verdauliche Häppchen. Und so wie nicht allen das Gleiche schmeckt, so sprechen auch Märchen, Mythen und Geschichten nicht alle Menschen gleich an. Jeder sucht sich das heraus, was ihm gefällt, was etwas in ihm auslöst. Und da spricht wieder die Seele, die genau weiß, was sie braucht.

Persönlichkeit bilden

Geschichten gibt es, seitdem Menschen sprechen, seitdem sie miteinander kommunizieren können. Sie sind das älteste «Weiterbildungsinstrument» der Menschheit.

Auch Jesus hat zu den Menschen in Form von Geschichten gesprochen – den Gleichnissen. Und das Motiv, das z. B. im Gleichnis vom verlorenen Sohn erzählt wird, ist auch in einem Märchen verarbeitet worden. Die Geschichte «Von einem der auszog, das Fürchten zu lernen» erzählt ebenfalls davon, dass ein Vater zwei Söhne hatte und der, der das Haus verlässt, am Ende mit Freuden wiederaufgenommen wird. Wenn auch der materielle Ausgangspunkt unterschiedlich ist. Beim «Verlorenen Sohn» lässt sich der jüngere Sohn sein Erbteil auszahlen und verprasst es. Und der, «der auszieht, das Fürchten zu lernen», hat nichts, als er geht, und kommt als gemachter Mann zurück. Denn durch seine Furchtlosigkeit befreit er ein verhextes Königsschloss und bekommt am Ende die Königstochter. Mit ihrer Hilfe und einem Eimer glitschiger Fische lernt er am Ende auch noch, sich zu fürchten.

Mit Hilfe von Märchen, Mythen, Geschichten und Gleichnissen konnten Modelle für individuelle Entwicklungsprozesse vermittelt werden, Modelle für alle möglichen Naturphänomene, bis hin zu Versuchen, den Grund allen Seins zu erklären und die Erschaffung der Welt. Auch hier ist die Bibel wieder ein gutes Beispiel. So gesehen gehört sie wohl zu den bekanntesten aller «Märchenbücher».

Geschichten wurden zunächst mündlich weitergegeben. So ist das Wort «Märchen» eine Verkleinerungsform des mitteldeutschen Ausdruckes *maere* und das bedeutet «Kunde, Bericht, Nachricht». Und diese ganz besonderen phantastischen Nachrichten würzte jeder Erzähler, jede Erzählerin mit ihren Lebenserfahrungen. So sind auch die Grimm'schen Märchen ursprünglich Volkserzählungen, die von Mund zu Mund weitergegeben wurden. Die Gebrüder Grimm haben diese Erzählungen gesammelt, aufgeschrieben und dadurch allen zugänglich gemacht. Da die Märchen zu allen Zeiten zur Charakter-und Persönlichkeitsbildung beitragen sollten, spiegeln sie immer auch die Moral- und

Normenvorstellungen der Zeit wider, in der sie entstanden sind. Manche Märchen erscheinen uns deswegen von ihrem Inhalt her heute vielleicht sehr moralisch.

So wie das Märchen «Sterntaler», in dem ein armes Waisenmädchen alles, was sie besitzt, an andere Bedürftige verschenkt, sogar ihr letztes Hemd. Als Belohnung für ihre guten Taten hat sie wie von Zauberhand ein neues Hemd aus feinem Leinen an, und die Sterne fallen vom Himmel, verwandeln sich in silberne Taler.

Aber auch diese hohen Moralvorstellungen kommen dem kindlichen Denken in der magischen Phase entgegen. Die Kinder haben in dieser Zeit sehr ausgeprägte Moralvorstellungen, einen hohen Gerechtigkeitssinn, teilen auf in Gut und Böse und wollen, dass das Gute am Ende siegt. Und je schrecklicher das Böse dargestellt ist, umso größer ist die Genugtuung.

So finden sich Kinder auch vor allem in dem häufig erzählten Märchenmotiv wieder, in dem der kleine Schwache über den großen Starken siegt, oder dass wie bei Cinderella diejenige, die zunächst unterdrückt und gedeckelt wird, am Ende für ihr «Gut-Sein» belohnt wird. Was ja auch ein Bild ist für die Botschaft: Wie du mir, so ich dir oder wie du mit anderen umgehst, so wirst auch du am Ende behandelt.

Das, was Menschen zustößt, geben sie in Geschichten wieder. Das fängt bei der kleinen Tratschepisode mit der Nachbarin an und geht bis zu mehrbändigen Sagas. Märchen und Geschichten hatten schon immer die Funktion zu unterhalten und beispielhaft aufzuzeigen, welche Facetten das Leben bereithält. Diese Art von Wissen ist kein reines Faktenwissen. Es ist gelebte Erfahrung, an der immer auch das Herz – als Symbol für die Seele – beteiligt ist. So ist es ein

Herzenswissen, das verbindet und eine gemeinsame, phantastische Erlebensbasis schafft, aus der man Kraft schöpfen kann für die Anforderungen der Realität.

Das erklärt auch, warum Märchenelemente im modernen Sprachgebrauch benutzt werden, um zwischenmenschliche Phänomene zu beschreiben. Nehmen wir den «Cinderella-Komplex». Dieser Ausdruck wurde von Colette Dowling in ihrem gleichnamigen Buch geprägt. Dort beschreibt sie die Angst der Frauen vor Unabhängigkeit. Durch ihre Erziehung seien sie vielmehr so geprägt, dass sie letzten Endes darauf warteten, dass ein Retter sie erlöst, die Suche nach dem Märchenprinzen eben.

Wobei gerade die Märchenfigur Cinderella nicht passiv in der Opferrolle verharrt, sondern «aufmuckt». Sie missachtet die strikte Anweisung ihrer Stiefmutter und geht gegen ihren Willen auf den Ball, wo sie ihrem Prinzen begegnet. Was auch bedeutet, dass es wichtig ist, sein Schicksal selbst in die Hand zu nehmen.

Ein anderes beliebtes Märchenbild, dass in die Alltagssprache aufgenommen wurde, ist das vom Froschkönig. «Wie lange muss man einen Frosch küssen, bis man einen Prinzen findet?»

Auch für andere Dinge werden Märchenmotive benutzt, weil man davon ausgeht, dass man damit gemeinsame Bilderwelten anspricht. Mit «Siebenmeilenstiefeln» geht es voran, oder wo nichts geschieht, liegt etwas noch im «Dornröschenschlaf».

Märchen, Mythen und Geschichten haben einen großen Anteil am kulturellen Gut eines Volkes. Sie spiegeln wider, was ihre Menschen prägt. Und sie schulen die Phantasie, sind Beispiele dafür, wie man sie gebrauchen kann, und spornen dazu an, in der eigenen Phantasiewelt auf Entdeckungsreise zu gehen und wohlmöglich ganz Erstaunliches zu finden. Denn auch das ist ein Geheimnis der Phantasie: Sie lässt erst zu, dass man etwas findet, wenn man aufhört, krampfhaft danach zu suchen. Oder wie Gabriel García Márquez es ausdrückt: «Strenge dich nicht so an, denn die besten Dinge passieren, wenn du sie am wenigsten erwartest.»

Auch davon handeln viele Märchen: Nicht mit seinem Schicksal zu hadern, sondern darauf zu vertrauen, dass du Hilfe bekommst. Und wenn du darum bittest, kann es geschehen, dass dir das Leben ein Angebot macht. Nun liegt es an dir, dieses Angebot anzunehmen und es zu nutzen. Und dazu gehört, dass du es nutzen willst.

Wenn Cinderella zu der guten Fee gesagt hätte: «Danke! Die Schuhe und das Kleid sind wirklich toll. Aber ob ich wirklich auf so einen Ball passe?» Was wäre geschehen? Nichts. Der Glaube, dass die Dinge sich zum Guten wenden können, wie schwierig die Lage auch sein mag, der bringt die Magie ins Rollen, die am Ende zum Erfolg führt. Insofern sind Märchen auch echte «Motivationspusher».

Und dafür, dass so viele sich von Märchen, von der besonderen Erzählart dieser Geschichten angesprochen fühlen – besonders eben auch die Kinder –, sorgen besondere Elemente in den Geschichten.

Muster der kindlichen Welterfassung

Märchen und Mythen sind entstanden, indem Menschen versucht haben, Unerklärliches in Bilder zu verpacken, es in Symbole zu kleiden, um es begreifen zu können. Genauso machen es die jüngeren Kinder in ihrer magisch-phantastischen Phase. Unwillkürlich greifen sie dabei auf Bilder zurück, die auch in den Märchen enthalten sind. Woran mag das liegen?

Bei bestimmten Zutaten im Märchen haben wir das Gefühl, wir würden sie schon immer kennen. Das können Personen, phantastische Wesen und Tiere sein, wie die Prinzessin, der Prinz, die Hexe, die gute Fee, der Bär, der Wolf. Das können Orte sein, wie der Wald, eine dunkle Schlucht oder eine Lichtung. Und es können auch Dinge sein, wie ein Apfel, ein Spiegel, ein Schwert, Perlen, Linsen, Asche, Federn ... die Liste ließe sich noch weit fortführen. Diese Archetypen – so nennt man bestimmte urtypische Figuren und Bilder – und Symbole wirken für uns vertraut. Das ist ein wesentliches Merkmal von ihnen. Kein Wunder. Besteht doch ihre Gemeinsamkeit darin, dass sie Vertrautes auf den Punkt bringen.

Archetypen – Urbilder aus dem Unbewussten
Dieser Begriff wurde von dem Psychoanalytiker C. G. Jung entwickelt im Zusammenhang mit seiner Entdeckung, dass in den tiefsten Schichten der Persönlichkeit – dem Unbewussten – archaische Elemente existieren, die in allen Menschen angelegt sind. Und diese archaischen Bilder werden nicht erlernt, sie sind angeboren. Jung nannte diesen Bereich das *Kollektive Unbewusste*. So versteht man unter Archetypen diese inneren archaischen Bilder, auf die Menschen reagieren, in denen sich Wünsche, Träume und Sehnsüchte ausdrücken. Jung wurde wegen dieses Ansatzes zunächst von vielen als Phantast abgetan. In seinem Buch «Archetypen» setzt sich der Arzt und Psychoanalytiker Willi Obrist mit Jungs Lehre auseinander und beschreibt, wie Natur- und Kulturwissenschaften sie inzwischen bestätigt haben.

Jung entdeckte diese Elemente, indem er die Mythen

durchforschte. Und im Rahmen seiner Einsichten zu dem mythologischen Charakter von Phantasien stellte er fest: «Man hat sich in der Mythenforschung bisher immer mit solaren, lunaren, meteorologischen, Vegetations- und anderen Hilfsvorstellungen begnügt. Dass die Mythen aber in erster Linie psychische Manifestationen sind, welche das Wesen der Seele darstellen, darauf hat man sich bisher so gut wie gar nicht eingelassen.»

Und Obrist bringt Jungs Forschungen auf den Punkt, indem er feststellt: «Weil die gleichen archetypischen Bedeutungsmuster in Mythen aller Zeiten und Breiten sowie in Träumen und Visionen heutiger Menschen verschiedenster Herkunft (namentlich auch bei Träumen, die die betreffenden Mythen nachweislich nicht kannten) vorkommen, sind sie als *für die Spezies homo sapiens typische Muster des Welterfassens* zu verstehen.»

Wenn man Mythen und Märchen unter diesem Blickwinkel begreift, wird klar, warum diese Erzählungen gerade für Kinder so eine wichtige Bedeutung haben. Die Seelensprache der Kinder ist noch stark bildhaft geprägt. Und wenn man sich in dieser Sprache mit ihnen unterhält, können sie das auf einer tiefen Ebene verstehen. Auch wenn sie es nicht in Worte fassen können, jedenfalls nicht in rationale, analytische Beschreibungen. Sie antworten auf dieser magisch-phantastischen Ebene anhand der archetypischen Bildbotschaften, die ihre Seele sendet.

Unter Archetypen versteht man nicht nur die gesamten Bilder, die das Unbewusste hervorbringt, sondern auch die Figuren, die darin enthalten sind – also in Bilder gebrachte Extrakte von Wesensmerkmalen, die wir alle in uns tragen. Manche streben wir an, wie *den Helden* oder *die Heldin*, die Herausforderungen bravourös meistert. Mit manchen kämpfen wir, wie mit den *Schattengestalten*, die den Gegenpol zu den guten Seiten in uns symbolisieren. Und manche weisen uns intuitiv den Weg, wie die Figuren *des alten Weisen* und *der alten weisen Frau*. Durch diese Figuren bekommen wir einen Zugang zu dem verborgenen Wissen des Unbewussten, das weiter reicht als das rationale Wissen unseres Bewusstseins. Zu dieser Figurengruppe gehören auch andere Hilfswesen, wie Feen und andere gute Geister.

Im Folgenden werden wir noch mehr archetypische Figuren vorstellen, die in märchenhaft mythischen und auch phantastischen Geschichten zu finden sind. Wir werden ihre Funktion näher beleuchten und zeigen, wie auch der Film und die Macher von Computerspielen sich dieser Muster bedienen, weil sie wissen, die Struktur funktioniert. Zunächst wollen wir uns aber noch mit anderen Elementen der archetypischen Bilderwelt befassen. Es sind Elemente, die durch ihre Assoziationskraft überzeugen und den Zuhörern Raum geben für persönliche Interpretationsansätze.

Symbole – Zeichen für Unerklärliches
Symbole im Märchen sind z. B. Orte, die uns zwar vertraut sind, aber im Märchenkontext darüber hinaus bestimmte emotionale Befindlichkeiten und mythische Bedeutungszusammenhänge ausdrücken.

So steht der Wald für das Dasein des sterblichen Wesens, symbolisiert die Welt, in die sich der junge Mensch aufmacht. Es ist ein «Wald der Wunder», wie ihn der Volkskundler und Mythenforscher Sergius Golowin nennt in seinem Essay über Symbole im Märchen, im «Lexikon der Symbole». Es ist ein Wald der Wunder, weil der Held oder die Heldin hier Zauberkräuter finden und hilfreichen Gestalten begegnen: «tierischen oder übermenschlichen Wesen, die sie das Geheimnis ihrer späteren magischen Fähigkeiten lehren».

Eine Burg, eine Hütte oder eine Höhle sind oft der Ort, wo der Held oder die Heldin «zeitlosen Wesen begegnen – die ihnen in der Regel ermöglichen, ihr ganzes späteres Schicksal glücklich zu wenden», schreibt Golowin. «Diese ewigen Gestalten können die Feen sein oder auch ‹der liebe Gott und seine Heiligen›, die Sonne selber mit seiner Gattin, die Sterne oder die Monate, die Zwerge.»

Beim Stichwort «Zwerge» fallen einem natürlich direkt die sieben Zwerge ein, die hinter den sieben Bergen wohnen. Schneewittchen flüchtet zu ihnen – in ihre Hütte! –, um vor ihrer bösen Stiefmutter Schutz zu suchen. Auch hierzu hat Golowin einen Deutungsgedanken: «In der alchimistischen Symbolik bedeuten ‹Berge›, wie ausdrücklich erklärt wird, ‹die Metalle› – als Grundkräfte der Welt stets in der Siebenzahl angeführt: Bezeichnenderweise sind auch die sieben in unserem Volksmärchen stets damit beschäftigt, ‹die Erze zu graben› und zu bearbeiten.»

Schauen wir auch noch auf den Symbolgehalt bei einigen Dingen, die wir vorher aufgezählt haben. Da bleiben wir gleich bei Schneewittchen. Die böse Schwiegermutter überreichte ihr einen vergifteten Apfel als Geschenk. Äpfel galten über Jahrtausende als Symbol für Reichtum und Macht (Reichsapfel), Liebe und Fruchtbarkeit, so gesehen ein wirklich heimtückisches Geschenk, der Böses ahnen lässt. In dem Zusammenhang ist sein lateinischer Name interessant. Dort heißt der Apfel «Malus», übersetzt: «Das Böse». Und da steckt wohl die alte Geschichte von Adam und Eva dahinter. Oder die vereinfachte Version, einen Schuldigen für die Vertreibung aus dem Paradies zu finden.

Der Spiegel – in dem Fall der Zauberspiegel von Schneewittchens Stiefmutter – hat Berühmtheit erlangt und wird als selbständiges Motiv oft zitiert. «Spieglein, Spieglein an der Wand, wer ist die Schönste im ganzen Land?» Ansonsten kann der Spiegel viele Bedeutungen haben, die durchaus gegensätzlich sind. Auf der einen Seite wird er mit Eitelkeit und Selbstverliebtheit in Verbindung gebracht. Dann schreibt man ihm aber auch Eigenschaften zu, die der Weisheit dienen: Im Spiegel kann man sich selbst erkennen in allen möglichen Facetten, kann so Klugheit erlangen und die Wahrheit schauen. Redensarten wie «jemandem einen Spiegel vorhalten» erinnern daran. Oder auch «das Spiegelbild der Seele», das den Spiegel zu einem geradezu magischen Instrument macht. Die Asche – die z. B. zu Cinderellas Schlafplatz wird und sie zum «Aschenputtel» macht – ist ein Symbol für die Wandlung.

«Die Asche bedeutet in indischen Symbolen Vergänglichkeit und Vergangenheit», so Sergius Golowin. «Das Märchen wird damit zu einem Bild der Entwicklung des Helden oder der Heldin von einer ungünstigen Ausgangslage, in der er/sie sich durch den Niedergang der Eltern oder der entfernten Ahnen befindet, zum Wissen und damit zur vollen Entfaltung der eigenen, zuerst gar nicht geahnten Fähigkeiten.»

So ist die Asche ein Symbol für Transformation und Wandlung.

Erst wenn das Alte überwunden – zu Asche verbrannt ist, kann Neues entstehen, kann ein Paradiesvogel daraus emporsteigen – Phönix aus der Asche. Der kann sich fliegend aufmachen – voller Leichtigkeit und Entdeckerlust – in das Land der tausend Möglichkeiten, das jenseits der alten Grenzen liegt.

In dem Zusammenhang bekommt das Bild von der Asche eine Bedeutung, die Zuversicht ausdrücken kann. Die Zeit für einen Neuanfang ist gekommen. Asche wird auch als Dünger benutzt. Genau wie Vergangenes, das man hinter sich lassen kann, zu neuen Erkenntnissen, Erfahrungen und Einsichten führt. Es entsteht ein fruchtbarer Boden, auf dem Neues hoffnungsvoll gedeihen kann.

Und noch eine Perle zum Schluss oder besser gesagt etwas über die Perle. Ihr wurden große Kräfte nachgesagt. Perlen deutete man als Symbol für die Reinheit. In China wird ihr das weibliche Prinzip zugeordnet, dort ist sie mit dem Mond und dem Wasser verbunden, ist damit dem Prinzip Yin und Yang nahestehend. Damit ist wohl auch ihre tiefsinnigste symbolische Bedeutung verbunden. Die Perle reift in der Dunkelheit der Muschel heran – am Meeresgrund, umgeben von Wasser. So ist sie ein Symbol für das Kind, das im Mutterleib heranreift. Und vor allem ist sie auch ein Sinnbild des Lichtes, das in die Finsternis scheint. Oft wurde sie aber auch als Symbol für Tränen benutzt. Eine arabische Legende erzählt davon, dass Perlen mit Mondlicht gefüllte Tautropfen sind, die ins Meer fielen. In der persischen Mythologie heißt es, Perlen seien Tränen der Götter. Und sie sollen sogar heilende Kräfte haben. Das mag aus ihrer mythologischen Bedeutung herkommen. Vielleicht hängt es aber auch mit ihrer Entstehung zusammen. Denn wir haben die Perle nicht – wie lange angenommen – einem Sandkorn zu verdanken, das in eine Auster geriet. Sondern man hat herausgefunden, dass eine Verletzung der Auslöser ist. Dadurch bildet sich im Drüsengewebe der Muschel eine Zyste, die mit Calciumcarbonat eingekapselt wird. So entsteht am Ende Schicht für Schicht die Perle. Was erst eine

Verletzung war, wird aus eigener Kraft geheilt und bringt einen Schatz hervor. So wird die Perle durch ihren eigenen Entstehungsprozess zu einem Symbol für einen magisch, märchenhaften Heilungsprozess.

In Märchen und auch in Mythen wimmelt es nur so von Symbolen. Der Grund ist naheliegend: «Im Symbol verdichten sich Erfahrungen, psychische Inhalte, vor allem auch Emotionen, die anders nicht darzustellen sind», so definiert es die Psychotherapeutin Verena Kast. Und sie führt aus, warum es so schwer ist, Symbole umfassend zu deuten. «Das Symbol hat einen Bedeutungsüberschuss. Es offenbart etwas, es eröffnet aber auch Perspektiven, die wir erst nach und nach verstehen.»

Genau darin liegt die Magie von Symbolen – oder eben auch die Magie von Märchen und Mythen. Man kann sie in verschiedenen Richtungen und auf verschiedenen Ebenen deuten. Was von einigen – vor allem von den Kindern – intuitiv erfasst wird, ist bei den Erwachsenen eher Grundlage für analytische Deutungsversuche. Aber tief im Innern – im Raum des kollektiven Unbewussten – sind die Berührungspunkte die gleichen.

Aber mit Symbolen und Archetypen allein hat man noch kein Märchen. Aus diesen Elementen wird erst eine Geschichte, wenn sie in einen Sinnzusammenhang gesetzt werden und so eine Handlung draus entsteht. Und wie das in Märchen und Mythen geschieht, das ist wirklich bemerkenswert und bringt uns noch weiter dem Geheimnis auf die Spur, warum wir uns von Märchen und ähnlichen Geschichten so berührt fühlen.

Die Reise des Helden

Abenteuer Entwicklung

Die Erkenntnisse aus der Mythenforschung haben gezeigt, dass bestimmte archetypische Elemente in den Phantasien aller Menschen auf dieser Welt zu finden sind, ganz gleich in welcher Epoche, ob vor zweitausend Jahren, heute oder in Hunderten von Jahren. Diese Elemente überwinden rein körperliche Merkmale, sie wohnen in den Herzen, berühren die Seelen. Und von Geschichten, die diese Elemente enthalten, geht eine ganz besondere Kraft aus. Woran liegt das? Sind es die besonderen archetypischen Zutaten, oder gehört noch mehr dazu? Was ist das Geheimnis guter Geschichten?

Tatsächlich gibt es etwas, das nachweisbar belegt, was die Magie von Geschichten ausmacht. Es ist ein Muster, ein Ablauf voneinander abhängiger Ereignisse, es sind bestimmte Charaktere, die immer wieder auftauchen. Damit ist jetzt nicht eine der Daily Soaps gemeint, wie «Gute Zeiten, schlechte Zeiten» oder «Verbotene Liebe». Obwohl die Macher dieser Serien sich gleichfalls dieser Muster bedienen, wie überhaupt das Kino, die Literatur, die ganze multimediale Glitzerwelt.

Wir alle kennen dieses Muster, nur ist es nicht allen bewusst. Aber wir alle sind vertraut mit den Bausteinen, aus denen es sich zusammensetzt: Die Reise des Helden.

So wird ein Konzept bezeichnet, dass der Amerikaner Joseph Campbell bei seinen Studien über Mythen und Symbole entwickelt hat («Hero With a Thousand Faces»). Dabei beruft er sich auf C. G. Jungs Lehre der Archetypen. Christopher Vogler hat dieses Konzept auf die Entwicklung zeitgenössischer Geschichten übertragen («Die Odyssee des Drehbuchschreibens»).

«*Die Reise des Helden*» beschreibt ein Prinzip, das den Mythen und Erzählungen aller Völker auf der Welt zugrunde liegt und schon immer lag. Wobei mit Held in diesem Fall nicht «der Held» im wörtlichen Sinne zu verstehen ist, also nicht der, der übermäßig stark und groß ist, ausgestattet mit fast übernatürlichen Kräften. Vor allem ist auch nicht der Heldenbegriff gemeint, der zur Verherrlichung von Kriegszwecken dient. Ganz allgemein ist es hier als ein Begriff zu verstehen, der die Figur in der Geschichte beschreibt, um die sich alles dreht. Und natürlich kann das auch eine *Heldin* sein. Ganz allgemein ist es die Figur, die sich aufmacht, zu ihrem Entwicklungsabenteuer. Und in so ein Abenteuer kann sich auch ein Tier begeben oder sogar ein sprechendes Auto.

Und «die Reise» ist als ein Ablauf an Stationen zu verstehen, die der Held oder die Heldin durchlebt, durchleidet und durchkämpft, bis er oder sie am Ende gereift, geläutert oder gar verwandelt wieder am Anfang ankommt oder weiter voranschreitet zu neuen Abenteuern.

«Hans im Glück» stellt solch einen Helden dar. Er zieht aus, bewährt sich, verdient Gold, tauscht dieses sieben Mal, bis er am Ende, nachdem ihm auch der Stein in den Brunnen gefallen ist, mit leeren Händen dasteht. Aber dieser Eindruck trügt: Seine Hände mögen zwar leer sein, aber er ist gereift, seine Persönlichkeit hat sich entwickelt, und so ist Hans, der zurückkommt, ein anderer als der, der ausgezogen ist, sich zu behaupten.

Stationen
«Die Reise des Helden» erzählt also davon, wie der Held oder die Heldin
- die gewohnte Umgebung verlässt,

- dem Ruf des Abenteuers direkt folgt,
- oder auch erst zögert, den Ruf verweigert,
- von einem Mentor ermutigt wird,
- die erste Schwelle zu überschreiten,
- um in fremden Welten Bewährungsproben auf sich zu nehmen, bei denen Verbündete und Feinde eine große Rolle spielen,
- dabei werden spezielle Fähigkeiten erlernt, mit denen
- eine Aufgabe gelöst werden, die entscheidende Prüfung bestanden werden muss,
- für die es eine Belohnung gibt;
- damit wird der Rückweg in die gewohnte Welt angetreten, unter Verfolgungen, gegen die es sich zu wehren gilt,
- um dann an der Aufgabe gewachsen und verändert, mit dem Elixier, dem Schatz oder einem sonstigen wertvollen Gut
- wieder zurückzukehren in die gewohnte Welt
- oder auch weiter voranzuschreiten.

Bei diesem Prozess haben der Held oder die Heldin verschiedene Helfershelfer, Freunde, aber auch Feinde, die ihnen wichtige Impulse geben, massive Hindernisse in den Weg legen oder aber wichtige Informationen für sie haben.

Der Held, die Heldin und ihre Begleiter
- Der Held, die Heldin
- Der Begleiter (ein guter Freund oder eine gute Freundin, nicht ganz so qualifiziert wie der Held)
- Der Feind, das Böse, der Schatten (kann viele Gesichter, viele Helfershelfer haben)
- Der Weise, der Mentor (verfügt auch über magische Gehilfen, die bestimmte Waffen bereitstellen können – da-

mit sind alle möglichen Hilfsmittel gemeint – heute sind Hightech-Mittel eingeschlossen)
- Der Schwellenhüter (er warnt, hat Bedenken)
- Der Herold (überbringt den Ruf des Abenteuers)
- Der-, diejenige, an dem der Held oder die Heldin besonders hängt (der, die das Liebste)
- Der Trickster (ist in seiner Haltung nicht verlässlich, kann sie abrupt ändern)
- Der Narr
- Der Gestaltwandler (ist nicht zu packen, spielt zwei gegensätzliche Rollen)

Das Geheimnis packender Geschichten
Diese verschiedenen Charaktere und die weiter oben geschilderten Stationen bilden das Grundgerüst, das beliebig variiert werden kann. Es können auch nur einzelne Teile herausgenommen werden. Aber zugleich ist eine klare, nachvollziehbare Struktur erkennbar:
- Am Anfang steht *ein auslösendes Moment*, das den «Stein der Handlung» ins Rollen bringt, z. B. ein dringender Hilferuf, eine große Herausforderung, eine besondere Aufgabe.
- Dann geht es darum, einen Weg zu finden, Hindernisse, Aufgabestellungen und *Probleme zu bewältigen* – auch mit Unterstützung von weisen Helfern –, um dadurch einen Schritt weiterzukommen.
- Zum Schluss löst sich alles. Der Held oder die Heldin – und damit auch alle, die sich mit ihnen identifizieren – kann sich über ihren *Erfolg* freuen und erhält eine konkrete Belohnung oder zumindest *ganz viel Ruhm*.

Die Struktur von Lernprozessen

Die eben beschriebenen Schritte findet man auch in jedem Lernprozess. Nehmen wir als Beispiel: Radfahren lernen:

1. *Auslösendes Moment*
   Tim hat ein Fahrrad bekommen, will Radfahren lernen.
2. *Probleme müssen bewältigt werden.*
   Erst schafft er es noch nicht, die Balance auf dem Rad zu halten. Papa und Mama helfen ihm. Auch Opa übt mit seinem Enkel. Wenn Tim zwischendurch mal hinfällt, steht er wieder auf, macht weiter. Jedes Mal geht es besser. Tim wird immer sicherer, kämpft mit den Schlangenlinien, bis er sie besiegt.
3. *Zum Schluss löst sich alles.*
   Tim kann die Balance halten, beherrscht das Fahrrad. Er genießt seinen *Erfolg*. Jetzt fährt er mit Absicht Schlangenlinien, zeigt allen, wie gut er Fahrrad fahren kann. Alle bewundern ihn, Tim genießt seinen *Ruhm*. Und als Belohnung darf er mit seinen Eltern eine Fahrradtour machen.

Die Reise des Helden stellt somit das Prinzip für jeden Lernprozess, für jede Weiterentwicklung dar. Das ist das Geheimnis, Geschichten, in denen dieses Prinzip enthalten ist, ziehen Kinder in ihren Bann. Dann verfolgen sie die Handlung voller Spannung, sind voll bei der Sache, fiebern mit und freuen sich am Ende, wenn alles gut ausgeht. Weil es für sie so ist, als hätten sie selbst dieses Abenteuer erlebt. So fühlen sich Kinder angesprochen. So nimmt man sie als Alltagshelden und Heldinnen, die sie sind, ernst. Deswegen gilt der Satz, den der Psychoanalytiker und Kinderpsychologe Bruno Bettelheim mit seinem Buch prägte, nach wie vor oder vielleicht sogar mehr denn je: «Kinder brauchen Märchen.»

Und hier gibt uns Jau-Jau natürlich vehement recht, zumal er uns verraten hat, dass Bruno Bettelheim ein guter Freund von ihm ist. Das kam ihm sehr zugute, als er einmal eine ängstliche Mutter davon überzeugen wollte, dass sich für Kinder die Grausamkeit in Märchen gar nicht so schlimm darstellt.

Grausame Märchen

Gespräch mit einer ängstlichen Mutter

Mutter: *Herr Jau-Jau, Sie als Fachmann in Sachen Phantasie kennen sich doch aus. Ich hab da mal eine Frage. Märchen sind ja ganz schön. Aber finden Sie nicht auch, dass viele schon ganz arg grausam sind? Ich meine, da bekommt doch mein Kind einen Schock nach dem anderen.*

Jau-Jau: *Jau, die Frage ist wohl mehr, ob Sie selbst nicht davon zutiefst schockiert sind.*

Mutter: *Aber sicher. Ich bitte Sie! Wer sollte das nicht sein. Da sollen Kinder gebraten werden, nun gut, am Ende ist es die Hexe. Aber auch das möchte ich mir nicht wirklich vorstellen. Und dann die Sache mit dem Wolf, der die Kinder fressen will. In manchen Märchen ist ja sogar von Menschenfressern die Rede. Da muss man doch Angst bekommen.*

Jau-Jau: *Die hat man ja schon.*

Mutter: *Wieso das denn?*

Jau-Jau: *Weil Ängste, Sehnsüchte und Konflikte normal sind. Sie gehören zum Leben dazu. Und davon werden auch schon die Kinder gebeutelt, aber heftig. Und so gesehen kann ich Ihre Bedenken ja verstehen. Damit sind Sie nicht allein.*

Mutter: *Da bin ich aber froh.*

Jau-Jau: *Jau. Mein Freund Bruno Bettelheim sieht das so: «Als man nicht mehr leugnen konnte, dass das Kind von tiefen Konflikten, Ängsten und Sehnsüchten erfüllt ist und von allen möglichen irrationalen Vorgängen hilflos gebeutelt wird, zog man den Schluss, man müsse das Kind, das sich schon vor so vielem fürchtet, von allem fernhalten, das furchterregend aussieht.»*

Mutter: *Na, bitte! Da bin ich ja froh, dass Ihr Freund Bruno mir recht gibt.*

Jau-Jau: *Jau, «eine Geschichte kann tatsächlich manchen Kindern Angst einflößen», das hat mein Freund Bruno gesagt. Er ist eben sehr einfühlsam. Aber er hat auch davon gesprochen, dass die furchterregenden Aspekte immer mehr verschwinden würden, sobald die Kinder mit Märchen besser vertraut werden. Und dann verschiebt sich das Gewicht viel mehr zugunsten der tröstlichen Züge. Dann herrschen die vor. Konkret hat er dazu gesagt: «Das ursprüngliche Missvergnügen des Angstgefühls verwandelt sich dann in die große Freude, die man empfindet, wenn die Angst mit Erfolg angegriffen und gemeistert wird.»*

Mutter: *Trotzdem. Wie sollen Kinder lernen, sich in der Realität zurechtzufinden, wenn wir sie in Märchenwelten entführen? Nehmen wir nur mal die Sache mit dem Zaubern. Was tue ich, wenn mein Kind, angeregt durch ein Märchen dann wirklich an Zauberei glaubt?*

Jau-Jau: *Jau, jedes Kind glaubt an Zauberei. Da braucht es keine Märchen dazu. Das mag jetzt eine schlimme Nachricht für Sie sein. Die gute lautet: Das gibt sich von selber, wenn es erwachsen wird. Mein Freund Bruno, der hat mir mal erzählt, er hätte gestörte Kinder gekannt, denen niemals ein Märchen erzählt wurde, die aber einem Ventilator oder Elektromotor ebenso viel Zauber und Zerstörungskraft beimaßen, wie irgendein Märchen jemals seiner mächtigsten und gefährlichsten Gestalt verlieh.*

Mutter: *Na gut, das ist ja alles ganz gut und schön. Aber glauben Sie, ich will von meinem Kind als Hexe beschimpft werden, so wie es meiner Nachbarin ergangen ist. Wie kommt ein Kind auf solche Ideen? Ist doch klar, dass es sie aus den Märchen hat.*

Jau-Jau: *Da muss ich Sie enttäuschen, meine Liebe. Das können Sie nicht auf die Märchen abschieben. Das ist ganz normal. Mein Freund Bruno meint dazu: «Ein merkwürdiger Widerspruch liegt darin, dass gebildete Eltern das Märchen gerade dann aus dem Leben ihrer Kinder verbannten, als ihnen aufgrund der Erkenntnisse der Psychoanalyse bewusst wurde, dass das Gemüt des kleinen Kindes keineswegs unschuldig, sondern von ängstlichen, zornigen und zerstörerischen Vorstellungen erfüllt ist.»*

Mutter: *Also ich weiß nicht. Ihr Freund Bruno sieht das wohl zu schwarz. Ich glaube, mein kleiner Schatz ist zu bösen Gedanken gar nicht fähig.*

Jau-Jau: *Jau. Das hab ich mir gedacht, dass Sie so denken. Bruno hätte sich das bestimmt auch gedacht. Der kennt sich nämlich aus mit dem, was Eltern denken. So hat er mir mal erzählt: «Die Eltern möchten nur zu gern glauben, wenn ihr Kind sie als Stiefmutter, Hexe oder Riesen sehe, habe dies nichts mit ihnen selbst zu tun und damit, wie sie gelegentlich auf das Kind wirken, sondern sei nur die Folge von Geschichten, die man erzählt hat.»*

Mutter: *Genau. So ist es auch.*

Jau-Jau: *Eben nicht. Mein Freund Bruno formuliert das sogar noch schärfer: «In einer völligen Umkehrung der Tatsachen, die ihnen weitgehend unbewusst bleibt, hängen solche Eltern der irrigen Auffassung an, Märchen und Geschichten seien schuld, wenn ihr Kind sie in dieser Gestalt sieht, während doch in Wirklichkeit das Gegenteil zutrifft.»*

Mutter: *Das Gegenteil? Was soll das denn jetzt heißen?*

Jau-Jau: *Ich will es mal so sagen. Das Kind hat die Gedanken so oder so. Der Vorteil am Märchen ist, dass es diesen zerstörerischen, wütenden Gedanken Gestalt verleiht. Und der Clou ist, hier werden sie zu einem guten Ende geführt. Zu einem Ende, wie es sich das Kind bis dahin nicht vorstellen konnte. Hier hilft das Märchen ihm auf die Sprünge. Und mein Freund Bruno sagt dazu: «Ohne Phantasien, die uns Hoffnung einflößen, haben wir nicht die Kraft, den Widrigkeiten des Lebens zu begegnen. Die Kindheit ist die Zeit, in der diese Phantasien genährt werden müssen.»*

Mutter: *Herr Jau-Jau, ich sehe schon, Sie halten zu Ihrem Freund Bruno. Das war ja eigentlich auch nicht anders zu erwarten, wo Sie doch selber ein Produkt der Phantasie sind.*

Jau-Jau: *Mein Liebe, das sind Sie auch.*

Mutter: *Ach so. Ja. Jetzt, wo Sie es sagen. Und was ändert das?*

Jau-Jau: *Gar nichts. Sie können Ihre Meinung genauso ändern, wie jeder, der sich in der realen Welt rumtreibt.*

Mutter: *Sie meinen, ich könnte anfangen, mich mit Märchen anzufreunden?*

Jau-Jau: *Jau. Probieren Sie's. ich bin mir sicher, dann verschwinden Ihre Ängste, oh Pardon, ich meine natürlich die Ängste Ihrer Kinder, vor den grausamen Märchengestalten.*

Mutter: *Herr Jau-Jau, ich danke Ihnen für dieses Gespräch.*

Von Helden, Prinzessinnen und Zauberern

Tauchen wir selbst noch einmal ab in die Zeiten, als wir von Prinzessinnen, Rittern, Cowboys, Zauberern, Vampiren und anderen Phantasiegestalten fasziniert waren, als wir

Geschichten verschlungen haben von phantastischen Reichen, in denen wir unglaubliche Abenteuer erlebt haben. Sei es in der Welt der Märchen mit Schneewittchen, Dornröschen und Co. Oder im Universum der Mythen mit Odysseus, Ikarus, König Arthus und den Rittern der Tafelrunde und wie sie alle hießen.

Versuchen wir uns noch einmal zu erinnern, wie es war, als wir davon träumten, dass wir fliegen können, zaubern, uns verwandeln in einen Adler, einen Bären oder ein Krokodil; als wir im Wald um die bemoosten Baumstümpfe die Elfen tanzen sahen, Kobolde hockten zwischen den Wurzeln, und eine Fee zeigte uns den Weg, wenn wir uns verirrt hatten; als wir mit Blumen, Bäumen und Tieren sprechen konnten; als wir in unseren Träumen mit einer Tarnkappe auf Abenteuertour waren, als wir als Pirat über die sieben Meere schipperten und Alice in ihr Wunderland begleiteten...

Später ging es dann um andere Dinge. Schluss mit den Träumereien! Wenn der Ernst des Lebens regiert, ist kein Platz mehr für diese Hirngespinste.

Und jetzt haben Sie selber Kinder und wollen natürlich nur das Beste für sie, wollen, dass sie lernen, wie sie ihr Leben meistern können. Also überlegen Sie sich, wie Sie das am besten hinbekommen, dass Schluss ist, mit den Träumereien und Ihr Kind fit wird fürs Leben. Der Drang, alles richtig zu machen, nährt die Zweifel. Manche greifen da zu Ratgebern, gehen auf Elternseminare, zerbrechen sich den Kopf, was denn nun der richtige Weg ist. Dabei könnte alles so einfach sein...

Es gibt keinen allgemeingültig richtigen Weg. Es gibt nur einen persönlichen. Da hilft es, sich zu erinnern an die eigenen Zeiten als kindlicher Magier. Und mögen die Erinnerungen auch nicht perfekt sein, sie können trotzdem dabei helfen, dem magisch-phantastischen Denken der Kinder wieder mehr zu vertrauen.

Sie helfen sich und Ihrem Kind, wenn Sie diese Art zu denken ernst nehmen und akzeptieren, dass es eine andere – eine kindliche Art – ist, sich mit der Realität auseinanderzusetzen. Starten Sie das Experiment «Blickwechsel», schauen Sie auf die Welt mit den Augen eines Kindes. Und entdecken Sie den Spaß wieder, den es machen kann, auf eine gemeinsame Abenteuerreise in phantastische Welten zu gehen.

Wofür Heldenträume gut sind
Wir alle lernen durch Beispiele. Die frühesten Helden der Kindheit sind bei den meisten – die eine normale Kindheit erleben – die Eltern. Für die jüngeren Kinder sind Papa und Mama die größten, die besten, die liebsten. Ihnen wird nachgeeifert in allem, was sie tun. Später gestaltet sich die Sache differenzierter. Wir wollen jedoch zunächst einmal auf die jüngeren Kinder schaun, weil in dieser Zeit bis zum Schuleintritt, die entscheidenden Prägungen stattfinden.

Und da ist es wichtig, das kreative Potenzial anzukurbeln, Wege aufzuzeigen, wie Kinder selber auf Entdeckungsreise gehen können und die Fähigkeit entwickeln, für sich vielleicht auf Lösungen zu kommen, die sich die Eltern nie hätten träumen lassen. Um solche Fähigkeiten auszubilden, braucht es Erfahrung, wie man Grenzen sprengen kann und sich öffnet für alles, was an kreativem Potenzial möglich ist. Dabei geht es zum einen darum, eine Art von persönlichem «Brainstorming» zu lernen. Frei übersetzt heißt «Brainstorming» – «Sturm im Gehirn». Und bei dieser Methode, die normalerweise in Gruppen angewendet wird, geht es darum, die Ideenfindung zu optimieren. Ohne Bewertung werden dabei zu einer Fragestellung alle Ideen – mögliche und unmögliche – gesammelt, die den Teilnehmern zu dem Thema einfallen. Danach wird diskutiert, bewertet und aussortiert, bis die Ideen übrig bleiben, die am besten erscheinen.

«Was? Das auch noch? Sollen die Jüngsten jetzt schon Brainstorming lernen? Wollen wir so kleine Manager züchten?», mögen einige dagegenhalten. Die können wir beruhigen. So ist es nicht gemeint. Es ist ein Bild dafür, wie wichtig es ist, Phantasien frei entwickeln zu können, sich angenommen zu fühlen mit seinen Ideen und so ermutigt zu werden, nach immer neuen zu forschen.

Das ist der eine Punkt. Er scheint mehr Leistung des Verstandes zu sein. Der andere Prozess läuft auf der emotionalen Ebene ab. Intuition ist ein wesentlicher Bestandteil von Kreativität. Intuition heißt, auf die inneren Stimmen hören zu können, auf die Impulse der Seele, auf die Nachrichten aus dem «Unbewussten Universum».

Diese Botschaften haben eine ganz besondere Kraft. Aber oft kommen sie sehr zerbrechlich daher, hängen an einem seidenen Faden. Und dieser Faden kann schnell reißen. Da reicht ein skeptischer Blick, ein zweifelndes Hinterfragen oder eine eigentlich gutgemeinte Belehrung.

Intuition braucht Zeit zum Reifen. Und sie braucht Ermutigung, daran zu glauben, dass an dem seidenen Faden wirklich etwas hängt. Jüngere Kinder haben noch eine natürliche Begabung zur Intuition. Deswegen braucht man sie ihnen gar nicht beizubringen. Die Aufgabe besteht hier vielmehr darin, sie nicht zu zerstören, sondern Möglichkeiten zu schaffen, dass sie wachsen kann.

Wie schafft man diese Möglichkeiten? Einmal dadurch,

dass man seinem Kind vermittelt, es ist angenommen mit seinen Wünschen und Träumen, es ist okay, wie es ist, und muss nicht erst noch geformt werden. Es muss nicht besonders brav sein oder viel leisten, damit seine Eltern es lieben. Das Gefühl, so geliebt zu werden wie man ist, ist die beste Voraussetzung, seine Begabungen frei entfalten zu können.

Helden und Heldinnen machen kreativ
Intuition und Phantasie kann man auch dadurch fördern, dass man die Kinder mit Stoffen in Berührung bringt, die Muster und Beispiele anbieten für Handlungsmodelle, die die natürlichen Grenzen der Realität sprengen, die so Räume öffnen in unbekannte Universen, in denen man auf Lösungssuche gehen kann.

Märchen und phantastische Geschichten öffnen solche Räume. Durch ihre archetypischen Bilder, die direkt das Unbewusste ansprechen, füttern sie es mit Material. Und aus diesem Material kann das Kind später schöpfen, kann es zu immer neuen Ideen kombinieren. Aber wenn es nicht gefüttert wurde, verkümmert es. «Fehlen uns diese natürlichen Hilfsmittel, dann bleibt unser Leben eingeschränkt», stellt Bruno Bettelheim fest. «Ohne Phantasien, die uns Hoffnung einflößen, haben wir nicht die Kraft, den Widrigkeiten des Lebens zu begegnen. Die Kindheit ist die Zeit, in der die Phantasien genährt werden müssen.» Und die Kinder dazu anzuregen, zu malen oder sich mit ihnen selber Geschichten auszudenken, fördert die Kreativität zwar auch. Aber es geht vor allem auch darum, beim Kind den Speicher an innerem Stoff zu füllen. Bettelheim erklärt, warum: «Die Geschichten, die es zu ersinnen vermag, sind lediglich Ausdruck seiner Wünsche und Ängste. Wenn es auf seine eigenen Hilfsmittel angewiesen ist, können seine Phantasien nur um seinen derzeitigen Zustand kreisen, denn es kann nicht wissen, wohin es gehen muss und wie es dorthin gelangt.»

Deswegen brauchen Kinder Heldinnen und Helden, die ihnen das in Märchen und phantastischen Geschichten vorleben. Und da Märchenstrukturen dem kindlichen Denken so nahe sind, fühlt sich das Kind direkt verstanden, wird dort abgeholt, wo es sich gerade befindet. Und ihr symbolhafter Charakter macht es möglich, dass jeder seine spezielle Geschichte darin sehen kann. «Das Märchen gibt diese Hinweise aber implizit», so Bettelheim, «in Form von Phantasiematerial, das das Kind nach Belieben aufgreifen kann, und mit Hilfe von Bildern, die es dem Kind leicht machen, das Wesentliche zu erfassen.»

Und deswegen sind Helden und Heldinnen für Kinder so wichtig:
- weil sie ihnen den Weg zeigen,
- ihnen vorleben, wie man sich Herausforderungen stellen kann, auch wenn man klein und schwach ist,
- ihnen zeigen, dass Stärke nicht nur etwas mit körperlicher Stärke zu tun haben muss,
- ihnen Mut machen, sich selber zu vertrauen,
- ihnen Kraft geben, Richtungen einzuschlagen, die vom normalen Weg abweichen,
- ihnen beweisen, dass man Dinge schaffen kann, wenn man an sich glaubt,
- ihnen Muster mit auf den Weg geben, die das Selbstvertrauen stärken,
- ihnen Material für ihre Träume liefern
- und so eine fruchtbare Basis schaffen, auf der Phantasie immer weiter wachsen kann.

Wandel der Zeiten

Helden und Heldinnen aus Geschichten sind seit jeher eine große Orientierungshilfe für Kinder und helfen ihnen dabei, ihren Weg ins Leben zu finden. Wobei wir hier noch einmal klar sagen wollen, dass sich Held oder Heldin in diesem Rahmen nicht auf eine Kriegskultur bezieht, die Heldentum verherrlicht und es missbraucht zu machtpolitischen Zwecken. Obgleich es diese Geschichten natürlich auch gibt. Die Gestalt des Kriegers ist jedoch nur eine von tausend und mehr Figuren, die in einer Geschichte diese Position einnehmen können. Es ist immer der oder diejenige, der «auserwählt» wurde für die Aufgabe, die zu leisten ist. Und meistens haben diese «Auserwählten» eine ganz besondere Eigenschaft, die gerade sie dazu befähigt, erfolgreich zu sein und am Ende manchmal sogar die ganze Welt zu retten.

Wobei Welt hier subjektiv ist, definiert durch den Charakter der Figur. Was auch wieder symbolisch zu verstehen ist. Denn jeder lebt in «seiner» Welt, prägt die Dinge um sich herum durch die eigene Sicht, zieht Schlussfolgerungen und gelangt zu Einsichten aufgrund seiner subjektiven Erfahrungs- und Bewertungsinhalte und schafft sich so ein «eigenes Universum». So bedeutet «die ganze Welt» für jeden etwas anderes. Bei der Biene Maja z.B. ist diese Welt ihre Wiese. In «Star Wars» geht es um das ganze Universum.

Hier eröffnen wir unseren Helden- und Heldinnenreigen. Manche Namen rufen bei Ihnen vielleicht Erinnerungen an die eigene Kindheit wach: Pippi Langstrumpf, Jim Knopf und Lukas der Lokomotivführer, Alice im Wunderland, Heidi, Nils Holgersson, Pinocchio, Peter Pan, Pumuckl, Winnetou, Old Shatterhand, Ivanhoe, Nesthäkchen, Hanni und Nanni, das doppelte Lottchen, der kleine Eisbär, die wilden Kerle, Max und Moritz, Donald Duck und all seine Verwandten, Miss Piggy und Kermit, der Frosch, Emil und die Detektive, das kleine Gespenst, der kleine Prinz, Klaus Störtebeker, Biene Maja, der kleine Wassermann, Nemo, Fury, Flipper, Huckleberry Finn, die kleine Raupe Nimmersatt, Kalle Blomquist, Karlsson vom Dach, Michel aus Lönneberga, Momo, Pu der Bär, Ronja Räubertocher, Räuber Hotzenplotz, Petersson und Findus, Hexe Lilli, das Sams, Spongebob Schwammkopf, die Maus, Garfield, Bibi Blocksberg, Yakari, Benjamin Blümchen, der kleine Vampir, das Grüffelo ...

Wir haben bewusst nicht unter klassischen, also zeitlosen und modernen Helden unterschieden. Sie werden selber wissen, wo sie die Figuren einordnen wollen. Und wer sich auf die Suche nach Stoffen begeben will, der findet im Anhang eine Auflistung an Stoffen – Büchern, Filmen, Spielen, Hör-CDs –, die wir empfehlen können. Hier finden Sie auch Tipps, wo Sie sich weiter schlaumachen können, wenn Sie nach guten Stoffen suchen. Eine wichtige Quelle dafür ist auch das Internet. Hier werden an verschiedenen Stellen «Bestenlisten», Bewertungen und Infos veröffentlicht. Und wenn Sie nicht sicher sind, welcher Stoff der richtige für Ihr Kind ist, vertrauen Sie Ihrem Gefühl und vor allem vertrauen Sie Ihrem Kind. Mit unnachahmlicher Treffsicherheit wird es genau an dem Stoff hängenbleiben, den es gerade «braucht». Und nutzen Sie die Zeit, wenn Ihr Kind noch jünger ist, um den Grundstock zu legen für ein Interesse an Märchen und Geschichten. Schon im Kindergarten, aber spätestens in der Schule prägen auch die Freunde und Freundinnen das, was «in» ist. Da mögen Sie als Eltern manchmal die Hände über dem Kopf zusammenschlagen.

Aber jeder ist anders, und das gilt für Eltern und Kinder in ganz besonderem Maße.

Schauen wir uns nun einen Geschichten-Helden etwas genauer an, der wie kaum ein anderer zu einem weltweiten Boom des Magisch-Phantastischen geführt hat.

Harry Potter – modern und klassisch zugleich
Mit klassisch meinen wir hier, dass die Geschichten um den Zauberlehrling Harry Potter ganz stark aus dem Pool von archetypischen Charakteren und Symbolen schöpfen.

- Harry Potter – der Mutter und Vater verloren hat, aber als «*Auserwählter*» durch die Narbe gekennzeichnet ist, muss seinen Weg ganz unten beginnen, in einem Verschlag unter der Treppe – was gleichzusetzen ist mit Cinderallas Schlafstelle am Feuer, in der Asche. Erniedrigender geht es kaum noch. Klar, dass so einem Helden gleich alle Herzen zufliegen und man mit ihm mitfiebert, wie er es schaffen kann, seinen Weg zu finden und seine Aufgaben zu erfüllen, die auf magische Weise in sein Leben treten. Und da gibt es viel, was er zu richten hat im Kampf gegen seinen größten Gegenspieler Lord Valdemort.
- Lord Valdemort – *die Schattenfigur*, symbolisiert die dunkle Macht. Das Böse ist hier so böse, dass man es besser nicht bei seinem Namen nennen sollte – «Er, dessen Name nicht genannt werden darf».
- Ron Weasley – Harrys *treuer Begleiter*. Er bewundert Harry, ist bereit, sich für ihn zu opfern.
- Hermine Granger – die *beste Freundin* von Harry. Sie weiß sehr viel und kann wertvolle Ratschläge geben.
- Albus Dumbledore – der alte *weise Magier*. Er symbolisiert die Kraft, die aus anderen Quellen schöpfen kann.

So ließe sich die Liste der Figuren weiter interpretieren und einordnen in den archetypischen Charakterreigen, der die Reise des Helden beschreibt. Und die Symboldichte in den Geschichten ist so groß, dass sie ein eigenes Lexikon füllen würde bzw. füllt. Denn inzwischen gibt es im Internet natürlich auch schon eine eigene Harry-Potter-Datenbank – Harry Potter Wiki.

Das alles zusammengenommen löst auch das Rätsel, warum dieser Stoff Jung und Alt gleichermaßen so fasziniert. Er wendet sich direkt an den Bereich des Unbewussten, macht so ein Erleben möglich, das ganz tiefe Schichten berührt und alles andere sozusagen aushebelt.

Harry Potter hat wie kaum ein anderer Stoff ganze Hysterien bei seinen Lesern ausgelöst. Und natürlich gab und gibt es da viele, die vor dem Stoff warnen, die die Bücher sogar in die Nähe von «Teufelswerk» bringen aufgrund ihrer starken Symbolkraft.

So soll laut einer Meldung von freenet.de der Daily Telegraph vor Jahren eine Meldung herausgebracht haben, in der der oberste Exorzist der katholischen Kirche, Pater Gabriele Amorth, die Geschichten heftig kritisiert hat. «Es gibt keinen Zweifel», soll er gewettert haben, «dass in den Harry-Potter-Büchern die Unterschrift des Fürsten der Finsternis klar enthalten ist.» Und er sieht darin den Stoff, aus dem Satanisten gemacht werden. Denn «wenn ein junges Kind Harry Potter liest, dann wird es von Magie angezogen – und von da ist es nur ein kleiner Schritt zum Satanismus und zum Teufel».

Für alle, die so denken, werden auch die «magischen Jahre der Kinder», wie Selma Fraiberg sie nennt, viel «Seelen verderbendes» Material beinhalten, sind sozusagen glaubensmäßig gesehen anarchischer Sprengstoff. Wenn auch die Harry-Potter-Geschichten für den Altersbereich 10–12 Jahre angesetzt werden. Aber beides hängt zusammen. Ein Kind, das mit der Märchensymbolik vertraut ist, von klein auf diese Erfahrung gelebter Phantasien machen konnte, das kann auch intuitiv die Ereignisse in den Harry-Potter-Geschichten richtig einordnen. Die Bedenkenträger – von denen viele wohl auch die Verbindung zu dieser Bilderwelt verloren haben oder sie nicht sehen wollen – sehen in Lord Voldemort nur den Teufel und in den Zaubereien Teufelswerk. Aber die Transformationskraft dahinter können oder wollen sie nicht sehen.

- Der Teufel steht für die Auseinandersetzung mit den eigenen Schattenseiten, die in jedem von uns schlummern. Und das Böse in den Geschichten hilft, dass wir uns damit auseinandersetzen können, es in den archaischen Bildgestalten anschauen können und durch die Symbolkraft der Geschichte, Modelle an die Hand bekommen, wie es möglich sein kann, es zu überwinden. Auch diese Modelle sind wieder Bilder, die nicht eins zu eins übertragen werden können. Auf jeden Fall verleihen sie die Gewissheit, dass wir dem Teufel, dem Bösen (unseren Schattenseiten) nicht hilflos ausgeliefert sind. Dass sie nur eine Macht über uns haben, wenn wir es zulassen und passiv im Status quo verharren, uns nicht weiterentwickeln wollen.

- Und der Prozess der Überwindung, die Transformation auf eine nächste Stufe der Weiterentwicklung, der wird mit der Symbolik des Todes dargestellt. In mythisch märchenhaften Geschichten geht es dabei nicht um das «normale Sterben». Hier geht es darum, dass das Alte gehen muss, bevor etwas Neues entstehen kann. Da sind wir auch wieder bei dem Symbol der Asche, aus der wir nach dem «symbolischen Tod» als «Phönix aus der Asche» wieder aufstehen können. Und das ist tröstlich, vor allem auch für Kinder. Denn ihre starke emotionale Erlebnisfähigkeit bringt sie gefühlsmäßig mitunter an Punkte, wo ihre existenzielle Ratlosigkeit so groß ist, dass ihnen nur noch zum Heulen zumute ist, ohne das sie genau wissen, warum.

Im Großen und Ganzen gilt auch hier wieder: Kinder, die einen guten Grundstock an Herzensbildung haben, die sich in der Phantasie zu Hause fühlen, gelernt haben, damit zu spielen, die können Harry Potter als großes magisches Geschichtenabenteuer genießen.

Und wenn Sie als Eltern auch vom «Harry-Potter-Virus» infiziert worden sind, umso besser. Denn nichts schützt mehr vor dem «Verdorben-werden-durch-Geschichten» als die elterliche Begleitung und die Möglichkeit, sich mit den Eltern austauschen zu können, ohne dass sie die Geschichten schlechtmachen.

Wenn Ihnen als Eltern die Geschichten nicht gefallen, machen Sie nicht Ihre Einschätzung zum Maßstab aller Dinge. Versuchen Sie es mal damit, nachzufragen, was Ihren Kindern so daran gefällt und warum. Und verschrecken Sie sie nicht mit Wertungen, wie «Was liest du da für einen Blödsinn». Natürlich können und sollen Sie sagen, wenn Ihnen die Geschichten nicht gefallen. Aber bleiben Sie in dem Fall bei sich. So könnten Sie zum Beispiel sagen: «Ich kann nichts damit anfangen. Aber es interessiert mich, was dich daran fasziniert.»

Dieser Gesichtspunkt kann auch auf den Umgang mit Computerspielen übertragen werden, das hatten wir ja auch schon im letzten Kapitel erwähnt. Ebenso trifft er für Filme und Fernsehserien zu.

Auch Filme, Fernsehserien und bestimmte Computerspiele orientieren sich an dem Konzept der Reise des Helden und erreichen damit magische Anziehungskraft.

❒ TUN UND LASSEN – FÖRDERN ODER BREMSEN

Wodurch wird Phantasie gefördert?
- ❒ Wenn Eltern vor allem die Zeit der frühen kindlichen Jahre nutzen, um beim Kind den Speicher an innerem Stoff zu füllen und ein Interesse an Märchen und Geschichten wecken. Denn nicht Faktenwissen, sondern unsere inneren Bilder bilden die Basis, auf der Erlebnisse und Erfahrungen verarbeitet werden.
- ❒ Wenn Kinder in Kontakt mit Märchen gebracht werden. Denn in ihnen ist ein tiefgründiges Wissen um die Persönlichkeitsentwicklung verborgen, das die kindliche Seele braucht. In Märchengeschichten finden sich Kinder wieder, fühlen sich verstanden und am Ende auch getröstet, weil Märchen immer gut ausgehen.
- ❒ Wenn Kinder in Märchen die Möglichkeit haben, auch dem Hässlichen und Bösen zu begegnen. Im ersten Moment mag das zwar Angst machen. Aber das verunsichernde Gefühl verwandelt sich in große Lust, wenn Kinder erfahren, wie sie ihre Ängste meistern können. Wichtig dabei ist, dass Eltern, Großeltern und andere nahestehende Personen sie dabei unterstützen durch Ermutigung, Vertrauen und Zuversicht.

- Wenn Kinder sich «ihr» Märchen oder «ihre» Geschichte aussuchen können. Denn Märchen, Mythen und Geschichten sprechen nicht alle gleich an. Jeder sucht sich das heraus, was ihm gefällt, was etwas in ihm auslöst.
- Wenn Kinder durch Märchen Anteil am kulturellen Gut eines Volkes haben können. Diese Art von Wissen ist kein Faktenwissen. Es ist gelebte Erfahrung, an der das Herz – als Symbol für die Seele – beteiligt ist.
- Wenn Kinder mit Hilfe von Märchen in ihrem Reifungsprozess unterstützt werden. Denn Märchen setzen die Erfahrungsstufen des Lebens in Bilder um. Sie beschreiben sie als Reisen – als eine Reise des Helden oder der Heldin. Und Figuren, Orte und Ereignisse sind Symbole für Lernprozesse, denen wir alle unterworfen sind.
- Wenn Kinder Märchen und phantastische Geschichten immer wieder hören können. So werden die Inhalte und Botschaften abgespeichert. Und aus der Gehirnforschung ist bekannt, dass Wiederholungen notwendig sind, um neuronale Synapsenverbindungen zu schaffen und so im Gehirn den Grundstock für Gelerntes zu bilden.

Wodurch wird Phantasie gebremst?
- Wenn Kinder nur «gute Märchen» hören dürfen, aus denen alles «Böse» verbannt ist. Denn dieses «Böse» symbolisiert die Schattenseiten, die in jedem verborgen sind. Und wenn man diese in der Phantasie ausleben kann, trägt es dazu bei, dass alle Facetten der Persönlichkeit sich frei entfalten können.
- Wenn Eltern Geschichten nicht gefallen und sie ihre Einschätzung zum Maßstab machen. Fragen Sie nach, was Ihren Kindern so daran gefällt und warum. Natürlich

können und sollen Sie sagen, wenn Ihnen die Geschichten nicht gefallen. Aber bleiben Sie bei sich. So könnten Sie zum Beispiel sagen: «Ich kann nichts damit anfangen. Aber es interessiert mich, was du gut daran findest.»

❏ Wenn Kinder ohne Märchenstoffe aufwachsen. Dann fehlen ihnen wichtige archetypische Bilder, die im Unbewussten gespeichert werden. Daraus kann das Kind später schöpfen. Deswegen brauchen Kinder Heldinnen und Helden, die ihnen in Märchen und phantastischen Geschichten vorleben, wie man Aufgaben bewältigt. Und da Märchenstrukturen dem kindlichen Denken so nahe sind, fühlt sich das Kind direkt verstanden, wird dort abgeholt, wo es sich gerade befindet.

Mit Märchenstrukturen hat auch Jau-Jaus nächster Spieltipp zu tun. Er enthält Anregungen, wie Kinder mit ihren Eltern ihr eigenes Märchen erfinden können. Die Strukturen sind dabei das Gerüst, die Hilfestellung, der Rahmen, in dem die Phantasie sich entfalten kann.

Jau-Jaus Monsterjagd

Spiele zum Geschichten-Erfinden fördern Phantasie und Herzensbildung. Dabei helfen Fragen herauszufinden, von was für einem Abenteuer die Geschichte handelt.

Wer ist in dieser Geschichte der Held oder die Heldin?

Die Hauptperson in der Geschichte ist der- oder diejenige, die sich aufmacht, ein Abenteuer zu bestehen, also der Held oder die Heldin. Es kann ein Tier sein – ein echtes oder ein Kuscheltier – oder ein Ritter, ein Pirat oder eine Piratin, eine Hexe. Oder es kann es auch das Kind selber sein.

Damit die Helden und Heldinnen erfolgreich sind, hilft

es, wenn es etwas gibt, das sie besonders gut können, das sie besonders gerne tun oder das sonst besonders an ihnen ist. Das kann alles Mögliche sein. Diese Fragen und Vorschläge helfen herauszufinden, was das sein könnte.
- *Was könnte der Held oder die Heldin gerne tun?* – Pfeifen, singen, flöten, mit der Zuge schnalzen, schnell laufen, sich verstecken, tanzen, Ball spielen, Steine sammeln, malen, Rad fahren, basteln, mit den Ohren wackeln, lachen …
- *Was könnte besonders an ihm oder ihr sein?* – Eine Zahnlücke, Sommersprossen, lange Haare, kurze Haare, lockige Haare, glatte Haare, blaue Augen, braune Augen, grüne Augen, …
- Wenn man das Besondere gefunden hat, kann man dem Helden oder der Heldin einen *Namen* geben, der davon erzählt, z. B.: Die pfeifende Anna – Benjamin, der Einrad-Fahrer – Sina, die Bastlerin – Lukas, der Steinesammler.
- Um die *besonderen Kräfte* zu unterstützen, kann auch noch etwas Magisches als Unterstützung dazugenommen werden, etwas, das den Helden oder die Heldin stark macht, ihnen vielleicht sogar Zauberkräfte verleiht, z. B. ein Hut, eine Mütze, eine Flöte, Handschuhe, ein Gürtel, ein Stofftier …
- **Tipp:** Ein Bild von dem Helden oder der Heldin malen. Dann hat man schon einen wichtigen Teil für die Geschichte.

Worum geht es in dem Abenteuer?

Abenteuer beinhalten Aufgaben. Das können alle möglichen Aufgaben sein, z. B. einen Schatz zu finden, ein Rätsel zu lösen, jemanden aus einer Gefahr zu befreien. Da haben Kinder selber bestimmt noch ganz viele Ideen. In diesem

Geschichtenspiel geht es um eine Monsterjagd. Folgende Fragen können dabei helfen, den Stoff zu finden für eine Geschichte über: die Monsterjagd.

Was ist es für ein Monster?
Es gibt gute und böse Monster. Und es geht darum, sich zu entscheiden, von was für einem Monster die Geschichte handelt.
- Wie sieht es aus? Wie groß ist es?
- Was für eine Haut hat es? Oder hat es ein Fell? ... Oder Schuppen wie ein Fisch?
- Wie viele Beine hat es?
- Wie viele Augen, Köpfe, Schwänze?
- Hat es Krallen?
- Sieht es einem Tier ähnlich, z.B. einem Bären, einem Krokodil, einem Dinosaurier, einer Riesenspinne, einem Löwen?
- Spuckt es Feuer, Töne oder sonst irgendetwas?
- Hat es sonst irgendwelche Zauberkräfte?
- Welche Laute gibt es von sich?
- Wie bewegt es sich?
- Strömt von ihm ein besonderer Geruch aus?
- Fühlt man sich wohl in seiner Nähe? Warum? Warum nicht?

Warum ist das Monster gefährlich?
Kann es einen verzaubern, will es einen fressen, oder was könnte es noch sein?

Tipp: Ein Bild von dem Monster malen, dann hat man schon einen weiteren Teil für die Geschichte.

Wie kann das Abenteuer überstanden werden?
Tipp: Viele Monster haben eine schwache Stelle.

Kennt man diese schwache Stelle, kann man sich Tricks überlegen, wie das Monster vertrieben oder besiegt werden kann.

Was hat das Monster für eine schwache Stelle?
Schwache Stellen könnten sein, dass ein Monster z. B.: Wasser oder Licht scheut, nicht in einen Spiegel schauen kann, sich vor schrillen Tönen erschreckt, bestimmte Farben nicht ausstehen kann, bei bestimmten Liedern einschläft usw.

Wie kann das Monster besiegt werden?
Mit Zaubersprüchen, magischen Gegenständen, wie Steinen und Pulver, mit besondere Liedern, z. B. Schlafliedern.

Tipp: ein Bild malen, wie das Monster besiegt werden kann. Dann hat man einen weiteren wichtigen Teil für die Geschichte.

Wo spielt das Abenteuer?
Wo lebt der Held?

In welchem phantastischen Reich? In welchem Land?
Wo haust das Monster?
Welche Phantasieorte fallen einem dazu ein?
Welchen Weg muss der Held zurücklegen, um zum Monster zu kommen?

Tipp: Ein Bild malen von den Orten, wo das Abenteuer spielt. Dann hat man noch weitere wichtige Teile für die Geschichte.

Wenn diese Fragen alle beantwortet sind, hat man alles, was man braucht. Damit daraus eine Geschichte wird, ist es wichtig, die Dinge in eine bestimmte Reihenfolge zu bringen. Hier ein Beispiel, in das einzelne Ideen eingesetzt werden können.

Jau-Jaus Geschichtenvorschlag

Es war einmal...
- In einem fernen Land _ _ _ _ _ *(Wo?)*
- Der mutige Held oder die mutige Heldin _ _ _ _ _
  (Wie lautet der Name?)
- Sie hatten etwas ganz Besonderes, was ihn oder sie stark machte _ _ _ _ _
  (Welche besonderen Fähigkeiten?)
- Eines Tages hörten sie von einem Monster _ _ _ _ _
  (Was für ein Monster?)
- Es lebte _ _ _ _ _ *(Wo?)*
- Und es sollte sehr gefährlich sein _ _ _ _ _
  (Was für eine Gefahr?)
- Doch man erzählte sich, dass es eine schwache Stelle hat _ _ _ _ _
  (Welche schwache Stelle?)
- So kamen der Held oder die Heldin auf eine Idee, wie sie das Monster besiegen können _ _ _ _ _ *(Wie?)*
- Und der Held oder die Heldin machten sich auf zu dem Monster. Der Weg war beschwerlich.
  (Warum? Wo mussten sie lang?)
- Als sie endlich am Ziel angekommen waren, wurden sie schon erwartet _ _ _ _ _

Jetzt kann jeder seine Geschichte bestimmt zu Ende erzählen...

NEUE MEDIEN – ANGRIFF AUF DIE PHANTASIE?

«Das Leben gehört dem Lebendigen an,
und wer lebt, muss auf Wechsel gefasst sein.»
JOHANN WOLFGANG VON GOETHE

Die Medienwelt hat sich in den letzten Jahren radikal verändert.

Ein Computer gehört mittlerweile zur Standardausstattung der meisten Haushalte und auch iPad und Smartphones sind aus unserem Alltag nicht mehr wegzudenken. Angedeutet wurde dieser Punkt schon im dritten Kapitel. Hier wird er noch einmal vertieft und im Zusammenhang mit den anderen modernen Medien, wie Film, Fernsehen und Audio-Produktionen, beschrieben.

Durch das Internet sind interaktive Inhalte auf allen Gebieten auf dem Vormarsch. Das betrifft nicht nur Computerspiele. Auch Film und Fernsehen, insbesondere die Werbung nutzen den «Social Media Bereich», also Plattformen wie Facebook, Twitter und Co., um sich und ihre Produkte zu präsentieren. Alles ist viel dichter verbunden, und die Einflussmöglichkeiten der «User», also derer, die sich im Internet austauschen, steigen. Auch die Fernsehgewohnheiten haben sich geändert, weil viele Sendungen im Netz verfügbar und jederzeit abrufbar sind. Filme und Serien sind auf DVD erhältlich oder können runtergeladen werden.

Diese «Downloadmöglichkeit» hat den ganzen Musikmarkt zum Umdenken gezwungen. Videokanäle wie Youtube bekommen ein Eigenleben und schaffen «Hypes», die aus der Basis kommen. Da werden über Nacht durch Milllionen von Klicks Unbekannte zu Stars, die ein Filmchen in ihrem Wohnzimmer produziert haben. Auf der anderen Seite ist der Kanal eine lebendige Bibliothek, die jeden Tag größer wird – durch die vielen Vorträge und Gesprächsrunden, die hier zu finden sind.

Für politische Krisengebiete bietet das Internet eine wichtige Plattform, über die Nachrichten verbreitet werden können, die sonst die Welt nicht erreichen würden. Und der arabische Frühling wäre wohl in dieser Form ohne Facebook-Twitter-Unterstützung nicht so breit und zielgerichtet verlaufen.

Einen bitteren Vorgeschmack, wohin die Möglichkeiten der Vernetzung noch führen können, bekommt, man, wenn man an die «Google-Brille» denkt. Laut Wikipedia ist *Google Glass* «der Markenname eines am Kopf getragenen Minicomputers. Er ist auf einen Brillenrahmen montiert und blendet Informationen in das Sichtfeld ein. Diese Informationen können kombiniert werden mit dem aufgenommenen Bild, das eine in Blickrichtung des Trägers integrierte Digitalkamera live liefert. Dazu können Daten aus dem Internet unmittelbar bezogen und versendet werden.» Konkret heißt das, das man mit dieser Brille Menschen in seiner Umgebung unauffällig filmen und die Daten direkt auf Google-eigene Server übertragen kann. Verständlich, dass das die Diskussion zum Datenschutz anheizt.

Nun muss man nicht befürchten, dass jüngere Kinder schon mit einer «Google-Brille» herumlaufen. Sie ist vielmehr ein Symbol dafür, dass die Welt, in der heutige Kinder aufwachsen, von Rahmenbedingungen geprägt wird, die selbst für die Generation der jungen Eltern immer wieder Überraschungen bereithält. Und für viele Großeltern – nicht nur für sie – nicht mehr zu durchschauen ist. Wobei auch gerade in dieser Generation der Gebrauch des Internets ständig steigt. Die «Silver-Surfer» mischen im Netz mit. Möglich wird das auch durch bedienungsfreundliche Geräte wie Smartphone und Tablet.

Was macht das mit der Phantasie? Verschwindet sie dadurch ganz? Verlagert sie sich, sucht sich neue Formen? Und welche Auswirkungen hat das auf die Kinder? Diese Aspekte würden ein eigenes Buch füllen. Sie sollen aber in diesem Rahmen wenigstens angeschnitten werden, weil diese «modernen Medien» nicht mehr aus unserem Alltag wegzudenken sind. Und einige mögen sie verfluchen, aber man wird sich mit ihnen arrangieren müssen, ob man will oder nicht. Und deswegen soll der Blick in diesem Zusammenhang vor allem auf die Möglichkeiten gelenkt werden, wobei es nicht darum geht, die Gefahren zu leugnen.

Film und Fernsehen

> «Kinder brauchen Fernsehen.»
> BRUNO BETTELHEIM

Dies Zitat ist eine Abwandlung von Bruno Bettelheims Aussage über Märchen. Und hier besteht auch der innere Zusammenhang.

Denn viele Geschichten im Fernsehen – und im Film – basieren auf denselben Strukturen, die den Märchen zugrunde liegen. Auch sie erzählen von «Heldenreisen», in deren Mittelpunkt natürlich auch eine Heldin stehen kann. Auch sie werden geprägt durch eine Erzählhaltung voller Symbole, archetypischer Charaktere und Handlungsstränge. So gilt hier im besten Fall auch das, was Märchen und Geschichten leisten können: Es werden Identifikationsangebote bereitgestellt, die den jungen Zuschauern helfen können, ihre Innenwelt zu sortieren. «Fernsehbilder und -serien können», so Bettelheim, «Kinder bei der Gestaltung und Auseinandersetzung mit inneren Realitätskonflikten unterstützen.»

Sicher kommt es dabei auf den Inhalt der Geschichten an und auf die Verweildauer vor dem Fernseher und wie die ganze Situation eingebettet ist. Damit ist gemeint, dass man jüngere Kinder nicht allein mit der «Flimmerkiste» lassen sollte. Auch wenn sie gerne mal als «Babysitter» benutzt wird. Aber es ist besser für Kinder, wenn sie dabei nicht nur sich selbst überlassen sind. Das gilt insbesondere für das Vorschulalter.

Ab wann?
«Bestimmte Sendungen können Zwei- bis Dreijährige schon sehen, wenn sie selbst danach fragen», erklärt Stefan Aufenanger, Professor für Erziehungswissenschaft und Medienpädagogik an der Universität Mainz, in einem Interview mit Daniela Frank (www.baby-und-familie.de). «Anfangs ist eine Sendung pro Tag in Ordnung, die etwa 20 bis 30 Minuten dauert», empfiehlt er. Aber zugleich wendet er auch ein: «Unsere Empfehlungen sind aber von der Realität weit entfernt: Studien haben gezeigt, dass Kinder schon ab sechs Monaten oder früher fernsehen, Zweijährige oft schon eine Stunde oder mehr. Da braucht man sich keine Illusionen machen.» Und auf die Frage, ab wann Babys et-

was vom Fernseher mitbekommen, führte Aufenanger aus, dass Kinder etwa bis zum Alter von eineinhalb Jahren Dinge im Fernsehen noch nicht einordnen könnten, aber Tonfall und Atmosphäre wahrnehmen würden. «Deshalb sollten in ihrer Anwesenheit zum Beispiel keine Berichte über Krieg oder aufregende Krimis laufen.»

Dies gilt generell für die jüngeren Kinder, weil sie solche Bilder und Informationen noch gar nicht verarbeiten können. Sie spüren jedoch die unguten, zuweilen auch Angst auslösenden Gefühle der Eltern, und die übertragen sich auf die Kinder.

Gegen altersgerechte Sendungen im richtigen Maß ist nichts einzuwenden. Wobei als Richtlinie gilt: am Anfang nicht länger als 20 bis 30 Minuten am Tag. Denn für diese Zielgruppe sind Hörmedien viel wichtiger. Sie tragen in einem ganz besonderen Maße dazu bei, die Fähigkeit zu entwickeln, eigene Bilder im Kopf zu schaffen, während Film und Fernsehen diese Bilder schon präsentieren.

Kinder sind jedoch den Sendungen, Serien, Helden und Handlungen nicht so hilflos ausgeliefert, wie es für manche den Anschein hat. Sie haben ihre eigenen Strategien, damit umzugehen, bauen vieles, was sie auf dem Bildschirm sehen, in ihre Spiele ein und verarbeiten es auf diese Art und Weise.

Oder vielmehr ist es so, dass die Kinder in den Spielfiguren und ihren Abenteuern Projektionsflächen finden für innere Entwicklungsaufgaben und sie mit Hilfe dieser Phantasiefiguren durchleben. So lassen Reaktionen von Kindern auf bestimmte Filme immer auch auf das schließen, was sie innerlich bewegt. Und in dem Zusammenhang ist es noch einmal mehr wichtig, dass Eltern diese Inhalte nicht allgemein einfach nur als «Blödsinn» oder «Mist» abtun.» Kleinere Kinder können vieles noch nicht verbalisieren. Sie sind auf Symbole angewiesen, um tiefen emotionalen Befindlichkeiten Ausdruck zu verleihen. Und indem man diese Symbole ernst nimmt, nimmt man auch die kindlichen Befindlichkeiten ernst.

Film- und Fernsehhelden
Das Internationale Zentralinstitut für das Jugend- und Bildungsfernsehen (IZI) führt regelmäßig eine Befragung bei Jungen und Mädchen zwischen drei und fünf durch, um die aktuellen TV-Lieblingsfiguren der Kinder herauszufinden. Dazu gehören aktuell SpongeBob Schwammkopf, Benjamin Blümchen, Mickymaus, Bob der Baumeister, Biene Maja, KiKANiNCHEN, Garfield, Sandmann (Sandmännchen), Bibi Blocksberg, Die Maus (Sendung mit der Maus) und Yakari.

Interessant ist dabei, laut IZI, die Entwicklung bei den Lieblingsfiguren der Mädchen. Waren es sonst rosa Prinzessinnen wie Prinzessin Lillifee und Barbie, die die obersten Plätze belegten, sind es in der aktuellen Erhebung die neu in 3-D gestaltete Biene Maja, Bibi Blocksberg und Sally Bollywood. Die wespentaillige Barbie und die zuckersüße pinkige Lillifee stehen also in der Gunst nicht mehr so hoch im Kurs. Neue Rollenbilder scheinen auf dem Vormarsch zu sein. Als «ausgesprochen erfreuliche Entwicklung», bezeichnet das Dr. Maya Götz, Leiterin des IZI. «Mädchen und Jungen brauchen positive Vorbilder, wie Kinder selbstverantwortlich mit Problemen umgehen und aktiv die Welt gestalten.»

Als ein Kinderprogramm, das diese Ziele in besonderem Maße unterstützt und mit zu den prägendsten Kinderprogrammen gezählt werden kann, gilt die Sesamstraße.

«Auch die Geschichten für die Sesamstraße wurden alle strikt nach dem Prinzip ‹der Reise des Helden› entwickelt, um so Lerneinheiten auf einen unterhaltsamen Nenner zu bringen», berichtet Angelika Bartram. Sie hat drei Jahre als Headautorin für die Sesamstraße gearbeitet, für die auch Jan-Uwe Rogge als Berater tätig war.

Wer sich zum Thema «Filme für Kinder» eingehender informieren will, für den lohnt es sich, auch hier im Internet zu stöbern, wo man jede Menge an Informationen, Tipps und Hintergrundinfos findet. Speziell an Kinder und Jugendliche wendet sich z. B. die Internetseite www.kinderfilmwelt.de, eine Seite vom Kinder- und Jugendfilmzentrum in Deutschland.

(Weitere Tipps sind auch am Ende dieses Buches zusammengestellt.)

Freunde – Anstifter und wichtigste Begleiter

Gegner der «Glotze» versuchen ihre Kinder in einem film- und fernsehfreien Raum aufwachsen zu lassen. Das wird aber zunehmend schwieriger, wenn Freunde immer mehr an Gewicht gewinnen. Freundschaften haben für Kinder einen hohen Stellenwert. Freunde und Freundinnen aus dem Kindergarten, der Schule oder der Nachbarschaft beeinflussen mehr und mehr die eigene Erlebniswelt des Kindes. Hier erfährt es Bestätigung, Annahme, Dazugehörigkeit zu einer Gruppe, hier kann es soziale Kompetenzen einüben, kann wachsen am Miteinander. Innerliche Konflikte können dann entstehen, wenn Eltern diese Freundschaften kritisch beäugen, sie «miesmachen». Das geschieht bei manchen Eltern schnell auch im Zusammenhang des Fernsehverhaltens der Freunde. Dürfen sie viel fernsehen, lehnen Eltern sie schnell ab. Bekanntermaßen wecken jedoch gerade Verbote die Neugier in besonderem Maße. Außerdem besteht die Gefahr, dass das Kind sich ausgegrenzt fühlt, wenn es nicht mitreden kann, weil es Sendungen nicht sehen darf, über die sich Freunde und Freundinnen austauschen. Hier bringt es mehr, wenn Erwachsene Verständnis zeigen für die Medienwünsche der Kinder und bereit sind, sich konstruktiv mit ihnen auseinanderzusetzen. Wobei Verständnis nicht bedeutet, keine Grenzen zu setzen.

Vorbild Eltern

«Im Fernsehen, da hab ich schon so meine Lieblingssendungen», erzählt Lisa. «Aber ich darf erst fernsehschaun oder mit Freundinnen spielen, wenn ich Hausaufgaben gemacht habe. Mama kontrolliert das ganz genau. Auch beim Fernsehen. Die sucht alles aus, was ich sehen darf. Deswegen geh ich oft schon zu Freundinnen. Und was ich wirklich gemein finde: Mama und Papa schauen jeden Mist. Die sagen, die dürfen das, weil sie groß sind.»

Kinder schauen von ihren Eltern ab, was sie ihnen vorleben. Das gilt auch für den Fensehkonsum. Thomas Feibel zitiert in seinem Buch «‹Kindheit 2.0› – so können Eltern Medienkompetenz vermitteln», Remo Largo, den Schweizer Professor und Kinderarzt. Er sagt: «In der Mediendiskussion wird stets ausgiebig über die Kinder geredet, die Erwachsene werden darüber meist vergessen. Wenn wir uns aber überlegen, wie die Erwachsenen mit den Medien umgehen, dann verstehen wir auch besser, was bei den Kindern geschieht. Warum schauen denn die Erwachsenen Fernsehen?»

Entspannung, Information und Unterhaltung – das alles wird einem häppchengerecht ins Wohnzimmer geliefert. Sich fallen lassen und abschalten. Die Verführung, sich berieseln zu lassen, ist groß. Das ist so lange kein Problem, solange das nicht die einzige Art der Freizeitbeschäftigung ist. Auch hier sind die Eltern Vorbild. Sportliche Betätigungen, Erlebnisse in der Natur, Freunde, Hobbys, kulturelle Aktivitäten – wenn Fernsehen nur ein Teil des Freizeitgeschehens ist, kann es auch beim Kind den Stellenwert bekommen, der ihm angemessen ist.

«Das Leben der Eltern ist das Buch, in dem die Kinder lesen», hat schon der Kirchenlehrer Augustinus Aurelius gesagt.

Jüngere Kinder sehen anders fern

Kinder erleben das, was sie sehen, sie fiebern, zittern mit, freuen sich, wenn Gefahren überwunden werden. Und es bringt ihnen mehr, wenn sie das gemeinsam tun können mit Mutter, Vater oder größerem Bruder oder Schwester. Das Gefühl, den Abenteuerprozess nicht alleine durchstehen zu müssen, gibt Halt und Vertrauen. Dabei ist es wichtig, zu verstehen, dass jüngere Kinder ein ganz eigenes Fernsehverhalten haben, eins, das ihrer Erlebniswelt entspricht. Sie sind mit Haut und Haar dabei, springen auf, machen Geräusche und kommentieren das Geschehen mit Worten und Gesten. Und wenn Eltern darauf drängen, dass «man stillzusitzen hat beim Fernsehen», dann gehen sie von einem erwachsenen Verhalten aus und nehmen die Kinder nicht mehr als Kinder wahr.

Und ein wichtiger Aspekt, den Erwachsene manchmal unterschätzen, ist, den Kindern Zeit zu lassen, das Gesehene zu verarbeiten. Deswegen sollten Eltern es vermeiden, Kinder im Anschluss an eine Sendung direkt aus- und abzufragen. Besser ist es, zu warten, bis das Kind von sich aus darüber sprechen will. Hören Sie dann gut zu und fragen Sie nach, wenn Sie etwas nicht verstanden haben. Und machen

Sie sich keine Gedanken, wenn ihr Kind nicht darüber reden will. Generell verarbeiten jüngere Kinder Erlebtes sowieso mehr im Spiel als durch ein Gespräch.

Film und Fernsehen als Inspiration
Die Fähigkeit, mit Phantasie die Welt zu gestalten, ist eine Eigenschaft, die auf alle Gebiete angewendet werden kann. Kinder, bei denen die Phantasie ausgeprägt ist, vermögen mit allen Dingen so umzugehen, dass sie ihre Phantasie dazu benutzen, die Realität, die auf sie einströmt, damit zu verarbeiten und Impulse, die sich daraus ergeben, für sich zu nutzen.

So kann man auch nicht dem Fernsehen oder dem Film allein die Schuld geben, wenn kindliche Phantasie vermeintlich verkümmert. Vielleicht hilft schon ein veränderter Blickwinkel, um Phantasie dort zu entdecken, wo man sie vorher nicht sehen konnte. Gemeint sind Beschwerden mancher Eltern, wie: «Es ist furchtbar, die spielen immer nur das, was sie in der Glotze sehen.» Ist das wirklich furchtbar? Unter dem Aspekt, dass Figuren und symbolhafte Handlungen Projektionsflächen bieten für kindliche Entwicklungsaufgaben, bekommt das Ganze eine andere Funktion. Im Nachspielen, dadurch dass sie in andere Figuren schlüpfen, verarbeiten Kinder Dinge, die sie selber beschäftigen. Und diese Art von Rollenspiel hilft ihnen, Unverarbeitetes zu bewältigen.

Dafür ist es jedoch wichtig, dass die Kinder in ihrem Umfeld auch persönliche Vorbilder haben. Wenn die Möglichkeit fehlt, sich an Bezugspersonen zu orientieren, können die Möglichkeiten, die Medien bieten, ins Gegenteil umschlagen und zu einer Überforderung werden. Wenn Kinder gefühlsmäßig alleingelassen werden, besteht die Gefahr, dass sie in die Welt des Konsums und des Kommerz getrieben werden, die alles und das sofort verspricht.

Für diese Scheinwelten sind die Kinder am anfälligsten, die ohne stabile gefühlsmäßige Bindungen auskommen müssen.

Und wenn Kinder immer wieder «vor die Glotze» flüchten, kann das auch eine Reaktion darauf sein, weil sie sich anders nicht mehr zu helfen wissen. Wenn z.B. zu viel Rationales auf sie einströmt, wenn sie mit Argumenten, Begründungen und Erklärungen konfrontiert werden, wenn sie durch Reglementierungen so eingeschränkt werden, dass eine freie Entfaltung unmöglich wird, dann kann das Kinder hilflos machen.

Oder wenn sie durch einen vollen Terminkalender so gestresst und überfordert sind, dass sie nur noch abschalten und sich «zudröhnen» lassen wollen. Ein Muster, das Erwachsene ja auch nur allzu gut kennen.

Ein Beispiel dafür, wie Film und Fernsehen Kreativität inspirieren kann, geben Daniel und Max. Die beiden Freunde haben mit ihren Legofiguren Star Wars nachgespielt und mit Playmobilfiguren kleine Trickfilme gedreht. Dazu haben sie einzelne Bilder aufgenommen, die sie nachher zu Filmen zusammengesetzt und sogar selber synchronisiert haben. «Dann haben wir auch eigene Shows gemacht mit fiktiven Gästen. Das konnten auch ganz phantastische sein», erzählt Max. «Zum Beispiel Luke Skywalker aus Star Wars oder Superman. Dazwischen gab es auch eigene Werbespots.» Und Daniel erinnert sich: «Ja, genau. Zahnpastawerbung haben wir gemacht, haben Zähne ausgeschnitten und auf unsere Zähne geklebt.» Max lacht und nickt. «Das ist toll, mit der Kamera alles Mögliche ausprobieren zu können. Ideen, die wir im Kopf hatten, konnten wir direkt umsetzen. Dann haben wir die Filme auch immer gleich meinen Eltern gezeigt. Denen hat's gefallen. Die fanden das ganz toll. So haben wir immer mehr ausprobiert.»

Wundertüte Computerwelten

Computerwelten schaffen ihre eigenen Helden und Heldinnen in virtuellen Phantasieräumen und bieten scheinbar unbegrenzte Möglichkeiten. Aber das Medium spaltet die Gemüter. Die einen sehen es als Bereicherung an, die anderen als Instrument der totalen Volksverdummung. Wie so oft, liegt die Wahrheit wohl in der Mitte, d.h., es kommt ganz darauf an, wie und wozu man den Computer benutzt.

Sicher ist es richtig, dass einige Computerspiele – vor allem die sogenannten Ego-Shooter, bei denen vor allem geballert wird, nicht aus dem Stoff sind, den man Kindern vorsetzen sollte. Aber deswegen das ganze Medium zu verdammen geht an der Wirklichkeit vorbei. Literatur ist ja auch nicht nur Schund, weil es einiges gibt, das zur Verdummung und Verrohung beiträgt. Und Medienuntersuchungen unterliegen der Gefahr, dass man das findet, wonach man sucht. So gibt es Untersuchungen, die belegen, wo und was der Computer fördern kann, und es gibt Untersuchungen, wo und wobei er schädlich ist. Die Aufgabe, seinen eigenen Weg zu finden, kann einem keiner abnehmen. Und die Aufgabe, sich zu informieren, auch nicht. Und da gelangt man erneut an den Punkt, der immer wieder in den Mittelpunkt der Überlegungen rückt. Damit Kinder ihren Weg gefestigt und selbstbestimmt durch diese Welt gehen können, sind die Grundlagen wichtig, die in den ersten Jahren geschaffen werden. Dafür sind Eltern entscheidend, die ihre Kinder liebevoll, wertschätzend begleiten und sie voller Neugier auf die kindliche Sicht der Welt so akzeptieren können, wie sie sind. Und es sind Eltern wichtig, die sich bewusst darüber sind, dass ihr eigener Lebensstil auf ihre Kinder abfärbt. Wenn immer wieder Diskussionen darüber entstehen, warum so viel Zeit vor dem Computer verbracht wird, dann macht es oft Sinn, auch das eigene Verhalten zu überprüfen; vor allem auch zu überprüfen, wie viel Zeit man bereit ist, mit den Kindern zu verbringen; wie viel und welche Alternativen angeboten werden und welcher Raum den Kindern zum Spielen bleibt.

Computerspieltypen
Thomas Feibel gibt in seinem Buch «Kindheit 2.0» einen kurzen Überblick über die Vielfalt an Spielformen und zeigt, was alles möglich ist in den virtuellen Welten.

Unter anderem seien hier genannt:

Adventure – Spiele mit einem starken Geschichtenanteil, die voller Rätsel und Geheimnisse stecken. Für die Spieler geht es darum, nach Hinweisen zu suchen und Gegenstände einzusammeln. Sie sind wichtig, werden zu einem späteren Zeitpunkt gebraucht. Dann müssen sie an der richtigen Stelle eigesetzt werden, um in der Handlung weiterzukommen.

Ein Spiel, das auch ausgezeichnet wurde, ist z.B. das Abenteuerspiel «The Inner World», das für Kinder ab 6 Jahren geeignet ist. Es spielt in «Asposien» einer phantastischen Welt in einem riesigen Hohlraum. Überall von Erdreich umgeben, wird diese Welt einzig durch drei große Windbrunnen beatmet. Das Abenteuer startet, als ein Brunnen nach dem anderen versiegt und die Windgötter Asposien heimsuchen. Der Spieler kann nun in die Rolle von Robert, einem ahnungslosen Novizen mit sonnigem Gemüt, schlüpfen. Zusammen mit der geheimnisvollen Diebin Laura macht er sich auf, herauszufinden, was es mit dem Verschwinden des Windes auf sich hat.

Simulation – Diese Spiele sind aus dem wissenschaftlichen Versuch entstanden und gelten als sehr lehrreich. Denn die Akteure können hier im Spiel erleben, welche Konsequenzen ihr Tun hat. Hier werden ganze Parallelwelten im Internet geschaffen, die eine «Als-ob-Realität» zeigen. Um «Second-Life», das Online-Spiel für Erwachsene, entstand ein wahrer Boom. Auch reale Firmen nutzen diese Traumwelt als Werbefläche und errichten hier eine Präsenz. Und besonders erfolgreich sind hier auch die SIMS, über die schon in einem früheren Kapitel berichtet wurde.

Rollenspiele und Online-Rollenspiele – hierbei geht es nicht um die Realität, sondern vor allem um phantastische Welten, in denen sich Drachen und Ritter tummeln, Zauberer und Zwerge. Das Rollenspiel, das für jüngere Kinder Teil ihres normalen Spielalltags ist, wird hier zur Perfektion geführt, meist mit starken Fantasybezügen. Es wendet sich an Spieler ab 12 Jahren. Das erfolgreichste Produkt diese Genres ist «World of Warcraft». Es spielt in der Fantasywelt «Azeroth». Hier muss der Spieler «viele Aufgaben erledigen. Dabei erhält seine Spielfigur immer mehr Fähigkeiten», so beschreibt es Feibel. «Bis dahin deckt sich der Inhalt mit einem gewöhnlichen Rollenspiel. Doch online trifft der Held auf viele andere Figuren, hinter denen echte Menschen stecken, und kommuniziert mit ihnen. Und das macht sicherlich auch den besonderen Reiz aus.» Aber genau dieser Reiz birgt auch die Gefahr, nicht mehr davon loszukommen.

Strategiespiele – Diese Spiele sind sehr komplex und richten sich ebenfalls an ältere Spieler ab 12 Jahren. Hier ist strategisches Denken gefragt. Der Spieler muss im Voraus planen und vieles bedenken – auf mehreren Ebenen gleichzeitig. Ein sehr bekanntes Spiel dieser Art ist «Die Siedler». Dabei geht es darum, dafür zu sorgen, das alles im Land blüht und gedeiht, es den Bewohnern gutgeht, sie genügend zu essen haben und der Handel floriert.

Actionspiele – Sie richten sich vor allem an Erwachsene, und die meisten sind erst ab 18 Jahren geeignet. Hier herrschen Szenarien vor wie Krimi, Krieg oder Horror. Nur anders als im Kino, ist der Spieler als Akteur beteiligt. Und hier wird – im Spiel – scharf geschossen mit Waffen. Da gibt es die Ego-Shooter, also aus der Ich-Perspektive, und Third Person Shooter. Dabei wird die Spielfigur von außen gesehen. «Die Qualität der einzelnen Spiele fällt sehr unterschiedlich aus», berichtet Thomas Feibel, «von simpel und primitiv bis komplex und anspruchsvoll.» Und in die Diskussion geraten diese Spiele immer wieder, weil es darunter auch Angebote gibt, «bei denen nicht die Spannung, sondern das detaillierte Zelebrieren von Gewalt im Vordergrund steht». Diese Art Spiele bringen dann das ganze Genre in Verruf. Denn gegen Action ist ja nichts zu sagen. Gerade Kinder lieben Action. So nennt Feibel hier «die preisgekrönten Action-Adventure-Spiele mit Jump-'n'-Run-Einlagen, die bekannte Filme wie ‹Star Wars›, ‹Indiana Jones› und ‹Batman› in einer LEGO-Version nacherzählen. Auch hier gibt es Zweikämpfe und Schießereien, aber mit LEGO sieht das nicht martialisch, sondern eher niedlich aus.»

Kindersoftware – Hierbei handelt es sich um ein Computerspiel-Genre, das auf die Bedürfnisse sehr junger Kinder abzielt. Hier ist alles garantiert gewaltfrei. Die Gestaltung ist liebevoll und kindgerecht, und schon Vierjährige können auf ihre Kosten kommen und Erfolgserlebnisse für sich verbuchen. Hand-Auge-Koordination, Orientierungssinn und logisches Denken sollen dabei gefördert werden. Und spielerisch gibt es dabei auch noch etwas zu lernen.

Thomas Feibel listet auf seiner Homepage www.feibel.de unter der Rubrik «Der Kindersoftware-Ratgeber» eine sehr große Anzahl auf und informiert näher über die Spiele, z. B. über

«*Book Creator*», eine App, mit der Kinder ihr eigenes E-Book erstellen können – auf «spielerische, kreative, phantasievolle, abwechslungsreiche und unglaublich einfache Weise». Und als Empfehlung heißt es weiter: «Der ‹Book Creator› ist zwar kein richtiges Spiel, bietet dafür aber einen sehr spielerischen und kreativen Ansatz: Kinder haben oft unglaublich viel Phantasie und denken sich die verrücktesten Geschichten aus. Manche Kinder schreiben sie auch auf – aber was kommt dann? Nichts. Gibt es irgendwo in Deutschland auch nur einen Verlag, der sich darum reißt, Kindergeschichten von Kindern für Kinder zu drucken? Nein, leider nicht. Und mit dieser App kann eben jeder kinderleicht sein eigenes E-Book schreiben und gestalten.»

So ein Buch lässt sich natürlich auch mit Stiften, Papier und Klebstoff gestalten. Aber als Möglichkeit, kreativ mit den neuen Medien umzugehen, ist diese App eine faszinierende Geschichte.

Und so könnte «Book Creator» auch zu den *Lernspielen* gerechnet werden, von denen es natürlich auch eine ganze Menge gibt.

Daneben seien kurz noch erwähnt

Robotik – Spiele, bei denen mit Hilfe eines Bausatzes verschiedene roboterartige Wesen geschaffen werden können. Mit einer speziellen Software kann man sie dann programmieren.

Jump 'n' Run – Geschicklichkeitsspiele, bei denen die Figur springt, rennt und klettert und sich so durch verschiedene Welten bewegt, die unterschiedlich gestaltet sind. Ein bekanntes Spiel dieses Genres ist z. B. «New Super Mario Bros».

Als weitere Genre kommen noch dazu: *Musikspiele, Rennspiele, Sportspiele*. Schon allein diese Aufzählung dieser Spielgattungen macht klar, was für ein weites Feld Computerspiele umfassen. Und es gibt sogar welche, die dabei helfen wollen, gesund zu werden.

Ein Spiel gegen Krankheit

Ein besonders gelungenes Beispiel für neue Konzepte in diesem Bereich ist das Computerspiel «Remission» – www.remission.net.

Es wurde speziell für krebskranke Kinder entwickelt, um sie auf spielerische Art und Weise bei der Bekämpfung ihrer Krankheit zu unterstützen. Auf der Internetseite www.inside-siegen.de wird dazu Pat Christen zitiert, Geschäftsführerin (CEO) der Entwicklungsfirma HopeLab: «ReMission ist ein ShooterSpiel, bei dem die Kinder einen NanoRoboter namens Roxxi durch fiktive Körper junger Krebspatienten navigieren können», erklärt Pat Christen in einem Interview mit dem «Wall Street Journal». Bei der Reise durch den menschlichen Körper gehe es dann darum, schädliche Krebszellen zu identifizieren und zu bekämpfen. «Für diese Zwecke steht dem Spieler dasselbe Waffenarsenal zur Verfügung, das auch im echten Leben zur Krebsbekämpfung eingesetzt wird wie etwa Strahlung, Chemotherapie oder Antibiotika», erläutert Christen. Sinn der Übung ist es nämlich, die krebskranken Kinder in Form eines spielerischen Zugangs über das eigene Gebrechen und die entsprechenden Therapieansätze aufzuklären und auf diese Weise die Unsicherheit und Angst zu reduzieren, die sie zumeist in Bezug auf ihre schwere Krankheit aufweisen. Ein weiterer Vorteil der neuartigen Game-Therapie sei zudem die Möglichkeit, sich durch den Spielspaß von der eigenen Situation abzulenken und durch das erfolgreiche Bekämpfen des virtuellen Krebses wieder neuen Mut für den Kampf im echten Leben zu schöpfen, betont Christen.

So tun sich im Bereich dieser «Serious Games», dieser Spiele mit ernstem Hintergrund, noch viele Möglichkeiten auf.

Zur Thematik der neuen Medien können hier nur einige Mosaikstückchen beschrieben werden. Vielleicht machen sie neugierig und wecken die Lust, sich selber auf die Suche nach mehr Informationen zu machen. Oder sie machen zumindest klar, dass Computerspiele mehr sind als hirnlose Ballerei und sinnlose Zeitverschwendung.

Und zu dem Punkt, ob es stimmt, dass Kinder und Jugendliche nicht zwischen Realität und Spiel unterscheiden können, erklärt der Medienpädagoge Stefan Aufenanger in «Kindheit 2.0»:

«Schon Grundschulkinder können bei medialen Darstellungen zwischen Realität und Spiel unterscheiden, und nur in extremen Ausnahmefällen verwischen diese Unterscheidungen. Dann müssen aber psychische Probleme vorliegen, oder man muss sich so intensiv in ein Spiel hineinbegeben, also so extensiv spielen, dass man darin gefangen wird.»

Computer und das Internet sind keine Modeerscheinung, sondern sie bestimmen unser Leben in Zukunft immer umfassender. Die Augen davor zu verschließen oder alles nur schwarz zu sehen, bringt keinen weiter. Vielmehr geht es darum, Wege zu finden, gestaltend einzugreifen bei denen, die unsere Zukunft formen. Es geht darum, den Kindern Qualitäten mit an die Hand zu geben, die sie dazu befähigen, dem technisch rationalen Overkill etwas entgegenzusetzen, eine Weisheit, die aus dem Herzen kommt. Und diese Herzensweisheit lässt sich nicht durch Mausklick oder Fingertippen vermitteln. Sie kann nur gedeihen, wenn Kinder in einer Umgebung aufwachsen, die ihnen Raum lässt, damit ihre Phantasie sich weiterentwickeln und entfalten kann.

Hörwelten

Eigene Bilder im Kopf

Der Hörsinn ist die Wahrnehmungsfähigkeit, die beim Menschen am frühesten entwickelt ist. Mit mikroskopischen Untersuchungen sind erste Ansätze der Ohren schon sieben Tage nach der Befruchtung der weiblichen Eizelle zu erkennen. Nach vier Wochen ist das Innenohr bereits vollständig ausgebildet. Und etwa ab der 28. Schwangerschaftswoche kann das ungeborene Kind Klänge und Geräusche wahrnehmen. Die ersten Stimmen, die das Kind genauer kennenlernt, sind die Stimmen der Eltern. Sie begleiten es von dem Moment an, an dem es den ersten Ton wahrnimmt – also schon weit vor der Geburt. Mit Tonfall und Klang dieser Stimmen verbindet das Kind vielfältige Emotionen. Und es ist bekannt, welch große Bedeutung die sprachliche Zuwendung hat – schon von frühester Kindheit an.

Also sprechen Sie mit Ihrem Kind so früh und so viel wie möglich, erzählen Sie ihm etwas, lesen Sie Geschichten vor. Damit fördern Sie seine emotionale und geistige Entwicklung in besonderem Maße. Töne und Klänge zielen direkt ins innere Erleben, berühren die Seele.

Deswegen haben Hörmedien gerade bei jüngeren Kindern einen hohen Stellenwert. Ihre Lieblingslieder und -geschichten wollen sie immer wieder hören. Sie schaffen für sie einen Raum voll von Vertrautem, in den man sich zurückziehen und träumen kann.

Der sechsjährige Malte erzählt: «Ich hör am liebsten Krimis. Das ist spannender als im Fernsehen, weil man ja nichts sieht, nur was hört. Und dann stell' ich mir das vor. Manchmal stell' ich mir das richtig gruselig vor ... so gruselig, wie ich will. Und wenn's dann zu gruselig wird, dann stell ich schon mal aus. Das mit dem Gruseln, das ist toll. Ich sitz dann in der Ecke in meinem Zimmer und träume davon, wie das wär, wenn ich in der Gefahr wär.»

Kinder hören nicht allein über das Ohr; sie nehmen Töne über den ganzen Körper wahr, sie werden gepackt. Deshalb hat das Hören für Heranwachsende so eine starke emotionale Bedeutung. Deshalb ist auch die Verantwortung bei denen, die für Kinder solche Produkte produzieren, sehr groß.

Hörspiele und Hörbücher fördern die Vorstellungskraft. Sie schaffen eigene Welten, inszenieren ein inneres Kino und locken die archetypische Gestaltungskraft hervor. Stimmen und Klänge rufen Assoziationen wach, laden Gefühle dazu ein, sich zu entfalten, und zaubern innere Bilder von einer Intensität, wie es sonst nur der Traum schafft. Nicht umsonst wird der Ausdruck «traumhaft» für etwas benutzt, dass schöner, größer und intensiver ist als die Wirklichkeit.

Eine Fachfrau, die sich in verschiedenen Hörwelten auskennt, ist Ingeborg Oehme-Tröndle. Als Redakteurin hat sie 35 Jahre lang das Hörspielprogramm des WDR-Kinderfunks aufgebaut, hat Hörspielproduktionen dramaturgisch betreut und selber bekannte Kinderbücher adaptiert. Danach gefragt, was bei Kindern am besten ankommt, erklärt sie: «Die größten Erfolge hatten bei uns im WDR-Kinderfunk die Geschichten, die Möglichkeiten enthielten, mit Klängen Bilder zu zaubern. Sie regen die Phantasie der Kinder an und helfen dabei, ein phantastisches Kino im Kopf zu schaffen. Und heute gibt es da noch viel mehr Möglichkeiten, weil die moderne Technik uns so viele auditive Medien beschert.»

Erst die digitale Technik machte es möglich, Klangwesen zu schaffen, die Töne schluckten, einen Liedersalat auspuckten, wo Klangmonster gegen Sprachfetzenstürme kämpften und ein «Klangtresor» Schätze enthielt, die aus einzelnen Melodie- und Sprachteilen bestanden.

In Klangwelten kann man wahrhaft eintauchen und eine ganz eigene Magie erleben. «Klänge dringen tief nach innen und können Träume und Imaginationen in rauschende Bilderwelten verwandeln. Insofern sind es immer auch Zauberklänge», so beschreibt Angelika Bartram die Faszination, die für sie Hörspiele haben.

Die Zauberkraft von Klängen

Die moderne Wissenschaft belegt diese «Zauberkraft der Klänge». Denn was schon in den Veden steht, den altindischen Weisheitsschriften der Hindus, konnte inzwischen durch Experimente und Untersuchungen belegt werden: *Nada Brahma – Alles ist Klang*. Alles, was existiert, besteht aus Schwingungen. Jedes Elementarteilchen schwingt. Und von uns gehörte Klänge und Musik sind nichts anderes als Schwingungen in einem Frequenzbereich, den das menschliche Ohr wahrnehmen kann. Aber auch Dinge, die wir nicht hören können, machen Musik.

Sauerstoffteilchen schwingen in C-Dur, die Ähren eines Kornfeldes «singen», und nicht nur Wale und Delfine singen, andere Fische plappern geradezu und bei der Fotosynthese entstehen sogar Dreiklänge. Joachim Ernst Berendt – Jazz-Produzent, einer der Gründer des Südwestfunks und ein Lebensphilosoph, der dem Wunder des Hörens auf der Spur war – beschreibt diese Phänomene in seinem Buch «Die Welt ist Klang». Und darin beschreibt er auch, dass die Legenden und Märchen der Völker es schon immer gewusst haben: Gott schuf die Welt aus dem Klang.

Diese Erkenntnisse machen noch einmal klar, warum Klänge uns so tief berühren, warum gerade für Kinder Klangwelten – also Hörspiele, Hörbücher, Musik und Gesang – so wichtig sind: Sie helfen der kindlichen Phantasie dabei, sich zu entfalten, zu wachsen und heranzureifen zu einer Kraft, die starke Persönlichkeiten hervorbringt. Umso entscheidender ist es, darauf zu schauen, welchen Klängen die Kinder ausgesetzt sind. Denn die Zauberkraft der Klänge wirkt in alle Richtungen. Werbung und Kommerz haben das schon längst erkannt und setzen es für ihre Zwecke ein. Da wird mit einem ausgetüftelten Klangdesign gearbeitet, damit z. B. Kekse so knacken, dass sie den Sinneseindruck «knackfrisch» vermitteln. Die verkaufsfördernde Berieselungsmusik im Supermarkt hören wir schon gar nicht mehr, so sehr sind wir an sie gewöhnt. Und der Einsatz von unterschiedlichen Stimmen, um gewünschte Resultate zu erzielen, ist alt bewährt. Ob sie nun verführen sollen, Ernsthaftigkeit vermitteln oder durch das Benutzen von Slang-Ausdrücken der Jugend Zielgruppennähe herstellen – Stimmen und Klänge werden eingesetzt, um den Weg an unserem Verstand vorbei zu unserem Unterbewussten zu bahnen. Und welche Macht Redner haben, die in der Lage sind, dies gezielt einzusetzen, ist ja bekannt.

Da ist es nur verständlich, dass Eltern sich fragen, wie sie ihre Kinder davor schützen können, «das Falsche» zu hören, oder was sie tun können, wenn diese sich nur mit «Schrott» zudröhnen?

Verbote helfen nichts. Schauen Sie genau hin, spüren Sie dem nach, welches Problem dazu geführt haben könnte. Und vielleicht hilft es manchmal schon, wenn Sie die Möglichkeit in Betracht ziehen, dass Ihre Geschmäcker einfach verschieden sind.

Auf jeden Fall gilt auch hier, was im Prinzip auf jeden Bereich anzuwenden ist. Nichts schützt so effektiv wie ein gutes Immunsystem. Und das stärkste Aufbaumittel für unser geistiges, emotionales und seelisches Immunsystem ist die Phantasie.

Tipps, welche Produkte zu empfehlen sind und wo Sie sich selber noch weiter auf die Suche machen können, finden Sie am Ende dieses Buches.

Und später gibt's auch noch ein paar Tipps von Jau-Jau, um den Klängen selber auf die Spur zu kommen.

Kinder und Kommerz

Verlockungen
Kinder und Jugendliche sind eine besonders werberelevante Zielgruppe, und das zielgruppenspezifische Marketing spielt auf vielen Gebieten eine große Rolle. Die Verführungstechniken der Werbung werden immer raffinierter. Und selbst wenn Eltern versuchen, da einen Riegel vorzuschieben, leben Kinder heute in einem Umfeld, wo sie an allen Ecken und Enden damit konfrontiert werden, dass andere das haben, was sie nicht haben. Genau das wollen sie dann natürlich auch haben. Und zum Glück gibt es ja Opa, Oma, Tanten und sonstige Verwandte, die mit Geschenken nicht knausern. Die Eltern seufzen, und die Augen der Kinder strahlen. Es gehört zum guten Ton, gegen die Kommerzialisierung zu wettern. Aber das ganze System kann ja nur funktionieren, weil es genug Abnehmer gibt, die die angebotenen Produkte kaufen. Manchmal kommt es einem vor wie bei Fernsehsendungen, über die auch jeder herzieht. Nur, keiner will sie gesehen haben. Solange sich unsere Gesellschaft jedoch über Konsum definiert, Wachstum immer noch als das Maß aller Dinge angenommen wird und das Statement «Mein Haus, mein Auto, mein Boot» nach wie vor Eindruck schindet, solange sind wir in der Konsumspirale gefangen. Doch greift der Wiederverwertungsgedanke schon um sich. Im Internet sind immer mehr Tausch- und Wiederverkaufsbörsen zu finden. Und das Bewusstsein dafür, dass Wachstum und immer mehr Wachstum nicht das Maß aller Dinge sein kann, wächst – vor allem auch unter den Jüngeren.

So gesehen können die Verlockungen des kommerziellen Rundumangebotes auch als Herausforderung gesehen werden und nicht nur als Basis für Konsumschelte. Denn alle sitzen doch in einem Boot: Eltern, Kinder, Großeltern, Onkel, Tanten, Nachbarn. Und auch hier gilt: Wie können wir von den Kindern verlangen, was wir ihnen selbst nicht vorleben?

Und oft verstecken sich hinter der Markenjagd bei Heranwachsenden ganz andere Probleme. Mangelndes Selbstwertgefühl, sich sonst ausgeschlossen und nicht akzeptiert, zu fühlen und zu glauben, immer das tun zu müssen, was die anderen auch tun. Es gehört Mut dazu, anders zu sein als die anderen, seine eigene Meinung zu haben und die auch zu vertreten. Für diese Art von Zivilcourage ist eine starke Persönlichkeit gefragt. Und damit sich die entwickeln kann, brauchen Kinder Eltern, die sie dabei unterstützen, die ihre kindlichen Gefühle, Phantasien und Träume akzeptieren. Sie brauchen Eltern, von denen sie sich auch angenommen fühlen, wenn sie nicht so sind, wie die Erwachsenen sie gerne hätten. Und sie brauchen Eltern, die Zeit mit ihnen verbringen, die sich anstecken lassen von der kindlichen Neugier auf die Welt und bereit sind, mit ihnen immer wieder neu zu staunen. Denn, so drückte Albert Einstein es aus: *«Das Schönste, was wir erleben können, ist das Geheimnisvolle.»*

Alle Angebotskanäle nutzen

Die neuen Medien mit ihren vielfältigen Möglichkeiten haben dazu geführt, dass Stoffe, Geschichten und Figuren heute in einem viel breiteren Rahmen verwertet werden können.

Als Beispiel seien hier die Geschichten um Hexe Lilli von dem Kinderbuchautoren Knister genannt. Diese Figur und ihre Geschichten wurden geschaffen, um Kinder durch Phantasie und Abenteuer zum Lesen anzuregen. Und neben der ursprünglichen Hexe-Lilli-Serie gibt es inzwischen Hexe Lilli für Erstleser, Sachwissen-Bücher, Quizspiele, Hörbücher, Lernspiele und zweisprachige Ausgaben in Englisch und Türkisch. Die Bücher werden weltweit verkauft, erscheinen in 38 Sprachen. Hexe Lilli läuft als Zeichentrickserie im Fernsehen, der dritte Kinofilm startet demnächst. Und ab nächstem Jahr gibt es Hexe Lilli auch als Popmusical für die ganze Familie.

Es ist schon bemerkenswert, zu sehen, wie ein Held oder eine Heldin durch die verschiedenen Medienwelten spazieren kann. Und allein schon dieser Aspekt kann bei Heranwachsenden wichtige Impulse in Gang bringen. Vielleicht spielt da gerade jemand das Hexe-Lilli-Computerspiel, der später mal ein erfolgreiches Start-up-Unternehmen im Internet gründet. Die Erweiterung der Möglichkeiten schafft Raum für innovative Ideen, die heute noch gar nicht gedacht werden. Das ist gelebte Phantasie.

Kein Angriff auf die Phantasie?

Alle, die mit Vorliebe alles schwarz malen und den Untergang der Kultur heraufbeschwören, werden diese Frage wahrscheinlich sofort mit «Ja» beantworten. Und damit reihen sie sich ein in die Liste all derer, die zu allen Zeiten vor den Folgen gewarnt haben, wenn etwas Neues auf die Bildfläche trat. Im 18. Jahrhundert z. B. warnte man vor der «Lesesucht».

So wird der Pädagoge Karl G. Bauer in einem Artikel auf *welt.de* zitiert, wie er über die «verderblichen Konsequenzen des Buchgenusses» spricht: «Der Mangel aller körperlichen Bewegung beym Lesen, in Verbindung mit der so gewaltsamen Abwechslung von Vorstellungen und Empfindungen führt zu Schlaffheit, Verschleimungen, Blähungen und Verstopfung in den Eingeweiden, die bekanntermaaßen bey beyden, namentlich bey dem weiblichen Geschlecht, recht eigentlich auf die Geschlechtstheile wirkt.» Da fällt einem doch vor Schreck jedes Buch aus der Hand.

Neuerungen empfinden manche als Angriff auf den Status quo, in dem sie es sich so gut eingerichtet haben. Fremdes macht ihnen Angst, sie fühlen sich dadurch bedroht. Und das kann nicht nur für fremdartige Dinge gelten, sondern auch für Menschen, die sie als fremd empfinden. Mit einer Kultur, die Bedenken schafft und Zweifel sät, werden solche Tendenzen unterstützt. Weil sich all die bestätigt fühlen, die schon immer dagegen waren. Aber es geht darum, Horizonte zu öffnen und keine Mauern aufzubauen; es geht darum, zu begreifen, dass alles immer im Wandel ist. Das ist das Einzige, worauf wir vertrauen können. Und die Tatsache, dass sich die Dinge heute immer schneller wandeln, führt uns das deutlicher denn je vor Augen. Was wir heute für sicher halten, kann sich morgen schon anders darstellen. «Ich glaube an das Pferd. Das Automobil ist nur eine vorübergehende Erscheinung», stellte Kaiser Wilhelm II., der letzte deutsche Kaiser, fest. Auch Kaiser können irren.

Aber zurück zu den neuen Medien und den Bedenken, die sie auslösen. Ein Blickwechsel scheint hier angebracht, vor allem auch in Hinsicht auf die Computerspiele. Anfang dieses Jahres titelte der Spiegel: «Spielen macht schlau». Und in dem Artikel zum Thema ging es darum, dass die Beurteilung der Computerspiele sich in einem Wandel befindet. Hier wird u.a. die Spiele-Erfinderin Jane McGonigal vorgestellt, die es sich zur Aufgabe gemacht hat, «den Menschen zu einem erfüllten Leben zu verhelfen, allen Menschen, und sie sagt, sie brauche dafür nur ein Werkzeug: Computerspiele». Wer glaubt, er habe es hier mit einer Spinnerin zu tun, hat sich getäuscht. Jane McGonigal wurde vom Massachusetts Institute of Technology zu den 100 einflussreichsten jungen Vordenkern gewählt. Ihre Gedanken hat sie in einem Buch zusammengefasst, das ihre «Mission» auf den Punkt bringt: «Besser als die Wirklichkeit! Warum wir von Computerspielen profitieren und wie sie die Welt verändern».

Und selbst die Kritiker müssen inzwischen zugeben, dass Computerspiele so vielfältig sind, dass sie die menschliche Lust zu spielen auf zahlreichen Gebieten bedienen. Und manche von ihnen können mit Recht als Kunstwerke bezeichnet werden.

Was das Aggressionspotenzial anbelangt, so hat der Kommunikationswissenschaftler Jeffrey Wimmer den aktuellen Stand der Forschung zusammengefasst. In seinem Buch «Massenphänomen Computerspiele» hält er demnach gewaltdarstellende Computerspiele als für «nicht mitverantwortlich für eine gewalttätige Gesellschaft, sondern für deren Symptom, nicht anders als gewaltdarstellende Filme».

Aber auch wenn Computerspiele viel besser sind als ihr Ruf, kommt es immer auf das Maß darauf an, mit dem sie konsumiert werden. Denn Kinder brauchen vor allem Raum und Zeit, um sich selber zu erfahren. Wenn sie nur «zugeschüttet» werden mit phantastischem Material, können sie das alles gar nicht mehr verarbeiten. Die Basis sollte das eigene kindliche Spiel sein. Was damit gemeint ist und welche Anregungen man sich wo holen kann, das erfahren Sie im nächsten Kapitel.

❏ *TUN UND LASSEN – FÖRDERN ODER BREMSEN*

Wodurch wird Phantasie gefördert?

❏ Wenn Kinder altersgerechte Fernsehsendungen und Filme sehen. Denn in den Figuren und Abenteuern finden sie Projektionsflächen für ihre Entwicklungsaufgaben und können sie mit Hilfe der Phantasiefiguren durchleben.

❏ Wenn jüngere Kinder nur wenig fernsehen (20–30 Minuten am Tag) und wenn sie es gemeinsam tun können mit Mutter, Vater oder größerem Bruder oder Schwester.

❏ Wenn Kinder Gesehenes durch Nachspielen verarbeiten können, indem sie in andere Figuren schlüpfen. Diese Art von Rollenspiel hilft ihnen Unverarbeitetes zu bewältigen.

❏ Wenn Kinder lernen, mit Fernsehen und Computer produktiv umzugehen, vor allem auch dadurch, dass Eltern ihnen das vorleben.

❏ Wenn Fernsehen und Computer nur ein Teil des Freizeitgeschehens sind. Dann können sie beim Kind auch den Stellenwert bekommen, der ihnen angemessen ist.

❏ Wenn jüngere Kinder vor allem mit Hörmedien in Kontakt gebracht werden. Gehörtes berührt das innere Erleben direkt. Deswegen sind Hörspiele, Hörbücher, Musik und Gesang wichtig: Sie tragen dazu bei, die Fähigkeit zu entwickeln, eigene Bilder im Kopf zu schaffen. während Film, Fernsehen und Computer diese Bilder präsentieren.

Wodurch wird Phantasie gebremst?

❏ Wenn Eltern Interesse nur heucheln, um herauszubekommen, was die Brut so treibt, z.B. am Computer. Denn Kinder und Jugendliche haben ein feines Gespür

dafür, ob jemand es ernst mit ihnen meint und wirklich Anteil nehmen will.
- Wenn nur mit Verboten gearbeitet wird, z.B. beim Fernsehen. So besteht die Gefahr, dass das Kind sich ausgegrenzt fühlt, wenn es nicht mitreden kann, weil es Sendungen nicht sehen darf, über die sich Freunde und Freundinnen austauschen.
- Wenn Eltern wichtige Freunde der Kinder kritisch beäugen, sie «miesmachen». Das geschieht bei manchen Eltern schnell auch im Zusammenhang des Fernsehverhaltens der Freunde. Hier bringt es mehr, wenn Erwachsene Interesse zeigen für die Medienwünsche der Kinder und bereit sind, sich konstruktiv mit ihnen auseinanderzusetzen. Wobei Verständnis nicht bedeutet, keine Grenzen zu setzen.
- Wenn Eltern jüngere Kinder im Anschluss an eine Sendung direkt aus- und abfragen. Besser ist es, zu warten, bis das Kind von sich darüber sprechen will. Hören Sie dann gut zu und fragen Sie nach, wenn Sie etwas nicht verstanden haben. Und machen Sie sich keine Gedanken, wenn ihr Kind nicht darüber reden will. Generell verarbeiten jüngere Kinder Erlebtes mehr im Spiel als durch ein Gespräch.
- Wenn Eltern ihre Kinder mit allen Mitteln davor bewahren wollen, «das Falsche» zu hören oder sich nur mit «Schrott» zuzudröhnen. Da hilft es, wenn Sie die Möglichkeit in Betracht ziehen, dass Ihre Geschmäcker einfach verschieden sind.
- Wenn Eltern Neuerungen – wie z.B. im Computerbereich – nur als Angriff auf den Status quo empfinden, wenn Fremdes ihnen Angst macht, sie sich dadurch bedroht fühlen. Und das kann nicht nur für fremdarti-

ge Dinge gelten, sondern auch für Menschen, die sie als fremd empfinden. Mit einer Kultur, die Bedenken schafft, und Zweifel säht, werden solche Tendenzen unterstützt. Weil sich all die bestätigt fühlen, die schon immer dagegen waren. Aber es geht darum, Horizonte zu öffnen und keine Mauern aufzubauen; es geht darum, zu begreifen, dass alles immer im Wandel ist.

Und jetzt kommt hier noch einmal Jau-Jau zu Wort, der seine eigenen Tipps hat zum Umgang mit den Medien:

«Jau, ihr selber seid doch das allerbeste Medium. Und aus allem, was ihr gesehen und gehört habt, könnt ihr Spiele machen.»

Jau-Jaus Tipps und Medienspiele

Freies Nachspielen

Kinder brauchen Zeit zur Verarbeitung von Sendungen. Und die nehmen sie sich, wenn man sie lässt. Also, liebe Eltern, nichts forcieren, nicht kontrollieren und auch nicht aus- oder abfragen direkt nach den Sendungen. Wartet ab, bis euer Kind von sich aus das Gespräch anbietet, hört gut zu und fragt nach, wenn ihr etwas nicht verstanden habt. Und denkt daran: Kinder verarbeiten Erlebtes weniger durch Gespräche, sondern mehr durch ihr Spiel.

Und da sind sie alles in einem: Darsteller und Regisseur.

Hilfestellungen sind möglich, z. B. indem man gemeinsam Kostüme der Lieblingshelden bastelt und Requisiten fürs Spiel bereitstellt. Und vielleicht dürfen Sie als Eltern manchmal auch eine Rolle übernehmen. Das ist eine große Auszeichnung. Und vergessen Sie dabei nicht: Das Kind ist der Regisseur.

Geschichten an der Leine

Zunächst wird ein Bild gemalt von jeder Situation, bei der im Film etwas Wichtiges passiert ist. Diese Fragen können helfen, herauszufinden, was es war:
- Wie fing die Geschichte an?
- Was ist Besonderes passiert?
- Wer war dabei, als die Heldin oder der Held zu einem Abenteuer aufgebrochen ist?
- Was war besonders spannend?
- Welche Gefahren mussten überstanden werden?
- Wie ist die Geschichte ausgegangen?

Die Bilder werden nun mit Klammern an eine Wäscheleine gehängt – in der Reihenfolge, wie die Dinge geschehen sind.
    Nun könnt ihr die ganze Geschichte noch einmal sehen.

Neue Geschichten selber erfinden

Stellt euch die Frage, was passieren könnte:
- Wenn euer Held oder eure Heldin an einen besonderen Ort kommt? – Was für ein Ort könnte das sein?
- Wenn er oder sie geheimnisvollen Wesen begegnen? – Was für Wesen könnten das sein?
- Oder wenn es ein phantastischer Held ist, was passiert, wenn er dort hinkommt, wo ihr lebt?
- Wenn er z. B. in die Schule kommt?
- Was passiert, wenn er anderen Helden oder Heldinnen begegnet?

Jau-Jaus Hörspieltipp

Untermalende Geräusche selbst gemacht
Was klingt wie? – Im Hörspiel sind viele Geräusche zu hören.

Hier einige Tipps, wie ihr verschiedene Geräusche selber erzeugen könnt.
- *Bach:* Wasser in eine mit etwas Wasser gefüllte Schüssel langsam und gleichmäßig eingießen.
- *Regen:* Erbsen in ein Küchensieb schütten und damit kreisende Bewegungen machen.
- *Hagel:* Reis oder Erbsen in eine Pappschachtel rieseln lassen.
- *Donner:* Ein dünnes Blech (Donnerblech) an einer Ecke festhalten und hin und her schütteln.
- *(Pferde-)Getrappel:* Zwei Kokosnusshälften im Rhythmus eines (Pferde-)Getrappels aneinanderschlagen.
- Meeresbrandung: Mit einem Handfeger über ein großes hängendes Papier streichen. Oder: Mit einer Bürste auf einem Kuchenblech im Takt einer Brandung hin und her bürsten.
- *Schiffstuten:* Über den Hals einer offenen Flasche blasen. Bei voller Flasche klingt das Tuten hell, ist wenig Flüssigkeit enthalten, klingt das Tuten dumpf.
- *Gruselstimme:* In eine Blechbüchse oder einen Eimer mit verstellter Stimme sprechen.

Stimmrätselspiel
Zuerst wird alles gesammelt, was mit der Stimme dargestellt werden kann. Von den Begriffen malt ihr ein kleines Bild, oder ihr schreibt sie auf, macht daraus Lose. Jeder zieht ein Los. Und der Begriff oder die Figur auf dem Los wird nun mit Geräuschen dargestellt. Die anderen Mitspieler erraten, was gemeint ist.

Das Spiel könnt ihr auch in zwei Gruppen ohne Lose spielen. Im Wechsel führt dann eine Gruppe Geräusche vor, die andere errät, was es sein könnte, z. B.:

- phantastische Wesen wie Hexen, Riesen, Feen, Monster,
- Tiere wie Vögel, Löwen, Kühe, Schafe, Ziegen,
- Wetter, z. B.: Wind, Regen, Sturm, Blitz, Donner,
- Maschinen, z. B.: Presslufthammer, Rasenmäher, Säge,
- Fahrzeuge, wie z. B.: Trecker, Schiff (Schiffshupe),
- Musikinstrumente, wie: Trompete, Geige, Klavier, Schlagzeug,
- Lautspektakel, wie: eine Explosion, ein Feuerwerk.

Geräusche verwandeln
Im Wechsel macht eine Gruppe unheimliche, Schreckens- und Monstergeräusche.
 Die andere Gruppe nimmt die Geräusche auf und verwandelt sie in witzige Geräusche.

Echo-Spiel
Einer macht ein Geräusch vor, die anderen machen es nach.

SPIELEN BILDET – TOBEN MACHT SCHLAU

> «Wir spielten und spielten und spielten,
> sodass es das reine Wunder ist, dass wir uns nicht
> totgespielt haben.»
> ASTRID LINDGREN ÜBER DIE INTENSIVEN
> UND WILDEN SPIELE DER KINDHEIT

«Toben macht schlau», so hat Renate Zimmer ihre Botschaft auf den Punkt gebracht. In ihrem gleichnamigen Buch beschreibt sie, dass Bewegung die Netzwerkbildung im Gehirn fördert und dazu beiträgt, dass das kindliche Gehirn sich entfalten kann. Dadurch ist es auch in der Lage, neue Inhalte besser und schneller aufzunehmen. So ist Toben eben mehr als chaotisches, wildes Umhertollen. Es ist vielmehr eine kindgerechte Methode, wie Heranwachsende sich und ihre Welt begreifen lernen.

«Immer dann, wenn Kinder etwas Neues erleben, wenn sie etwas hinzulernen, werden die dabei in ihrem Gehirn aktivierten Verschaltungsmuster der Nervenzellen und Synapsen gebahnt und gefestigt», schreibt der Neurobiologe Gerald Hüther auf seiner Homepage www.gerald-huether.de. Die Synapsen müssen also gefordert werden, damit die Verschaltungsmuster entstehen, die dafür zuständig sind, dass Bewegungen koordiniert werden können. Außerdem werden durch Bewegung und durch das freie Spiel auch andere Kompetenzen gefördert, Fähigkeiten, die nicht auf den

Lehrplänen stehen. Hüther nennt sie «wissensunabhängige Metakompetenzen». Das beinhaltet für ihn:
- vorausschauend zu denken und zu handeln (strategische Kompetenz),
- komplexe Probleme zu durchschauen (Problemlösungskompetenz)
- die Folgen des eigenen Handelns abzuschätzen (Handlungskompetenz, Umsicht),
- die Aufmerksamkeit auf die Lösung eines bestimmten Problems zu fokussieren und sich dabei entsprechend zu konzentrieren (Motivation und Konzentrationsfähigkeit),
- Fehler und Fehlentwicklungen bei der Suche nach einer Lösung rechtzeitig erkennen und korrigieren zu können (Einsichtsfähigkeit und Flexibilität)
- und sich bei der Lösung von Aufgaben nicht von aufkommenden anderen Bedürfnissen überwältigen zu lassen (Frustrationstoleranz, Impulskontrolle).

Bisher hat man sich keine besonderen Gedanken gemacht, wie diese Kompetenzen gefördert werden könnten. Das geschah und geschieht mehr oder weniger zufällig. Dabei sind es genau die Fähigkeiten, die wichtig sind, damit eine gefestigte Persönlichkeit heranreifen kann, die in der Lage ist, ihr Leben kraftvoll und selbstbestimmt zu gestalten. Und das alles fängt mit der Möglichkeit an, ausgiebig toben zu können.

Nun ist dieses ganze Wissen schön und gut. Aber was hilft es, wenn es nicht umgesetzt werden kann. Einmal, weil die Räume, in denen Kinder ungestört toben und spielen können, immer weniger werden. Zum anderen, weil viele Eltern immer ängstlicher werden, wenn es darum geht, dass ihre Sprösslinge körperliche Erfahrungen machen. Sie befürchten, die Kinder könnten sich verletzen, und reagieren dementsprechend, wenn sie mal mit einer Schramme ankommen. Je größer das «umsorgende Theater» dann ist, umso wehleidiger wird der junge Patient. Und damit bestätigt er z. B. seine besorgte Mama, die nun sieht, wie ihr Schatz leidet.

Wenn das immer wieder geschieht, ist es kein Wunder, wenn das Kind immer vorsichtiger wird, was Rumtoben anbelangt. Und bei manchen Müttern geht es schon so weit, dass man den Eindruck bekommt, sie denken, Schwitzen sei eine Krankheit. «Hoffentlich bekommst du jetzt keine Erkältung!» Und schon ist die Botschaft eingepflanzt: «Schwitzen macht krank.»

So ist es bestimmt gut, wenn das Defizit an Bewegung immer mehr ins Blickfeld der Diskussionen rückt. Aber klar muss auch dabei sein, dass es nicht an den Kindern liegt, weil sie zu faul sind, sich zu bewegen, und lieber vor der Glotze sitzen und mit dem Computer spielen. Um zu toben, frei zu spielen und mit den Spielkameraden ihre Kräfte zu messen, brauchen Kinder Räume, in denen dies möglich ist. Und sie brauchen Eltern, die sie dabei unterstützen, die sie ermutigen, Erfahrungen selber zu machen, die ihnen das Gefühl vermitteln, sie trauen es ihnen zu und die es ohne Seufzer ertragen, dass sie sich dabei auch schmutzig machen und manchmal auch Schrammen abbekommen.

Ohne Bewegung wenig Phantasie

Kinder lieben es, wenn sie herumtollen können, hüpfen, springen, sich verausgaben. Rote Köpfe, verschwitztes Haar und strahlende Augen. Und eben noch aus der Puste, geht es gleich auf zur nächsten Runde.

Toben heißt den Körper spüren, bedeutet, sich sinnlich konkret zu erfahren in Kontakt zu seiner Umwelt. Toben ist ein wirksames Instrument, um Emotionen auszudrücken, Spannungen zu entladen und angestaute Gefühle wieder zum Fließen zu bringen. Unsere Sprache erzählt davon, wenn es heißt «vor Freude Purzelbäume schlagen» oder «vor Wut in die Luft gehen», «vor Schreck erstarren» oder «ganz aus dem Häuschen sein». Wer in Bewegung ist, lernt die Dinge zu bewegen – im Äußeren und im Inneren. So fördern motorische Fähigkeiten und phantastische Imaginationen das intellektuelle Denken und die Kreativität. Oder einfach ausgedrückt: Bewegung kurbelt die Phantasie an. Deswegen gehören Bewegung und Phantasie zusammen.

Das gilt für das freie Herumtollen, bei dem Kinder ihre körperlichen Grenzen austesten – sei es allein oder zusammen mit ihren Spielkameraden, das gilt für ausgelassene Bewegungsspiele, wie «Verstecken» oder «Fangen». Und es gilt für das «strukturierte Austoben», das im Sport möglich ist.

Kinder lieben Sport

Sportliche Betätigungen fördern eine Vielzahl von Kompetenzen. Heranwachsende können sich vor allem bei allen Sportarten, die in der Gruppe betrieben werden, unter Gleichgesinnten beweisen. Die Gruppe kann ihnen Halt geben, sie unterstützten, ermutigten und motivieren. Sport ist ein guter Weg, seinen Körper zu trainieren, sich Erfolgserlebnisse zu verschaffen und zu Leistung zu motivieren – vorausgesetzt, es wird nicht übertrieben. Je nach Sportart liegt die Betonung auf verschiedenen Schwerpunkten. Nicht jede Sportart ist für jedes Kind gleich geeignet. Aber die Möglichkeiten sind so groß, dass für jeden etwas dabei ist. Das wird schon an dieser kurzen beispielhaften Aufzählung verschiedener Sportarten klar: Fußball, Ballett, Kickboxen, Karate, Judo, Schwimmen, Reiten, Fechten, Boxen, Turnen, Leichtathletik, Tischtennis, Badminton, Tennis und vieles mehr.

Und die meisten Sportarten haben außer dem «Körperertüchtigungs-Faktor» noch einen anderen großen Wert: Sie finden im Freien statt.

Raus in die Natur

Die Natur ist ein einziges Abenteuerland, das für jeden immer wieder Neues bereithält, wie für die vierjährige Jill. Auch wenn ihr Zimmer überquillt von Stofftieren, Puppen, Holzfiguren und allem, was Mädchenherzen höher schlagen lässt. Ihr augenblickliches Lieblingsspielzeug sind Kellerasseln. Jill entdeckt sie im Garten unter Steinen und Töpfen. Schon die Suche danach ist für sie ein Erlebnis, und die Freude ist groß, wenn sie mal wieder eine entdeckt hat.

Das liegt bestimmt auch daran, dass Jills Mama die Fundstücke ihrer Tochter genauso begeistert eingehend betrachtet. Und sie gibt ihr recht, wenn Jill ihr vorschwärmt, wie schön diese Tierchen sind und wie weich. Wahrscheinlich würde die junge Naturforscherin schnell das Interesse verlieren, wenn sie bei ihrer Mama nur ein angeekeltes Zurückzucken ernten würde. Denn für Kinder sind die Eltern in allem das größte Vorbild. Wenn sie sich den Blick für all das Faszinierende, was es in der Natur gibt, bewahrt haben, dann werden Kinder dazu ermuntert und ermutigt, auf eigene Forschungsreisen zu gehen.

Es gibt viel zu entdecken in Wald und Flur und das Herumtoben macht hier gleich noch einmal mehr Spaß, weil die Sinne auf so vielfältige Art und Weise angeregt werden. Und echte Abenteuer kann man bei einer mehrtägigen Wanderung erleben. So berichtet «Spiegel Wissen» in seiner Ausgabe «Entspannte Eltern, starke Kinder» über eine Münchner Gruppe aus Vätern und Kindern, die regelmäßig in den Alpen zusammen wandern. Und dafür nehmen sie einiges auf sich. «Bei minus 22 Grad frühmorgens im Schneetreiben die Zähne putzen; acht Kilo Kartoffeln, fünf Lammhaxen und fünf Fässer Bier auf dem Rücken ins Gebirge schleppen.» Aber das alles ist gar nichts gegen das, was sie an Erlebnissen zusammenschweißt. «Wisst ihr noch, als wir erst mal die Hüttentür aus dem Schnee schaufeln mussten?» «Als wir uns nachts verirrt haben und mit Kopflampen den Weg zur Probstalm suchen mussten?» «Als wir die Herde Steinböcke gesehen haben?» «Und die Tausenden von Glühwürmchen?» Und Bernd Rosenlehner, der Organisator der Tour, erzählt, wie er auf die Idee kam: «Wer bei Computerspielen restriktiv ist, der muss den Kindern halt andere Freizeitbeschäftigungen anbieten.» Und da fehlt es auf solchen Touren nicht an Attraktionen: «Seifenrutschen wurden gebaut, Tunnel aus Schnee, Skischanzen und Baumhäuser sowieso. Vor Pferden sind sie über die Wiese geflüchtet, trotz Höhenmesser haben sie sich im Dunkeln stundenlang verlaufen. Nebel, Eis und Hitze haben sie ertragen.»

Aber es müssen gar nicht so große Touren sein, um das «Abenteuerfeeling» zu bekommen. Bei jüngeren Kindern reicht schon ein Spaziergang im Wald.

Ida und Michel im Wald

Eigentlich sollte es ein normaler Spaziergang werden. Aber schon nach den ersten Metern entdeckt Ida – die stolz fünf Finger hochhält, wenn man sie nach ihrem Alter fragt – Gespenster zwischen den Bäumen. Nichts wie hin! Michel, ihr dreijähriger Bruder, folgt ihr. Er bewaffnet sich gleich mal mit einem Stock. «Wo sind sie?», fragt er. Ida zeigt auf bizarre, trockene Äste. Michel haut drauf. «Wir verjagen sie!», verkündet er siegessicher.

Flügelschläge sind zu hören. Ida lauscht. «Was war das? Ein Adler?» Michel weiß Bescheid. «Eine Fledermaus.» Ida gefällt die Idee. «Genau. Die hat noch geschlafen, weil es ja noch nicht dunkel ist. Und wir haben sie aufgeweckt.» Sie schaut sich um. «Aber wo ist sie jetzt?» Michel zeigt auf ein Mäuseloch. «Nee, Fledermäuse sind nicht in Mäuselöchern», klärt Ida ihn auf. «Die hängen an Bäumen.» – «Wie denn?», will Michel wissen. Ida will es ihm zeigen, sucht einen Baum, an den sie sich dranhängen kann wie eine Fledermaus, wird aber nicht gleich fündig. Dafür entdeckt sie ein großes Blatt, steckt zwei Finger durch und hat jetzt eine Blattmaske. Michel will auch eine Maske und hält sich zwei kleine Blätter vor die Augen, denkt, er sei nicht mehr zu sehen. «Such mich doch!», schlägt er vor. Ida pflückt eine Pflanze, berührt Michel damit. Die Pflanze bleibt an ihm kleben. «Jetzt bist du verzaubert», erklärt Ida. «Ich bin ein Wolf», verkündet Michel und stürmt auf seine Schwester zu. «Und ich fress dich!» – «Ich bin aber eine Fledermaus», erinnert sich Ida und entdeckt einen Baum. Der passt. Sie klettert hoch und hängt sich an einen Ast. «Wölfe fressen keine Fledermäuse, die kriegen die nicht.» Michel leuchtet das ein. Er beschließt, auch eine Fledermaus zu sein, klettert ebenfalls auf den Baum, auf den untersten Ast. «Und jetzt?» – «Jetzt schlafen wir», schlägt Ida vor. «Wie Fledermäuse.» – «Nee, das ist zu langweilig», findet Michel, klettert wieder runter. Ida folgt ihm. Keine Zeit zu schlafen, es gibt einfach noch zu viel zu entdecken.

Die Natur ist der größte Spielplatz. Und für jeden, der nicht verlernt hat, genau hinzuschauen, gibt es überall Wunder zu entdecken, auch im Kleinen: die Blüte einer Mohnblume; die Struktur der Rinde eines Baumes; Wurzelgebilde, die aussehen wie Kobolde, Steine in allen Farben und Formen, manche mit Gesichtern; Lichtspiele auf dem Bach, die aussehen, als würden Wasserelfen tanzen; die Weichheit von Moos und wie es leuchtet, wenn die Sonne daraufscheint; und den Spaß herauszufinden, ob alle Gräser gleich kitzeln.

Die Vier-Sterne-Hütte

Tim und Leon hatten im Garten ein Langzeitprojekt geplant. Unter einer großen Tanne mit weiten ausladenden Ästen sollte eine Hütte entstehen. Dafür sammelten sie bei den Nachbarn alles, was sie an Holzlatten übrig hatten, und zimmerten gemeinsam eine Bude zusammen. Leons Vater unterstützte die beiden tatkräftig dabei, überließ aber den Jungs die «Bauführung». Tim und Leon hatten ihr Ziel genau vor Augen. Ein Mini-Restaurant wollten sie in dieser Hütte eröffnen. So sparten sie auch ihr Taschengeld, um Teller und Besteck zu kaufen, und planten den Speiseplan schon weit im Voraus. Alles sollte bio sein. Dafür pflanzten sie vor der Hütte extra Salat an, säten Möhren und steckten Sonnenblumensamen in die Erde. Extra dicke Samenkörner, denn die Sonnenblumen sollten möglichst so hoch wie die Hütte werden. Das Innere der Hütte war einfach, bot gerade Platz für zwei, und damit es «gemütlicher» wurde, malten

Tim und Leon die Wände an – in strahlendem Blau. Zusammen mit den Sonnenblumen sollte man dann den Eindruck bekommen, dass hier immer die Sonne scheint. Und ihr ganzer Stolz waren zwei gepolsterte Stühle, die sie auf den Sperrmüll gefunden hatten. Und damit es auch von außen gleich einladend wirkte, hängten sie Lampions an die ausladenden Äste der Tanne, die wie ein zweites Dach wirkten.

Dann kam der Tag, an dem ihre Pläne jäh durchkreuzt wurden. Da war nicht etwa ein heftiger Sturm dran schuld, der die Hütte zerlegt hatte. Nein, alles stand bunt und einladend wie vorher da. Nur etwas war anders: Der Salat war verschwunden. In der Nacht hatten sich Schnecken darüber hergemacht und ihn bis zu den Strunkansätzen abgefressen. Für Tim und Leon war es ein Indiz, dass das Projekt «Restaurant» vielleicht doch schwieriger umzusetzen war, als sie sich das gedacht hatten. Und nachdem sie sich vom ersten Schreck erholt hatten, fanden sie das alles auch gar nicht mehr schlimm. Und sie erklärten die Hütte direkt zu ihrer privaten Vier-Sterne-Hütte, in die sie sich zurückziehen konnten, um weitere Pläne zu schmieden. Hier schien für sie die Sonne, auch wenn es regnete. Denn die Sonnenblumen hatten den Schneckenangriff überlebt.

Die Beispiele zeigen, wie stark alles, was in der Natur zu finden ist, Kinder motiviert, ihren Einfallsreichtum ankurbelt und ihre Phantasie zur Entfaltung bringt. Da stellt man sich unweigerlich die Frage, warum es nicht mehr Waldkindergärten und Abenteuerspielplätze gibt. Im Gegenteil, viele müssen sogar geschlossen werden, weil die Finanzen fehlen, um die Institutionen am Laufen zu halten. So wird auch der reale Raum für Phantasie immer enger.

Da der offensichtliche Nutzen so groß ist, liegt die Vermutung nahe, dass denen, die über die nötigen Unterstützungsgelder bestimmen, der Bezug zu den Basisdingen des Lebens verlorengegangen ist und sie immer noch das Diktat des intellektuellen Lernens predigen. Obwohl die Forschungen mittlerweile ganz klar andere Empfehlungen geben. Es wird Zeit, umzudenken.

Früh übt sich – Spielerisch an Stärke gewinnen

Wenn Lena mit weit aufgerissenen Augen Julian zuruft: «Fang mich doch! Fang mich doch!», dann spiegelt sich in ihrem Gesicht ganz viel von der Lust und der Spannung, den Moment auszukosten, bis sie gefangen wird. Oder wenn Flora sich hinter dem Busch ganz klein macht und kichernd zittert, ob Fynn sie entdeckt, dann ist auch bei diesem «Verstecken spielen» der Reiz aus Spannung und Entspannung das treibende Element. Das Tempo, in dem diese Elemente sich abwechseln, bestimmen die Kinder selber. Spiele haben ihren eigenen Rhythmus. Mal ist es die rasante Vorwärtsbewegung, dann das Schneckentempo oder die Augenblicke des Innehaltens – das Verweilen, um zu prüfen, wie weit man gegangen ist, das Sich-Niederlassen, um gleich darauf vielleicht noch einmal neu zu starten. So sind Spiele auch ein Spiegel für den Rhythmus, in dem man im Leben voranschreitet. Das geschieht auch nicht immer im gleichen Tempo. Nach Phasen der Aktivität sind Ruhepausen angebracht. Alles ist immer in Bewegung. Spiele enthalten die Botschaft, dass nichts so bleiben muss, wie es ist, wenn man selber am Zug bleibt. Damit stärken sie den Mut, sein Leben selber aktiv gestaltend in die Hand zu nehmen. Jedem Spiel kommt dabei eine besondere Bedeutung zu. Angefangen vom einfachen Bewegungsspiel, wie es in alten Kinderspielen enthalten ist, z.B. «Verstecken» oder «der Plumpsacke geht um», bis hin zu komplexeren Rollenspielen – stärken Spiele die Persönlichkeit auf vielfache Art und Weise. Sie sind eine lustvolle, eine sinnliche Form, mit der die Kinder spielend begreifbar machen, was für sie sonst unbegreiflich ist. Hier finden sie Ausdrucksformen für all das, was ihre Entwicklung fördert. Das Spiel macht Kinder kompetent, es hilft ihnen, sich in der Welt zurechtzufinden, eigene Wege auszuprobieren.

Mit zunehmendem Alter werden die Spiele immer komplexer. Aber als wichtigster Faktor bleibt dabei der Spaß. Das gilt für Kinder ebenso wie für Erwachsene. Sei es nun der Spaß an Bewegung, die Lust am Kombinieren und am strategischen Denken, der Reiz, gegenseitig die Kräfte zu messen, das Erlebnis von Spannung beim phantastischen Abenteuer und die Herausforderung, es zu lösen.

Für diese verschiedenen Bereiche gibt es auch eine große Anzahl an Brettspielen und Kartenspielen, die zum Teil inzwischen auch als Computerspiele erhältlich sind.

Spielend die Welt begreifen

Von Anfang an ist für Kinder wichtig, dass man sich mit ihnen beschäftigt und mit ihnen spielt. Spielend erobern sie sich die Welt. Und sie juchzen und strampeln vor Spaß, wenn ihnen das Spiel gefällt. Dann können sie gar nicht genug davon bekommen. Und besonders gefällt es ihnen, wenn dazu noch witzige Laute gemacht werden oder das Spiel mit Reimen begleitet wird. Das bringt nicht nur Spaß, sondern fördert auch noch die Sprachentwicklung.

Jau-Jaus Spieltipps: Wenn Finger wie Mäuse krabbeln
Da kommt die Maus, da kommt die Maus.
Klingelingeling! Ist die Anna (Name) zu Haus?
Dabei den Arm hochkrabbeln und leicht am Ohrläppchen ziehen.

Das ist der Daumen, der schüttelt die Pflaumen,
der liest sie auf, der trägt sie nach Haus,
und der kleine Schelm isst sie alle auf.
Dabei nacheinander alle Finger zeigen und mit ihnen wackeln.

Kommt ein Mann die Treppe rauf,
klopft an, bim bam,
guten Tag Herr Nasemann!
Dabei mit den Fingern den Arm hochkrabbeln, an die Backe klopfen, am Ohr ziehen und an die Nase fassen.

In unserem Häuschen gibt's viele Mäuschen.
Sie kribbeln und krabbeln, sie trippeln und trappeln,
sie zippeln und zappeln, sie geh'n auf den Tisch,
auf Stühle, auf Bänke und in die Schränke.
Sie stehlen und naschen und willst du sie haschen –
Husch – sind sie weg.
Dabei wuseln alle zehn Finger über die Tischplatte oder über die Arme, die Beine und den Bauch des Kindes. Und bei «Husch» werden die Hände hinter dem Rücken versteckt.

Alte Spiele neu entdeckt
Auch in alten Kinderspielen sind alle Elemente enthalten, die Kinder beim Spielen fasziniert. Bewegung, Spannung, gemeinsames Agieren. Viele dieser alten Spiele hatte Hella

Langosch-Fabri in einem Buch zusammengetragen (rororo, «Alte Kinderspiele neu entdecken»). Und Jau-Jau stellt hier seine Lieblingsspiele vor.

Ochs am Berg
Die Spieler stellen sich ca. 20 Meter von einem Zaun oder einer Mauer entfernt an einem auf den Boden gezeichneten Mal in einer Reihe auf. Ein Spieler, der durch Auslosen bestimmt wird, spielt den Ochsen. Dieser steht mit dem Rücken an der Wand, schließt die Augen, dreht sich langsam um und ruft dabei laut: «Ochs am Berg dreht um», während er sich entweder langsam oder schnell oder zuerst langsam und dann schnell umdreht. Wenn er beginnt, diesen Spruch auszurufen, laufen alle Mitspieler so schnell wie möglich zum Ochsen. Sie müssen allerdings auf der Stelle stehen bleiben, wenn der Ochse den Spruch beendet hat; bewegt sich irgendein Spieler doch noch, muss dieser zurück an das Mal. Gewonnen hat, wer als Erster den Ochsen erreicht.

Plumpsack
Ein Spieler wird ausgelost. Die anderen setzen sich im Kreis auf den Boden und schauen zur Mitte. Während alle singen: «Dreht euch nicht um, der Plumpsack geht rum. Wer sich umdreht oder lacht, kriegt den Buckel vollgemacht», geht der Ausgeloste mit dem Plumpsack – einem Taschentuchbündel – in der Hand um den Kreis herum. Er lässt ihn hinter einem der Kinder fallen und rennt, so schnell er kann, einmal um den Kreis, um sich dann auf den Platz des markierten Mitspielers zu setzen. Der nimmt schnell den Plumpsack und versucht, den Läufer einzuholen, bevor dieser seinen Platz erreicht hat. Gelingt es ihm nicht, muss er mit dem Plumpsack um den Kreis laufen.

Fürs Leben lernen – Rollenspiele und Theater

So wie das Toben zu den Grundelementen des kindlichen Spiels gehört, genauso lieben es die Kinder, in Rollen zu schlüpfen. Gerade in ihrer magisch-phantastischen Phase verwandeln sie sich von einem Augenblick auf den anderen. Sie werden zum Tiger, um sich Stärke zu verleihen, schlüpfen in die Haut einer Hexe, um ihrem magischen Empfinden Ausdruck zu geben, und sie spielen Vater-Mutter-Kind, um all die Dinge, die auf sie einströmen, im Nachspiel begreifen zu können.

Wir alle spielen verschiedene Rollen. Nur tun wir das als Erwachsene versteckter und merken manchmal selber nicht, in welcher Rolle wir gerade unterwegs sind – ob z. B. als Krankenschwester, Managerin, Kumpel oder Admiral. Kinder gehen damit viel deutlicher und umfassender um. Sie schlüpfen für alle sichtbar in die Figuren, die sie beschäftigen. Was sie im Innern umtreibt, kehren sie so nach außen und spielen sich frei. Gerade für jüngere Kinder ist das ein besonders gutes und ihnen gemäßes Mittel der Verarbeitung. Sie können sich noch nicht so detailliert ausdrücken, vermögen vieles, was sie beschäftigt, nicht in Worte zu fassen, weil ihnen die Worte dafür fehlen. So helfen sie sich damit, dass sie es nachspielen.

Und wenn Kinder Theater auf der Bühne erleben, dann ist dies ein ganzheitliches Erlebnis, das seinen ganz besonderen Reiz hat. Das fängt mit der Magie des Theaterraumes an, der Faszination, die die Bühne ausübt, den Lichtstimmungen, die verzaubern. Diese Atmosphäre ist dicht und am ganzen Körper spürbar. Dann kommt das Zusammengehörigkeitsgefühl dazu, das im Publikum für die Zeit der gemeinsam erlebten Vorstellung entsteht. Der Kommentar vom siebenjährigen Niklas nach der Vorstellung des phantastischen Theaterstückes Kobald und Karmesina macht es deutlich: «Das war mir schon klar, dass es gut ausgeht», erklärte Niklas. «Aber man weiß nie so genau, wie machen die das jetzt mit dem Drachen und so. Das ist dann immer gut, wenn so viele andere noch dabei sind, dann kann man das besser aushalten.»

So hat auch phantastisches Kindertheater viel mit Realität zu tun. Seine Inhalte sind dabei weniger wichtig als seine Eigenschaft als Spiel, das Kindern Träume, Phantasien und eine Vielzahl an Bildern zur Verfügung stellt, sie in ihren Ängsten und Emotionen ernst nimmt, Realität durchschaubar macht und Probleme als überwindbar hinstellt. So werden sie in das Spiel hineingezogen. Und indem sie sich mit dem Bühnengeschehen identifizieren, erleben sie einen Teil ihrer inneren Welt und können ihn betrachten. Durch diese Distanz wird eine Nähe zu sich selbst erlebbar, die sonst nicht gesehen, sondern nur gespürt werden kann.

Da sehen die Kinder dann z. B. einen Drachen auf der Bühne, wissen aber gleichzeitig, dass dieser Drachen ein Schauspieler ist. Diese Spannung aus Fiktion und Nicht-Fiktion beschäftigt sie, zieht sie an. Und umso größer ist das Erfolgserlebnis, hinterher das Gefühl zu haben, die Sache auf der Bühne, aber auch die eigene Angst durchschaut zu haben. Man fühlt sich unheimlich stark, wenn man das Ungeheuer ohne Maske sieht, man fühlt sich bestätigt, schon vorher dahintergekommen zu sein, wie Theater abläuft, wie jemand in Rollen schlüpft, wie jemand sich verwandeln kann.

Rollenspiele – Von der Magie, sich zu verwandeln
Wenn Kinder selber Theater spielen, dann kann man oft Überraschungen erleben. Manch eine oder einer, der nor-

malerweise schüchtern wirkt, zurückhaltend und scheu, kann auf der Bühne aufblühen, komische Talente zeigen und Seiten von sich zum Vorschein bringen, die ihm keiner zugetraut hätte. So bietet das Theaterspiel auch denen eine Chance, die im Gruppenverband vielleicht sonst eher untergehen und nicht wissen, wie sie sich durchsetzen können.

Auch beim freien Rollenspiel helfen Kostüme, Masken, Bühnenbildelemente und Musik. Die Lust am Verkleiden hilft Hemmungen abzubauen. Kinder lieben es, sich zu schminken und zu verkleiden. Es unterstützt sie dabei, in die Rollen der Gestalten zu schlüpfen, die ihre Phantasie beschäftigen. Und indem sie sie nachspielen, verarbeiten sie das, was sie gehört, gesehen und erlebt haben. Verkleidungen, Schminke und Masken schaffen eine zweite Haut, in die Kinder schlüpfen und hinter der sie sich verstecken können, um sich stärker zu fühlen.

Verkleidungen können Türöffner sein, um Seiten zu entdecken und auszuleben, die Kinder sich sonst nicht zu zeigen trauen oder die sie selbst gar nicht an sich vermutet hätten. Und dass das nicht nur bei Kindern funktioniert, dafür ist der Karneval das beste Beispiel.

Für Phantasie- und Rollenspiele aller Art bietet es sich an, diese Lust am Schminken und Verkleiden zu nutzen. Kinder kommen selber auf die erstaunlichsten Ideen, wenn man ihre Spiellust weckt und fördert. Der eigenen Phantasie und Gestaltungsfreude sind da keine Grenzen gesetzt.

Und Verkleidungsmaterial kann fast alles sein: alte Klamotten, Hüte, Handschuhe, Schals, Gürtel, Taschen, Rucksäcke. Hier hat es sich bewährt, einen speziellen Verkleidungs-Sack, -Korb oder -Karton anzulegen, in dem diese Dinge gesammelt werden können. Damit sind sie immer zur Stelle, wenn sie gebraucht werden.

Auch mit Haushaltsgegenständen kann man sich verkleiden. Ein Sieb kann zum Helm werden und ein Wischmopp zur Perücke. Bunte Plastiktopfkratzer, Schwämme, diverse Abwasch- und Staubtücher lassen sich ebenfalls gut an Kostümen verarbeiten. Aber immer sollte man daran denken, dass die Kostüme robust sein sollten und dass man sich gut in ihnen bewegen kann.

Phantastische Rollenspiele stärken die kindliche Persönlichkeit. Hier schlüpfen Kinder in Rollen von Helden und Heldinnen und gehen dann auf emotionale Abenteuerreisen. Zielsicher suchen sie sich dabei genau die Abenteuer aus, in denen sie sich mit ihren Phantasien, Träumen, Ängsten und Wünschen am besten wiederfinden. In diesem, von realen Gefahren freien «Spiel»-Raum können sie sich «übermenschlichen» Herausforderungen stellen und sinnlich konkret den Triumph erleben, sie zu meistern.

Will man mit Kindern ein Theaterstück einüben, so ist es ratsam, nicht direkt mit dem sturen Einüben der Texte zu beginnen, sondern die Geschichte erst einmal zu improvisieren und frei nachspielen zu lassen. So gibt man den Kindern die Gelegenheit, dass sie sich den Inhalt der Geschichte ihren persönlichen Bedürfnissen gemäß aneignen und den Stoff für sich nacherschaffen. Hierbei ist es gar nicht so wichtig, dass die Handlung exakt wiedergegeben wird. Viel wichtiger ist die Möglichkeit für die Spieler, ihre Rollen nutzen zu können, um ihren Gefühlen freien Lauf zu lassen und sie im Spiel ausleben zu können. Dabei sollten sie sich in ihren Aktionen so frei fühlen können, dass sie den Mut haben, das zu spielen, was sie wollen. Sie müssen das Gefühl haben, alle akzeptieren sie so, wie sie sind.

Danach kann man darangehen, das Stück Schritt für

Schritt einzuüben. Dabei helfen darstellerische Übungen, damit Spielhemmungen abgebaut werden und die Gruppe stärker zusammenfindet. Und gemeinsam arbeitet man auf den großen Moment hin, wenn das Stück das erste Mal einem Publikum vorgeführt wird. Dies Ereignis steigert das Selbstwertgefühl in einem ganz besonderen Maße, auch wenn so manch einer mit Lampenfieber zu kämpfen hat. Aber davor sind auch erfahrene Schauspieler nicht gefeit.

Theater erleben: Gemeinsam ist's am schönsten
Theater ist lebendig, ist live, ist real, ist emotional. Theater besitzt Eigenschaften, die es abgrenzt von anderen Medien, die es unverwechselbar werden lässt. Theater ist auf spezifische Weise ungewöhnlich. Es stellt sich zunächst als eine gemeinsame Geschichte, ein gemeinsames Erleben von Publikum und Schauspielern dar. Theater *muss* dieses Zusammenspiel sein, bei dem man als Schauspieler die Spannung, die Berührung der Zuschauer spürt und als Zuschauer die Spannung, die Nähe der Schauspieler. Theater entsteht in jedem Moment neu: durch das Spiel der Schauspieler, die tätige Aneignung der Kinder, ihre Bilder im Kopf, ihren Zuruf auf den Lippen, ihre emotionale Beteiligung. Aber Kinder erleben nicht nur das Stück, sondern auch ihre Reaktionen untereinander. Und sie genießen es, wenn sie mit ihren Eltern im Theater sind. Dann beobachten sie die Eltern auch ständig, weil sie für sie Bezugspunkte in Reaktion und Bewertung sind. So lachen viele Kinder immer dann, wenn Eltern lachen, auch wenn es offensichtlich ist, dass sie eine Pointe nicht verstanden haben. Umgekehrt geschieht das seltener: Lachen Kinder, so bleibt es häufig bei einem Schmunzeln der Erwachsenen, das andeutet, dass man doch irgendwie über diesem «Kinderkram» steht. Aber Kin-

dern ist das Gefühl von Gemeinsamkeit und Einverständnis wichtig, für sie ist bedeutsam, dass Eltern «gut» gelaunt sind, sich Zeit nehmen und Spaß an der Sache haben, die den Kindern so viel Zerstreuung und Gefühl bedeutet.

Phantastisches Erlebnistheater
Aus dem Bewusstsein heraus, wie wichtig magisch-märchenhafte Stoffe für Kinder sind, entwickelte Angelika Bartram das «Phantastische Erlebnistheater». Als sie 1974 die Kindertheatergruppe Ömmes & Oimel mitbegründet hat, war der Begriff «Emanzipatorisches Kindertheater» ein Synonym für Aufbruch, Bewegung, für inhaltliche Auseinandersetzung. Nach Jahren der Arbeit in einer Gruppe jedoch wurde für sie die Suche nach eigenen ästhetischen Ausdrucksformen immer drängender. Als sie dann 1982 mit anderen die Comedia, ein Privattheater in Köln, eröffnete, bot sich die Möglichkeit, diesen Weg konsequent weiterzugehen. Und geprägt durch ihre Erfahrungen als Schauspielerin, Regisseurin und Autorin, entwickelte sie Theaterstücke, die das Magisch-Phantastische und das sinnliche Erlebnis in den Vordergrund stellten. So entstand das Phantastische Erlebnistheater (verlegt bei www.vvb.de).

In welch großer Bandbreite das magisch-phantastische Element für die jüngeren Kinder von Bedeutung ist, wurde ja schon eingehend erläutert. Es gehört zur kindlichen Erfahrungswelt dazu, ist fester Bestandteil der kindlichen Art, sich die Welt anzueignen.

Jüngere Kinder begreifen die Dinge über den emotional-bildhaften Bereich. Deswegen sind in die Geschichten dieser Stücke immer wieder mythische Bilder verflochten, in denen bewusst Raum gelassen wird für Ängste, Wünsche und Träume. Insofern sind diese Geschichten eine neue

Form von Märchen, komödiantische Märchen, in denen unterschiedliche Elemente zusammengefügt werden, vom Mythos bis zum Science-Fiction-Trip.

Die Figuren aus Angelika Bartrams Phantastischem Erlebnistheater bevölkern ein eigenes Universum zwischen dem Reich des gläsernen Mondes und dem Riesenplaneten Sitania. Da findet man z. B. die Clownin Peruccia Quack, Klara, die Wolkenfee, und den geheimnisvollen Mondragur, die Windhexe Schirocchina und Giaccomo Fumo, den windigsten aller Winde, das ungleiche Liebespaar Kobald und Karmesina, den kleinen Monsterprinzen Muromil Mumpelfitz, den unmöglichen Weihnachtsmann Hannibal Sternschnuppe und Mirla, die kleine Tochter eines Riesen und einer Riesin.

In all diesen Geschichten ist das Motiv der Ich-Stärkung ein zentraler Erfahrungsbereich. Immer wieder müssen die Heldinnen und Helden Prüfungen bestehen, werden in scheinbar aussichtslose Situationen gesetzt, die ihnen dabei helfen, ihr Selbstwertgefühl zu entwickeln. Dabei lernen sie sich anzunehmen mit ihren Stärken und Schwächen.

Mit diesen phantastischen Identifikationsangeboten soll das große Potenzial an Möglichkeiten gefördert werden, das in jedem Kind schlummert. Denn oft werden Kinder unterschätzt, weil sie keine Verständnisberichte abgeben wie die Erwachsenen. Aber meist begreifen sie viel mehr, als ihnen zugetraut wird. Vor allem suchen sie sich die Dinge aus einer Geschichte heraus, die für sie wichtig sind. Und Begreifen geht nicht nur über den Kopf... bei Kindern schon gar nicht.

Theater schafft eigene Welten und bestärkt die Kinder in ihrer Imaginations- und Schöpferkraft. Indem das Theater einen gemeinsamen Erlebnisraum bietet, können Ängste,

Aggressionen, emotionale Betroffenheit und Gewaltanteile erlebbar, sinnlich nachvollziehbar, sogar dialogisierbar gemacht werden.

In den phantastischen Geschichten der Theaterstücke fühlen sich die Kinder mit ihren Emotionen und mit ihrer Intuition ernst genommen, fühlen sich angenommen mit dem großen Potenzial an Möglichkeiten, das in einer rein kognitiven Förderung so nicht erreicht wird.

Theater steht für Gefühl, Mut, Traumerfüllung, Kreativität und Wahrnehmung. Rezeption im Theater wehrt sich gegen die Stilllegung des Körpers und der Sinnlichkeit. Und was für Kinder normal ist, müssen die meisten Erwachsenen erst wieder lernen: ohne Grenzen zu träumen, Realität auf den Kopf zu stellen, Angst zu haben und sie zu überwinden, scheinbar Unmögliches zu schaffen mit der Kraft der Phantasie. Hier kann man sich ein Beispiel nehmen an dem ungebrochenen Optimismus der Kinder, an ihrem Glauben an die Kraft der Imagination. Und wenn dieses Potenzial nicht realitätstauglich zurechtgestutzt wird, sondern Kinder mit ihren emotionalen, magischen, phantastischen Kräften ernst genommen und akzeptiert werden, dann kann es auch geschehen, dass Erwachsene sich von ihnen an die Hand nehmen lassen zu einer Entdeckungsreise, die mitten ins Herz führt.

Und da kann dann auch so mancher erwachsene Zuschauer sein Inneres Kind wiederentdecken.

Musical – vertonte Magie
Bei einem Musical spielen Musik und Songs auch eine ganz entscheidende Rolle. Das Erlebnis birgt so durch den technischen Aufwand noch einmal eine besondere Magie. Und die Erwartungshaltung beim Publikum ist gleich auch grö-

ßer. Wie stark so ein Zauber dann auch Erwachsene ergreifen kann, zeigt der Bericht einer Zuschauerin zum Kinderpopmusical Cinderella:

«Gut, ich bin Ende 40, da geht man eigentlich nicht mehr in ein Musical für die ganze Familie – ohne ganze Familie ;-) Hab ich aber doch getan. Für das Kind in mir. Und es war bezaubernd, absolut bezaubernd!!! Wie viel Liebe steckt in den Dialogen: kleine Anspielungen auf aktuelles TV-Geschehen, witzig, aber nicht übertrieben. Die wichtigsten Passagen, die jedes Kind von Cinderella und Aschenputtel kennt, waren da – Ruckedigu, der Schuh ist zu klein, ... aber alles einen Hauch moderner, origineller und liebevoll eingesetzt. Auch in den Songs wirkt Herzblut: Das sind nicht mal eben zusammengestrickte, schnell vertonte Verse, sondern nach allen Regeln der Kunst komponierte Lieder mit eingängigen Themen und wunderschönen Melodien – richtige Ohrwürmer, die man nach einem Mal hören singen kann! Entsprechend super war die Stimmung in der Jahrhunderthalle Frankfurt. Es gibt ja auch viele Interaktiv-Elemente, bei denen die Kids ihre leuchtenden Feenstäbe schwenkten, richtig laut schreien durften und bei allem Popmusical auch das Märchen live erlebten: die zauberhafte Cinderella, die magische Fee Jolanda, den alten König – zusammen mit den extra fürs Musical erdachten Tier-Charakteren (Cinderellas Freunde) eine unschlagbare Mischung. Mein persönliches Fazit: Wer in der Seele erwachsen ist und froh, die eigene Kindheit hinter sich zu haben, sollte nicht reingehen. Denn hier haben Kinder die Macht. Aber wer unter 1,40 m ist oder drüber, dafür im Herzen jung, der sollte sich Cinderella, das märchenhafte Popmusical keinesfalls entgehen lassen. It's magic!!!»

Hier wird klar, wie stark so ein Erlebnis haften bleibt und dass die Magie des Märchenhaften auch noch in Erwachsenen schlummert. Denn irgendwann so bis zum 6. Lebensjahr haben wir alle mal an Feen, Prinzen und Prinzessinnen geglaubt – oder?

❐ TUN UND LASSEN – FÖRDERN ODER BREMSEN

Wodurch wird Phantasie gefördert?
- ❐ Wenn Kinder toben und frei spielen können und Räume dafür finden, in denen dies möglich ist. Denn so wird das Gehirn geschult und fit gemacht. Muster entstehen, die dafür zuständig sind, dass körperliche Bewegungen koordiniert werden und geistige Beweglichkeit gefördert wird.
- ❐ Wenn Eltern Kinder ermutigen und unterstützen, Erfahrungen selber zu machen, ihnen das Gefühl vermitteln, sie trauen es ihnen zu, und es ohne Seufzer ertragen, dass sie sich dabei schmutzig machen.
- ❐ Wenn Kinder die Möglichkeit haben, sich im Spiel auszudrücken. Hier können sie spielend begreifen, was sonst unbegreiflich ist. Hier finden sie Ausdrucksformen für all das, was ihre Entwicklung fördert.
- ❐ Wenn Eltern die kindliche Freude am Spiel erhalten und fördern und dazu ermutigen, Neues zu entdecken. Denn Spiele enthalten die Botschaft, dass nichts so bleiben muss, wie es ist, wenn man selber am Zug bleibt. Damit stärken sie den Mut, sein Leben selber aktiv gestaltend in die Hand zu nehmen.
- ❐ Wenn Eltern sich den Blick für das Faszinierende, was es in der Natur gibt, bewahrt haben. Dann werden Kinder auch dazu ermuntert und ermutigt, auf eigene Forschungsreisen zu gehen.

- Wenn Eltern kindliches Rollenspiel fördern. Denn in diesem, von realen Gefahren freien «Spiel»-Raum können Kinder sich «übermenschlichen» Herausforderungen stellen und sinnlich konkret den Triumph erleben, sie zu meistern.
- Wenn Kinder die Möglichkeit haben, Theater zu spielen. Denn in Rollen zu schlüpfen, sich zu verkleiden und auf der Bühne darzustellen kann Türöffner sein, um Seiten zu entdecken und auszuleben, die Kinder sich sonst nicht zu zeigen trauen oder die sie selbst gar nicht an sich vermutet hätten.
- Wenn Eltern mit ihren Kindern ins Theater oder ins Musical gehen und ihnen so ein besonderes Erlebnis verschaffen. Theater steht für Gefühl, Mut, Traumerfüllung, Kreativität.

Dazu genießen Kinder das Gefühl von Gemeinsamkeit. Für sie ist bedeutsam, dass Eltern sich Zeit nehmen und auch Spaß an der Sache haben, die den Kindern so viel Zerstreuung und Gefühl bedeutet.

Wodurch wird Phantasie gebremst?
- Wenn Intuition abgeblockt wird, z. B. durch einen skeptischen Blick, ein zweifelndes Hinterfragen oder eine eigentlich gutgemeinte Belehrung.
- Wenn Eltern Geschichten und Spiele erklären und deuten wollen. Kinder fühlen sich dadurch in ihrer schöpferischen Fähigkeit korrigiert, bekommen den Eindruck vermittelt, sie hätten es nicht «richtig» gemacht. Damit wird auch der Phantasie der Stempel von Leistung aufgedrückt.
- Wenn Rollen- oder Theaterspiel der Kinder belächelt, nicht wertgeschätzt und als «Kinderkram» abgetan wird.

Denn für Kinder ist es ein intensives reales Erlebnis. Sie fühlen sich aufgehoben in einem Raum, der durch die Phantasie geschützt ist. Hier können sie Ängste, Aggressionen, emotionale Betroffenheit und Gewaltanteile erleben und ausleben. Es ist ein spielerisches Umfeld, in dem diese Anteile auch dialogisierbar und einer Kommunikation darüber zugänglich gemacht werden. Denn zur Darstellung bedarf es (meistens) der Worte, und über das Dargestellte kann geredet werden.

Jau-Jaus Theaterspiel-Tipps

Bevor das Spiel beginnt – Rituale für Anfang und Ende
Jede Gruppe kann sich ihre Rituale schaffen, sich auf Sprüche und Aktionen einigen, die das Gemeinsamkeitsgefühl stärken und die Konzentration fördern. Ein Beispiel: Zu Beginn sammeln sich alle im Kreis und begrüßen sich untereinander mit einem Spruch:

Hallöchen, Popöchen,
wir machen uns bereit, mit den Augen zu sehn,
was vor unsrer Nase hier wird geschehn,
und sperren auch unsere Ohren auf,
denn unser Spiel nimmt nun seinen Lauf.

Auch am Ende wird wieder ein Kreis gebildet, und alle verabschieden sich:

Hallöchen, Popöchen,
unsere Ohren haben gehört,
unsere Augen haben gesehn,
mit Mut kann man
jedes Abenteuer bestehn

Lockern, darstellen, sich verwandeln

Damit auch zwischendurch wieder Ruhe in der Gruppe einkehren kann, empfiehlt es sich, ein Stopp-Ritual einzuführen, vor allem bei Übungen, in denen viel mit Bewegung gearbeitet wird: Hierfür wird ein Signal verabredet, auf das jede Bewegung zum Stillstand kommen sollte, z.B.: sobald der Spielleiter «Stopp» sagt oder in die Hände klatscht oder aufhört, Tamburin zu schlagen, falls er eine Übung mit diesem Instrument begleitet. Es kann auch mit einem Mal ein Zauberwind wehen, der alles zum Erstarren bringt.

Hallo-Spiel
- Durcheinanderlaufen, hallo sagen,
- sich wie Roboter begrüßen: zackige Bewegungen, dabei abgehakt «Ha-ha-ha lo-lo-lo» sagen,
- sich wie supercoole Typen begrüßen: abklatschen, dabei z.B. sagen: «Hi, was geht ab? Alles klar?»,
- den anderen lange Nasen zeigen, dabei z.B. sagen: «Ätschbätsch, atschbätsch»,
- die anderen zu der langen Nase beglückwünschen, dabei z.B. sagen: «Super Nase! Super Typ!»

Fratzen-Spiel
- Beginnen mit extremen Bewegungen der Gesichtsmuskulatur, dann
- Augen aufreißen, Augenzusammenkneifen,
- Mund breit, groß, spitz, rund,
- an den Ohren ziehen: nach oben, zur Seite, nach unten.
- Fratzen schneiden

Tier-Spiel
- Entweder alle zusammen in der Gruppe

- oder einer oder einige stellen ein Tier dar, und die anderen raten, welches.

Zeitlupen-Spiel
In Zeitlupe, ohne sich echt zu berühren, den anderen boxen, kitzeln, streicheln, am besten mehrmals hintereinander.

Verwandlungs-Spiel
Stell dir vor, du bist ein ...
- Roboter, seine Batterie läuft aus, dadurch wirst du langsam zum ...
- Gummimännchen, wirst weich und biegsam, streckst dich immer länger, deine Arme werden länger, deine Beine werden länger, du gehst durch einen Gummidschungel und verwandelst dich in einen ...
- Affen, der führt einen Affentanz auf und hampelt so rum, dass er sich verwandelt in einen ...
- Hampelmann, der fängt plötzlich an zu quaken, wird zu einem ...
- Frosch, der hüpft und hüpft und wird beim Hüpfen immer länger, verwandelt sich in eine ...
- Raupe, in die vielfräßige Raupe Schmatzschmatz, die kriecht zu großen Salatköpfen (sie werden auch von Spielern oder vom Spielleiter selbst dargestellt) und frisst sich satt ... schmatz, schmatz ... und als sie genug gefressen hat, kugelt sie sich zusammen, wird ganz rund und verwandelt sich in einen ...
- Schmetterling oder einen Maikäfer, der schwirrt um die Salatköpfe herum und landet auf der großen (Decken- oder Bettlaken-)Wiese.

Spiegel-Spiel
- Einer gibt ein Gefühl vor, z. B.: traurig, fröhlich, böse, mutig, ängstlich, stolz, beleidigt, wütend, verliebt;
- der andere macht jede seiner Grimassen und Bewegungen nach,

so als sei er sein Spiegel.

Bettlaken-Spiel
Ein Bettlaken oder eine Decke wird:
- zu einer Lakenwand, hinter der man sich verstecken kann,
- zu einem fliegenden Teppich,
- zu einem lebenden Berg, indem ein oder mehrere Spieler sich darunterhocken,
- zum Meer, indem es bewegt wird,
- zu einem Gespenst,
- zu einer Wiege, indem einer sich hineinlegt und von den anderen gewiegt wird (möglichst abwechseln, damit jeder mal drankommt)

Fünf Dinge, die zum Theaterspielen gehören

1 *Vorhang auf!*
Es ist ein ganz besonderes Gefühl, durch einen Vorhang zu treten. Vor dem Vorhang ist man ein anderer, spielt, lebt die Verwandlung. Und wenn es nur ein Bettlaken an einer Wäscheleine ist – am besten natürlich ein rotes. Ein Vorhang allein schafft schon ganz viel Theaterspiel-Atmosphäre.

2 *Die Bühne als Spielraum*
Wichtig ist es, einen Bühnenraum klar zu definieren und abzugrenzen. Wenn es keine erhöhte Bühne gibt, kann dies mit ganz einfachen Mitteln geschehen:

- Der Spielraum kann sich einfach innerhalb eines Kreises oder Halbkreises befinden, der von den anderen Gruppenmitgliedern gebildet wird.
- Er kann durch Klebeband oder sonstige Abgrenzungsmaterialien markiert werden.
- Er kann nach hinten eine Abdeckung haben, z. B. aus Vorhängen, bemaltem Stoff (Bettlaken, Gaze, Nessel), aus variablen Wänden (bemalter Pappe, Sperrholz). Aber manchmal reicht es auch schon, einfach Maler-Abdeckfolie zu drapieren, um dem Raum das «Normale» zu nehmen.

Bühnenbildelemente: Ein Bühnenbild kann lebendig sein, z. B. wenn Bäume, Büsche, Felsen von Spielern dargestellt werden. Und wenn es darum geht, die Geschichte mit Objekten zu illustrieren, können sich Erfindungsreichtum und Bastlerlust optimal ergänzen und wahre Wunderwerke hervorbringen, ob aus Pappe, Holz oder Styropor.

Aber oft genügen auch schon ein paar Dinge, um Akzente zu setzen und Möglichkeiten zu schaffen, hinter denen sich Figuren z. B. auch verstecken können. Das müssen nicht immer realistische Dinge sein. Angemalte Autoreifen, Riesenkartons, die wie Bauklötze benutzt werden, oder Kisten, mit Tüchern verhüllt, lassen Räume auch zu etwas Besonderem werden. Überhaupt sind Tücher – vor allem, aus weichen, fließenden Stoffen – eine Art Allroundmittel, um das Spiel zu unterstützen und Theaterbilder zu gestalten. Ein Spieler betritt mit einer langen blauen Schleppe die Bühne, überquert sie, lässt die Schleppe fallen und schon hat man einen Bach.

3 *Die Rollen*

Wer kann was spielen?

Rollen sind für jeden Schwierigkeitsgrad zu finden. Neben Sprechrollen gibt es auch pantomimische Rollen oder Rollen, bei denen der Text improvisiert werden kann. Außerdem kann ein Erzähler immer helfend eingreifen und Lücken überbrücken. Der Erzähler kann zugleich der Spielleiter sein, muss es aber nicht.

Diese Rolle kann auch von einem darstellerisch sicheren Kind (oder auch von zweien zusammen) übernommen werden.

Wie viele können mitspielen?
Sollten in den Geschichten nicht genug Rollen vorkommen, um alle, die Lust haben mitzumachen, zu beteiligen, hat man verschiedene Möglichkeiten. Man kann z. B.:
- Rollen verdoppeln – eine Rolle kann von mehreren Kindern gespielt werden.
- Rollen dazuerfinden – natürlich kann man auch beliebige Rollen, wie Statisten, z. B. Verwandte der bisherigen Figuren und sonstige Charaktere, die in die Szene passen, oder alle möglichen Tiere hinzufügen.
- Teile des Bühnenbildes darstellen lassen – einen Wald voll lebender Bäume, eine Höhle mit lebenden Felsen, eine Wiese mit lebenden Blumen … alles ist möglich.

4 Verkleidungen – Kostüme helfen beim Verwandeln
Woraus kann man Kostüme und Verkleidungen herstellen?
- Tücher werden verwandelt durch Knoten, indem man Ecken abbindet oder Löcher hineinschneidet.
- Aus Gummi- und Gartenhandschuhen kann man Pranken mit Krallen machen.
- Auch Naturmaterialien geben besondere Kostümverzierungen ab, z. B.: Holz- und Bambusstücke, Tannenzapfen, Wurzelteile.

- Um ungewöhnliche Formen zu schaffen, können Styroporelemente aus der Bastelabteilung benutzt werden, wie Kugeln, Ringe, Kränze.
- Eingenähte Hula-Hoop-Reifen helfen, eine runde Fülle zu stabilisieren, mit Drähten in Hohlnähten können alle möglichen Formen hergestellt werden.
- Für Körperverformungen zwei T-Shirts aufeinandernähen und ausstopfen.
- Normale Kleidungsstücke werden «aufgemotzt» und umgestaltet, indem man sie bemalt.

5 Schminke und Masken

Wenn keine Kostümteile organisiert werden können, hilft auch schon Schminke, um Verwandlungsprozesse zu unterstützen. Dabei muss es gar keine perfekte Vollmaske sein, ein aufgemalter Schnurrbart, rote Backen, eine rote Nase, ein großer Mund und betonte Augenbrauen reichen oft schon.

Auch Karnevalsartikel können kombiniert werden. Effektvoll sind Brillen, Augenklappen, Halbmasken, künstliche Nasen. Sie schaffen Distanz, erleichtern das Spiel, denn dann gibt es etwas, hinter dem sie sich verstecken können.

Masken selber machen

Masken können selber hergestellt werden mit Maschendraht, den man mit Papierschnitzeln verkleidet, die in Tapetenkleister eingeweicht sind. Wenn diese Masse trocken ist, kann sie gut bemalt werden.

Wo findet man Spielmaterial?

Grundsätzlich können alle Geschichten frei nachgespielt werden. Wer nach Vorlagen und fertigen Stücken sucht, findet in unseren Empfehlungen Tipps.

KREATIVITÄT OHNE LEISTUNGSDRUCK

> «Als Kind ist jeder ein Künstler.
> Die Schwierigkeit liegt darin, als
> Erwachsener einer zu bleiben.»
> PABLO PICASSO

«Früher hat er einfach drauflosgemalt. Das war toll», erzählt Nils' Mutter. «Jetzt denkt er so viel nach und ist viel kritischer, malt auch weniger, sondern zeichnet mehr. Und dann auch kleiner.»

Auf jeden Fall ist sie auch stolz auf Nils' letztes Werk. Er hat ein Bilderbuch gezeichnet, eine Elefantengeschichte. Sie handelt von einem karierten Elefanten, den die anderen Elefanten in der Herde zunächst nicht mögen und mit dem sie auch nichts anfangen können, weil er kariert ist. Trotzdem findet der karierte Elefant einen Freund. Als Zeichen seiner Freundschaft bemalt er sich auch kariert, um einmal zu spüren, wie das so ist, als karierter Elefant rumzulaufen. Das macht die anderen Elefanten neugierig. Und so bemalen sich nun alle, haben viel Spaß daran und machen ein großes Fest daraus. Seitdem sind sie stolz darauf, einen karierten Elefanten in ihrer Mitte zu haben, und feiern dieses Fest nun jedes Jahr.

Dahinter steckt eine Botschaft, die zum Thema dieses Buches passt. Denn so manches Kind mag sich unter vernunftgesteuerten Erwachsenen, die mehr als graue Elefanten daherkommen, wie ein bunt karierter Elefant fühlen, der in seinen Träumen auch gepunktet oder gestreift sein kann. Und wenn die grauen Elefanten nicht nur Interesse daran haben, dass der karierte Elefant auch grau wird, sondern sich darauf einlassen können, inspiriert zu werden von diesem Besonderen, diesem Einzigartigen, dann kann es ihren Alltag bereichern und diesen Tag zu einem Festtag machen.

Phantasie und Einfallsreichtum kann man nicht erzwingen. Eltern können Anstöße geben, ermutigen und dem Kind vermitteln, dass sie kreative Leistungen wertschätzen, mindestens genauso wie kognitive Leistungen. Auf keinen Fall weniger. Aber wenn Eltern von den Fähigkeiten ihrer Jüngsten schwärmen, dann hört man sie eher sagen. «Marvin ist erst vier und kann schon rechnen!», oder «Lea ist erst drei und kann schon ihren Namen schreiben.» So wird den Kindern von klein auf vermittelt, was vermeintlich zählt im Leben. So fühlen sie sich alleingelassen mit ihrem unerschöpflichen Potenzial an Phantasie, bekommen vermittelt, das ist zwar ganz nett, aber wirklich anfangen kann man damit nichts.

Für viele Eltern stellt es sich auch so dar, weil es für Phantasie keine Noten gibt. Und dann kann es passieren, dass sie sich in der Schule beschweren, wenn zu viel «rumgespielt» wird. Denn schon früh spukt in den Köpfen die Frage: «Was soll mal aus meinem Kind werden?» Und geradezu erschrocken reagieren manche, wenn sich abzeichnet, dass ihre Kinder als «Kreative» durchs Leben gehen und keinen «klassischen Beruf» wählen wollen. Die Sorge um die Absicherung lässt sie zu Warnern werden, anstatt zu Unterstützern. Die Bedenken sind verständlich in einer Gesellschaft, die von dem Bestreben nach Absicherung geprägt ist. Aber was ist wirklich sicher?

Und Kreativität ist eine ganz besondere Kraft, die Dinge zu schaffen vermag, auf die manche gar nicht gekommen wären.

Das, was gelebte Kreativität mit sich bringt, ist manchmal für die, die damit zu tun haben, schwer zu verstehen. Die Einbindung in feste Strukturen fällt schwer. Und wenn man abtaucht in phantastische Welten, ist man weg, nicht ansprechbar für normale, alltägliche Dinge. Also, wenn das Kind manchmal nichts hört, wenn es abgetaucht ist in seine Welten, gehen Sie sanft mit ihm um. Es muss die Reise in die Wirklichkeit erst zurücklegen, bis es den Eltern folgen kann. Und das geht manchmal nicht so schnell. Es ist auch wichtig, das einzukalkulieren, wenn es darum geht, pünktlich loszukommen. Früh genug anfangen mit den Vorbereitungen hilft. Damit erspart man sich unnötigen Stress.

«Die will am liebsten nur zeichnen.» – «Der hat nur seine Musik im Kopf.» Wenn es sich abzeichnet, dass Ihr Kind auf einem Gebiet eine besondere Begabung hat, geben Sie ihm die Chance, sie auszuleben. Aber auch hier ist das richtige Maß wichtig. Wenn die Erwartungshaltung zu groß ist, entsteht leicht ein Druck nach dem Motto: «Ich muss jetzt beweisen, dass ich so gut bin.» Das lähmt jede Kreativität und Phantasieentwicklung. Je mehr man es beweisen will, umso größer werden die Blockaden. Phantasie und Kreativität lassen sich nicht erzwingen. Sie wollen von Freude und Leidenschaft gelockt werden.

Und geht es darum, den Weg zu finden, auch die anderen Elemente zu integrieren, all das kognitive Können und Wissen, das unsere Gesellschaft verlangt, um sich in ihr zu behaupten. Und wenn man danach sucht, beides zu verbinden, finden sich auch Möglichkeiten. Es gibt Schulformen – wenn auch noch viel zu wenige –, die Kreativität auch in besonderem Maße fördern. Und wer sagt, dass die Vermittlung von Wissensstoff trocken sein muss. Auch hier gibt es kreative, phantasievolle Wege. Informationsstoff kann in Geschichten eingearbeitet sein oder sonst in besonderem Maße spannend aufbereitet. Die Sendung «Wissen mach ah» ist so ein Beispiel, wie Stoffe spannend an die Zielgruppe gebracht werden können. Auch Malen und Basteln können Wege sein, um Theoretisches sinnlich begreifbar zu machen, oder auch das Rollenspiel. Möglichkeiten gibt es viele. Man muss sie nur zu nutzen wissen und alles Kreativitätsfördernde spartenübergreifend mit einbinden.

Wie gut das funktioniert, sieht man an der großen Beliebtheit von Wissens- und Lernspielen. Aber hierbei ist es wichtig, daran zu denken, dass der Lern- und Wissensvermittlungsaspekt nicht immer im Vordergrund steht. Dann werden Kreativität und Phantasie funktionalisiert und ihres eigentlichen Wesens beraubt. Denn zur Wissensvermittlung gehört auch das Abfragen der Leistungskontrolle, und da taucht er wieder auf, der Druck «Ich muss gut sein!».

Kinder wollen von sich aus Erfolgserlebnisse haben, wollen die Dinge gut machen. Es wird dann schwierig, wenn die Erwartungen der Eltern mit bestimmten emotionalen Bedingungen gekoppelt sind. «Wenn du das nicht schaffst, ist die Mami (oder der Papi) aber traurig.» Mit solchen Aussagen vermittelt man die Botschaft, das Kind sei für das Wohl und Wehe der Eltern verantwortlich. Und das ist eine Bürde, die immensen Druck auslöst. Kinder sind nicht auf der Welt, um ihre Eltern glücklich zu machen. Kinder fühlen sich wohl, wenn die Eltern glücklich sind. Aber sie dürfen nicht das Gefühl bekommen, sie seien dafür verantwortlich.

Und das gilt nicht nur für Kinder, sondern für jeden. «Jeder ist seines Glückes eigener Schmied», so heißt es in dem alten Sprichwort. So geht es nicht darum, mit zu schmieden, sondern dem anderen vorzuleben, wie das geht, und den Kindern zur Seite zu stehen, ihnen zu zeigen, wie es funktioniert. Oder wie die Pädagogin Maria Montessori es ausgedrückt hat:

«In Wirklichkeit trägt das Kind den Schlüssel zu seinem rätselhaften individuellen Dasein von allem Anfang in sich. Es verfügt über einen inneren Bauplan der Seele und über vorbestimmte Richtlinien für seine Entwicklung. Das alles ist aber äußerst zart und empfindlich, und ein unzeitgemäßes Eingreifen des Erwachsenen mit seinem Willen und seinen übertriebenen Vorstellungen von der eigenen Machtvollkommenheit kann jenen Bauplan zerstören oder seine Verwirklichung in falsche Bahnen lenken.»

Um die Phantasie auszudrücken, gibt es viele Möglichkeiten. Im Folgenden werden ein paar kreative Gestaltungsbereiche kurz näher angesprochen.

Malen, Zeichnen, Kritzeln

Kinder erkunden die Welt mit allen Sinnen. Und jüngere Kinder setzen ihren ganzen Körper dazu ein, um mehr über ihre Umwelt zu erfahren und herauszufinden, wie sie diese Welt beeinflussen können. Und die Vorstufen des Malens und Zeichnens sind in einer Tätigkeit zu sehen, die Eltern meistens ganz anders interpretieren und demzufolge auch möglichst schnell unterbinden. Gemeint ist das Herumschmieren, z. B. mit Brei. Und das wird ja eher mit «Bäh! So was macht man nicht» kommentiert und nicht als ein

Kunstwerk gesehen, dass die Tischplatte oder andere Dinge ziert.

Georg Peez, Professor für Kunstpädagogik in Frankfurt, berichtet in seinem Artikel «Kinder kritzeln, zeichnen und malen – warum eigentlich?» (in Forschung Frankfurt 2011), dass er mit seinen Kolleginnen Constanze Kirchner und Uschi Stritzker mehrere «Fallstudien zu Schmieraktivitäten» von neun bis zwölf Monate alten Kindern ausgeführt hat. Und er stellt fest: «Erst durch die Motorik, also die Bewegungen der Finger und Hände, lässt sich das Schmiermaterial von den Kindern sensitiv wahrnehmen, also erfühlen.» Ja, Spinat, Karottenbrei oder ähnlich zähflüssiges Material ist wirklich vielfältig einzusetzen, ist also das optimale Objekt für das forschende Kleinkind. «Während es den Brei verschmiert, beobachtet das Kind das eigene Tun und sieht Veränderungen in den Breiresten, die durch die Bewegung der Hand hervorgerufen werden», erklärt Georg Peez. «Das Kind hat wahrgenommen und seinen eigenen Fingern und Händen dabei zugesehen, wie diese das Breimaterial verändert haben. Es erkennt seine Schmierspuren. Dies ist ein fundamentaler, erster bildnerischer Akt.» Nach dem Schmieren folgt die Kritzelphase, wenn das Kind einen Stift halten kann. Zur Freude seiner Eltern, die mit dieser Art Kunstobjekte unbekümmerter umgehen können und sie auch nicht direkt mit einem «Wisch und Weg» verschwinden lassen. Etwa mit zweieinhalb Jahren macht das Kind dann einen großen weiteren Schritt: Es entwickelt Assoziationen beim Betrachten seiner Kritzeleien. «Oft entdeckt es jetzt Dinge oder einfache Zeichen wieder, die es in Bilderbüchern gesehen oder auch in der Umwelt wahrgenommen hat», schreibt Peez. «Sinnunterlegtes Kritzeln» werden diese Produkte kindlicher Kreativität in der Forschung genannt.

Und Peez macht ihre Bedeutung klar: «Diese Fähigkeit ist entscheidend für fast jede kulturelle Tätigkeit. Aus Bildsymbolen entwickelten sich beispielsweise Schriftzeichen und Buchstaben. Ohne diese kognitive Fähigkeit, die sich im dritten Lebensjahr zeigt, könnten wir keine Schrift lesen.» Und diese Fähigkeit entwickelt das Kind dann immer weiter, schafft seine eigenen «Zeichen» und «Sinnzeichen», die vom Kind symbolhaft benutzt werden, um Erlebtes auszudrücken. Im Grundschulalter werden dann sogar ganze Szenarien geschaffen. Das ist auch die Zeit, wo das Kind noch mit Begeisterung ganz selbstverständlich zeichnet und malt, ohne den Druck zu verspüren, besonders gut sein zu müssen. Aber «die Bedeutung des Sinnzeichens nimmt immer mehr ab», stellt Peez fest, «und weicht dem Anspruch, etwas naturalistisch, visuell ‹richtig› abzeichnen zu können». Und dann ist es wichtig, die Heranwachsenden dabei zu unterstützen, dass die Lust am Zeichnen und Malen nicht ganz verlorengeht. Das bedeutet auch, sich mit Kritik und Korrekturen zurückzuhalten. Das gilt generell. Denn vor allem auch in der Phase, wenn das Kind seine eigenen «Sinnzeichen» malt, geht es ihm gar nicht darum, ein «schönes, richtiges» Bild zu malen. «Das Kind entwickelt eigene Symbole, eine eigene Formensprache, um die Welt besser zu verstehen und ordnen zu können», so erklärt es Georg Peez. So schafft sich das Kind auch hier seine eigene Welt, die der des magisch-phantastischen Denkens entspricht. Und die Symbole dieser kindlichen Welt können Eltern nicht mit Erwachsenenlogik entschlüsseln. Dazu braucht es die Hilfe derer, die sich mit diesen Symbolen auskennen. Das sind die Kinder selber. Deshalb empfiehlt Georg Peez: «Erwachsene sollten Kinder nicht auf die ‹Fehler› in ihren Zeichnungen hinweisen und das Dekorative eines Kinderbildes betonen, sondern sie sollten genau hinschauen und mit dem Kind in ein Gespräch über sein Bild eintreten.»

Basteln

Wenn Kinder etwas selber erschaffen können, hebt das ihr Selbstwertgefühl. Stolz zeigen sie ihre Bastelkunstwerke her. Und Freude macht ihnen nicht nur dieser Moment, wenn sie das fertige Werk präsentieren können. Auch der Vorgang an sich, die Zeit, wenn sie damit beschäftigt sind, ihr Werk herzustellen, auch diese Zeit erleben sie wie ein Spiel, in das sie abtauchen können. Sie vergessen dabei alles um sich herum und sind ganz und gar damit beschäftigt, sich bastelnd ein Stück ihrer Welt neu anzueignen. Spielerisch üben sie dabei Fähigkeiten ein, die für das manuelle Gestalten und das Begreifen, also das taktile Erfassen, der Umwelt wichtig sind. Es fördert die Sensibilität für verschiedene Materialien. Wie fühlt sich Filz an, im Gegensatz zu Knete oder Kastanien, Moos, Tannenzapfen, Holz? Die Phantasie wird angekurbelt, wenn man herausfindet, was aus dem Material alles hergestellt werden kann und wie man das am besten anstellt.

Und wenn man bedenkt, was Basteln an Fähigkeiten fördern kann, dann dürfte es eigentlich auf keinem Unterrichtsplan fehlen. So beinhaltet die «Kompetenzpalette»:
- Die Entwicklung und Verbesserung der Feinmotorik, z. B. beim Ausschneiden, Falten, Zusammenstecken, kleben, falzen, einfädeln;
- das Vertrauen in die eigene Kreativität stärken;
- die Möglichkeiten zu entdecken, was man alles «erschaffen» kann;

- eine Vielfalt an verschiedenen gestalterischen Ausdrucksformen kennenlernen und einüben;
- Ausdauer und die Fähigkeiten, miteinander zu kommunizieren und sich zu verständigen;
- und wenn Eltern mit ihrem Kind darüber sprechen, was es gerade macht, und sich das Werk beschreiben lassen, dann fördert das nebenbei auch noch die Sprachentwicklung.

Basteln kann man mit allen möglichen Materialien. Inspirierend für den Einfallsreichtum ist es auch, bekannte Haushaltsdinge anders zu benutzen, z.B. Kronenkorken, Klopapierrollen, Kartons, Plastikflaschen, Topfkratzer, Pfeifenputzer, Strohhalme, Wäscheklammern, Korken. Und praktisch ist es, eine Bastelkiste anzulegen, in der alles gesammelt wird, was man zum Basteln benutzen kann. Dann muss man die Dinge nicht immer extra zusammensuchen.

Das Internet ist voll von Bastelideen in jedem Schwierigkeitsgrad und für jede Gelegenheit. Bastelmaterialien in großer Zahl gibt es in Kaufhäusern und speziellen Bastelläden, z.B.: Fenstermalfarben für Fensterbilder, die man abziehen und immer wieder neu gestalten kann; Bänder, aus denen Freundschaftsbänder geflochten werden können; Scoubidous – aus Plastik hergestellte Schlüsselanhänger; Perlen, um Perlentiere aufzufädeln; oder FIMO, eine Modelliermasse, die es in vielen bunten Farben gibt. Daraus lässt sich wunderbar eine phantastische Welt aus Figuren formen. Wenn man tiefer eintaucht in das Universum des Bastelns, dann gibt es kaum etwas, das sich nicht irgendwie verwerten lässt.

Zur Kreativität gehört die Fähigkeit, Vorhandenes neu zu definieren und Möglichkeiten aufzutun, neue Nutzungsmodelle und Wirkungsweisen zu schaffen. Genau das geschieht beim Basteln.

Sicher gibt es auch Eltern, die eher zurückhaltend sind mit ihrer Begeisterung für diese Form der Gestaltung. Manche fürchten, es würde zu viel Dreck machen. Durch entsprechende Vorsorge kann hier leicht Abhilfe geschaffen werden. So sollte man nicht gerade im Wohnzimmer auf dem neuen Teppich mit Fingerfarbe experimentieren, die Küche oder das Kinderzimmer sind besser dafür geeignet. Und bei besonders «dreckintensiven» Aktionen kann man die Umgebung mit Abdeckfolie schützen. Auf jeden Fall sollte man sich nicht darauf verlassen, dass aufgepasst wird. Denn im Eifer des «Bastel-Gefechts» verschieben sich die Dimensionen. Ganz in der Bastelwelt versunken, zählt nur noch das Objekt. Alles andere ist schnell vergessen.

Und wenn es frisch ans Werk geht, sollten Eltern sich zurückhalten. Geben Sie Hilfestellung, wenn die Kinder es brauchen, aber gehen Sie nicht dazwischen und verbessern Sie die Kunstwerke nicht. Motivieren Sie durch Lob und ermuntern sie an Stellen, wo es kniffliger wird und Geduld gefragt ist. So wird auch die Ausdauer gefördert und die Fähigkeit dranzubleiben. Also Basteln als Basisförderung auf der ganzen Linie.

Genau wie Malen und Zeichnen, kann Basteln eingebunden werden in alle möglichen Beschäftigungen, die die Phantasie fördern. Ob fürs Theaterspiel Requisiten gebastelt, Figuren und Szenen von Geschichten nachgestellt oder Musikinstrumente selber gebaut werden – etwas selber herzustellen macht in einem besonderem Maße zufrieden. Im Gegensatz zu einem «industriellen Spielzeug», wo die Freude im ersten Moment zwar groß ist, das Interesse aber schnell erlahmt.

Und das Vorhaben, etwas zu basteln, kann auch ideal mit der Erkundung der Natur verbunden werden. Sie ist eine unerschöpfliche Quelle für Bastelmaterial aller Art: Steine, Rinde, Tannenzapfen, Kastanien, getrocknete Blätter und Blüten – da sieht man im Geiste schon die Kastanientiere hüpfen und die Tannenzapfenmännchen tanzen. Und wie der kindliche Einfallsreichtum für ungewohnte Kombinationen Herzen berühren kann, zeigt die Geschichte von Mia und Manuel.

An diesem Frühlingstag schien die Sonne so hell, als sei schon Sommer. In der Wiese leuchteten die Gänseblümchen, und der Himmel strahlte blauer als die Vergissmeinnichtblüten. Mia und Manuel hatten einen Marienkäfer entdeckt und beobachteten seine Reise entlang der Margeritenblätter. Er flog von einem Blatt herunter und landete auf einem getupften runden Stein. Das brachte Manuel auf eine Idee. Als er Mia davon erzählte, war sie sofort begeistert. Und gemeinsam sammelten die beiden nun besonders schöne Steine und besonders schöne Blüten. Die Steine dekorierten sie mit den Blüten von Gänseblümchen, Vergissmeinnicht, Margeriten und Veilchen. Und sie schmückten damit den Straßenrand und boten sie den vorbeigehenden Passanten als Geschenk an. Damit bekamen sie nicht nur ein Lächeln geschenkt, sondern auch den ein oder anderen Cent. Den legten sie dann auch gleich auf ein Blüten-Stein-Arrangement und verschenkten ihn weiter. Und an diesem Tag sah man sehr viele glücklich lächelnde Menschen diese Straße hinuntergehen. In ihrer Hand hielten sie ein Geschenk, das umsonst war, aber für sie wertvoller als vieles, das man für Geld kaufen konnte.

Sprechen, Singen, Musik

Wenn Kinder anfangen zu sprechen, produzieren sie am Anfang ganz erstaunliche Lautkombinationen. Und je weiter sie voranschreiten, umso mehr sprechen sie in ihrer eigenen Phantasiesprache. In gewisser Weise gleicht das den «Sinnzeichen» beim Malen. Die Kinder schaffen sich ihre eigenen Phantasielautverbindungen für die Begrifflichkeiten ihrer Umgebung. So beschreibt Dominik z. B. mit seinem Phantasiewort «Muhmähgagacktiti» die Gemeinschaft aller Tierbewohner eines Bauernhofes. Die Eltern sind begeistert von der Phantasie ihrer Sprösslinge, amüsieren sich und benennen die Sprache nach ihrem Kind, stellen z. B. fest: «Unser Dominik spricht wieder dominikisch.» Und ab und zu sprechen Kinder auch später noch mit einer Phantasiesprache, wenn sie sich eigentlich schon korrekt ausdrücken können. Dann verhalten sie sich, als seien sie Wesen von einem anderen Stern, die eine geradezu «außerirdische» Sprache sprechen. Dann ist die Reaktion mancher Eltern anders. Einige nervt es. Sie fühlen sich provoziert, weil sie, das, was die Kinder sagen, nicht verstehen. Wären sie in dem Augenblick fähig, das spielerische Element in dieser Ausdrucksform zu sehen, wäre es vielleicht anders. Dann könnten sie aus Tonfall und Lautverbindungen darauf schließen, was die Kinder ausdrücken wollen, und vielleicht sogar genauso phantasievoll antworten. Viele Eltern berichten, dass sie damit gute Erfahrungen gemacht haben und gemeinsam viel Spaß hatten mit ihren «Außerirdischen». Und die Kinder sprachen dann schnell von ganz alleine wieder normal.

Als Vorstufe zum Sprechen wird allgemein das Singen angesehen. Beim Singen ist man ganz im augenblicklichen

Moment. Singen und gleichzeitig etwas zu denken funktioniert nicht. Deswegen hilft es auch, wenn man in Situationen, wo Angst aufkommen will, ein Liedchen trällert. Denn Gedanken, die angstmachende Bilder erzeugen, können auf diese Art und Weise gar nicht mehr gedacht werden. Die Erkenntnis, dass Singen sich positiv auf den Stresshormonspiegel auswirkt, ist allgemein bekannt. Inzwischen konnte es auch wissenschaftlich nachgewiesen werden, und zwar an dem Ritual, was schon seit Jahrtausenden in allen Kulturen zur Stressreduzierung eingesetzt wird: Die Rede ist vom Gesang, mit dem eine Mutter ihr Baby beruhigt. Die Zeitschrift «bild der wissenschaft» berichtet von einer Studie, in der nachgewiesen wurde, dass der Level des Stresshormons Kortisol stark sank, wenn Mütter ihren Babys etwas vorgesungen haben. Und diese Wirkung hielt für mindestens 25 Minuten an. Bloßes Reden reduzierte das Stresshormon zwar auch. Aber es kehrte schnell wieder auf seinen normalen Wert zurück.

Singen kann eine heilende Wirkung haben. Es wird nicht nur in der Therapie von Sprachentwicklungsstörungen eingesetzt. Man findet es inzwischen als ergänzendes und unterstützendes Element bei der Behandlung von allen möglichen Beschwerden auch in Krankenhäusern und Altenheimen. Singen, so zeigen die Erfahrungen kann Schmerzen lindern oder sogar ganz verschwinden lassen, Heilungsprozesse unterstützen und sich positiv auf Depressionen und Wohlbefinden auswirken.

Und nicht umsonst spielen Klänge und Rhythmus bei Medizinmännern in archaischen Kulturen eine große Rolle.

Aber auch wenn man gar nicht so tief in die Materie eintaucht, kann man feststellen, dass Singen und Musik die Stimmung hebt. Auch das ist inzwischen wissenschaftlich nachgewiesen. Der Musikwissenschaftler Eckart Altenmüller, Leiter des Instituts für Musikpsychologie und Musikmedizin in Hannover, berichtet in «bild der wissenschaft», dass Musik das Belohnungssystem stimuliere. Und dort heißt es weiter: «Die dabei ausgeschütteten Botenstoffe sorgen für Glücksgefühle und Wohlbefinden. Exakt dieselben Areale im limbischen System werden angeregt, wenn wir andere arterhaltende Dinge betreiben, wie Essen und Sex.»

Über die Bedeutung von Tönen und Musik ist ja schon in Zusammenhang mit den auditiven Medien einiges geschrieben worden. Und der Satz «Die Welt ist Klang» beantwortet die Frage direkt, warum Musik so eine starke Wirkung hat. Klänge bestehen aus Schwingungen. Und wenn – wie die neueren Erkenntnisse der Wissenschaft beweisen – alles aus Schwingungen besteht, dann ist das das Urmaterial. Und dass dieses Material eine große Wirkung auf alles hat, macht Sinn.

Und da ist es auch kein Wunder, dass Kinder stark auf Musik reagieren und das sogar schon vor der Geburt, wenn sie noch im Mutterleib sind. Und kaum können sie dann wackelig auf ihren Beinen stehen, geht ihr Körper im Rhythmus mit, und sie juchzen und strahlen übers ganze Gesicht. Selbst die Kleinen rocken dann schon wie die Großen. Da zeigt sich Lebensfreude pur!

Wie stark gerade Musik und Gesang Kreativität und Phantasie anregen, zeigt sich auf der einen Seite in den immer neuen Musik- und Gesangsstilen, die entstehen. Auf der anderen Seite verliert die klassische Musik nichts von ihrer Faszination. Musik gab es immer und wird es immer geben. Denn wenn das Urmaterial aufhört zu existieren, was bleibt dann?

Singen und die passenden Klänge bringen uns in gute

«Stimmung», helfen gegen «Missklänge». Wir fühlen uns dann wieder «im Einklang» mit uns selbst. «Dissonanzen» verschwinden. Und bei Kindern funktioniert das in ganz besonderem Maße, weil sie alles noch viel offener und unvoreingenommener auf sich wirken lassen als Erwachsene.

Dazu, wie die Stimme als Instrument benutzt werden kann, hat Jau-Jau später noch ein paar Anregungen.

❏ *TUN UND LASSEN – FÖRDERN ODER BREMSEN*

Wodurch wird Phantasie gefördert?
- ❏ Wenn Eltern ihrem Kind vermitteln, dass sie kreative Leistungen wertschätzen, mindestens genauso wie kognitive Leistungen. Auf keinen Fall weniger.
- ❏ Wenn Eltern Anstöße geben, dass ihr Kind sich kreativ beschäftigen kann, z. B. beim Malen, Basteln oder Musizieren.
- ❏ Wenn Eltern beim kreativen Schaffen der Kinder nicht korrigierend eingreifen, wenn sie sich dafür interessieren, was es gerade macht, sich das Werk beschreiben lassen.
- ❏ Wenn Kinder eine besondere Unterstützung erfahren durch die Zauberformel «Das schaffst du schon».
- ❏ Wenn Eltern sich Zeit nehmen und den Kindern Zeit lassen. Dabei geht es nicht um Quantität, sondern um Qualität. Sich ganz auf die Kinder einzulassen, wenn man etwas mit ihnen macht, ihnen die volle Aufmerksamkeit zu schenken, das vermittelt Wertschätzung. Das ermutigt sie, weil sie das Gefühl vermittelt bekommen «Ich werde gesehen».
- ❏ Wenn die eigenen Vorstellungen nicht als Maßstab aller Dinge genommen werden. Das hilft Eltern, bei ihrem

Kind Fähigkeiten zu entdecken, die sonst gar nicht gesehen werden konnten, weil sie, durch die eigene «Bewertungs-Brille» gesehen, «nichts wert» waren.
- Wenn Eltern so früh wie möglich mit ihrem Kind sprechen, ihm etwas erzählen, Geschichten vorlesen, ihm etwas vorsingen. Damit fördern sie seine emotionale und geistige Entwicklung in besonderem Maße. Töne und Klänge zielen direkt ins innere Erleben, berühren die Seele.
- Wenn Eltern in Kontakt bleiben, auch wenn Ihr Kind mal andere Wege gehen will. Das schafft eine Grundlage aus Vertrauen, Annahme und Liebe.

Wodurch wird Phantasie gebremst?
- Wenn Eltern von den Fähigkeiten ihrer Jüngsten schwärmen und man sie sagen hört: «Marvin ist erst vier und kann schon rechnen!», oder «Lea ist erst drei und kann schon ihren Namen schreiben.» So wird den Kindern von klein auf vermittelt, dass etwas anderes als Phantasie wirklich zählt im Leben. So fühlen sie sich alleingelassen mit ihrem unerschöpflichen kreativen Potenzial, bekommen vermittelt, das ist zwar ganz nett, aber wirklich anfangen kann man damit nichts.
- Wenn Erwachsene jüngere Kinder beim Malen oder Zeichnen auf die «Fehler» in ihren Zeichnungen hinweisen und nur die dekorativen Elemente eines Kinderbildes betonen. Besser ist es, genau hinzuschauen und nachzufragen.
- Wenn Eltern zu schnell korrigieren, weil sie es gut meinen. Manchmal ist «die kreative Nichtperfektion» von Kindern schwer zu ertragen für jemanden, der selber alles immer perfekt machen will, der von sich verlangt, effek-

tiv und gründlich zu sein. Und man will ja nur helfen, deswegen verstehen Eltern dann nicht, warum Tränen fließen. Das Kind jedoch fühlt sich nicht gesehen, fühlt sich als Versager und will doch so gerne alles richtig machen.

❒ Wenn die Erwartungen der Eltern mit bestimmten emotionalen Bedingungen gekoppelt sind. «Wenn du das nicht schaffst, ist die Mami (oder der Papi) aber traurig.» Mit solchen Aussagen vermittelt man die Botschaft, das Kind sei für das Wohl und Wehe der Eltern verantwortlich. Und das ist eine Bürde, die immensen Druck auslöst. Kinder sind nicht auf der Welt, um ihre Eltern glücklich zu machen.

Und nun hat Jau-Jau noch ein paar Tipps, wie die Stimme als Instrument benutzt werden kann.

Jau-Jaus Stimm-Tipps

1 Mit dem Atem die Töne spüren
Der Atem durchströmt unseren ganzen Körper. Und wenn man sich darauf konzentriert, zu spüren, wie er überall hinfließt, hilft das, sich zu beruhigen und zu sammeln. Wenn man dann noch einen Ton dazu erklingen lässt, unterstützt dieser Ton die Wirkung.

Bei der folgenden Übung können auch verschiedene Töne ausprobiert werden, um so herauszufinden, ob die Töne eine unterschiedliche Wirkung haben, sich unterschiedlich anfühlen.

Die Übung wird am besten im Liegen gemacht.
- Atem spüren – fließen lassen,
- den eigenen Rhythmus finden,

- einatmen – Pause – ausatmen so,
- als ob man eine Kerze leicht ausbläst – Pause,
- einatmen – Pause – ausatmen so,
- als ob man eine Kerze kräftig ausbläst – Pause,
- einatmen – Pause – auf das Ausatmen
- … einen Ton summen – Pause,
- dazwischen ausseufzen und den ganzen Körper entspannen.

2 Einen gemeinsamen Kraftton finden

Wenn man sich mit einem Ton aufeinander einstimmt, fördert das die Gemeinschaft in besonderem Maße. Man spürt die anderen, fühlt sich nicht allein und hat deswegen schon das Gefühl, stark zu sein. Und mit dieser Übung kann man diese Atmosphäre schaffen:

Es wird ein Kreis gebildet. Alle fassen sich gemeinsam an den Händen, bilden einen Ton, der immer stärker wird, dann leise wieder abklingt, und sprechen dann gemeinsam:

Quak, quak, quak
Gemeinsam sind wir stark

3 Mit Lauten und Phantasieworten sprechen

Dafür gibt es sogar eine Sprache. Man nennt sie:

Gibberisch – So bezeichnet man eine individuell unterschiedliche Phantasiesprache, die ausschließlich derjenige artikulieren kann, der sie spricht. Trotzdem kann man sich aber sehr gut auf Gibberisch verständigen. Denn die Bedeutung des Gesagten wird klar durch den Tonfall, die Gesten und die Klänge der Phantasiewörter. So eignet sich Gibberisch ideal für Situationen, in denen einem die «richtigen» Worte fehlen und auch dafür, seinen Gefühlen im sprachlichen Ausdruck einmal freien Lauf zu lassen.

Eine andere Bezeichnung für «Gibberisch» ist «Grummelot» oder *Grammelot* – laut Wikipedia ist damit eine «Spielsprache» gemeint, die auch im Theater angewendet wird, vor allem wenn es um satirische Inhalte geht. Genauso wie beim Gibberisch werden hier auch lautmalerische fiktive Worte und Wortfetzen gesprochen. Unterstrichen wird die Aussage mit illustrierender Mimik und Gestik, die oft mit dem Mittel der Überzeichnung arbeitet. Dario Fo, der italienische Autor, Theatermacher und Träger des Nobelpreises für Literatur, hat sie benutzt – z. B. in seinem Stück «Mistero Buffo». Und auch Charlie Chaplin spricht Grammelot in seinem Film «Der große Diktator».

Es heißt, die Herkunft dieser Sprache gehe auf die italienische Commedia dell'Arte zurück, eine Volkstheaterform, die mit stark ausgeprägten Charakteren, die an Archetypen erinnern, gespielt hat. Diese Form der Sprache sollte den überzogen holzschnittartigen Charakter dieser Figuren unterstützen.

Das mag ja stimmen. Aber um der Wahrheit die Ehre zu geben – wer hat sie wirklich erfunden? Die Kinder.

Diese Art von lautmalerischer Phantasiesprache – ob man sie nun Gibberisch oder Grammelot nennt – ist ein beliebtes Stilmittel bei der Improvisation. Und man kann sie im Alltag benutzen, wenn einem so viele Gedanken im Kopf herumspuken, dass man gar nicht mehr weiß, wie man sie sortieren soll.

Und wenn diese Sprache schon von den Kindern abgeschaut ist, was liegt näher, als sie auch mit ihnen zusammen zu benutzen.

Also in dem Sinne: «Tschäwutschitschaschick!» Das ist Gibberisch und bedeutet viel Spaß!

WIE VIEL PHANTASIE BRAUCHT ERZIEHUNG?

> «Kreativität ist das Überbleibsel vergeudeter Zeit.»
> ALBERT EINSTEIN

Erziehung braucht so viel Phantasie wie möglich. Aber was tut man, wenn man selber Schwierigkeiten hat, sich darauf einzulassen? Nicht allen Eltern fällt es leicht, mit Wischmopps zu sprechen, als seien es Monster. Oder ein hilfloses Lächeln zu verbergen, wenn der kindliche Entdecker den Kinderzimmerboden gerade in ein Meer verwandelt hat und ruft: «Pass auf, Mami, da darfst du nicht drüberlaufen. Du wirst doch nass!»

Eltern freuen sich, wenn ihre Kinder viel Phantasie haben. Aber es kann ihnen auch zu viel werden, wenn sie nicht mehr weiterwissen und ihnen die phantastischen Argumente ausgehen.

«Ich bin eben nicht immer in der Stimmung, ein Grüffelo zu spielen», so bringt es eine Mutter auf den Punkt.

Und manchen Eltern kann es geradezu peinlich sein. «Also ehrlich, wenn ich da am Spielplatz sitze neben einer anderen Mutter, die gerade mit ihrem Smartphone nebenbei noch etwas abcheckt, da komm ich mir blöd vor, wenn ich mich zum Affen mache.»

Theoretisch ist es den meisten klar, wie wichtig die Phantasie ist. Aber praktisch ist einfach nicht immer Zeit dafür.

So kommt es Eltern vor, die eingebunden in den Stress des Funktionierens ihrer eigenen Zeit hinterhereilen. Wenn der Kopf voll ist von Terminen, Listen, die abgearbeitet werden wollen, dann erscheint einem alles Spielerische, Phantastische als Kinderkram, als etwas, mit dem man die Zeit, die man doch für so viel Wichtiges braucht, vergeuden würde.

Und überhaupt ist für viele Phantasie etwas, das man sich kaum noch leisten kann, wenn einen der «Ernst des Lebens» im Griff hat.

Und die Suche nach Orientierung endet oft in Ratlosigkeit und den Gefühlen, mit allem überfordert zu sein.

Dazu kommt, dass alles immer schneller und immer effektiver erledigt werden muss. Warum eigentlich? Wo bleibt die scheinbar angesparte Zeit? Sind wir schon an dem Punkt, den Tennessee Williams einmal mit den Worten beschrieben hat: «Eines Tages wird es gleichgültig sein, ob wir glücklich oder unglücklich sind, weil wir für keines von beiden Zeit haben.»

Das Zeitproblem ist tief in den Strukturen unserer Gesellschaft verwurzelt. Aber das Bewusstsein wächst, dass nicht Beschleunigung, sondern Entschleunigung die Lösung ist. Denn Hektik und Stress sind der Feind der Phantasie, der Feind der Kreativität und auch der Feind der Gesundheit. Das alles braucht Raum und Zeit, um sich entfalten zu können. Und das ist kaum möglich bei einem verplanten, vollen Terminkalender, der oft auch schon das Leben von Kindern bestimmt. Dadurch werden sie an eine Struktur gewöhnt, die Beschäftigung diktiert, die Aktivitäten vorplant und so das Leben verplant. Freie Zeit selber zu gestalten, das fällt Kindern dann mehr und mehr schwer. Woher sollen sie es auch können, wenn es ihnen immer abgenommen wird. Die Eltern leben den Kindern das Beispiel eines durchorganisierten Lebens vor, in dem kaum noch Platz ist für Ruhe, Entspannung und Zeit zum Träumen.

Aber sich dessen bewusst zu sein, kann schon der erste Schritt sein, alte Verhaltensmuster zu ändern. Es kann davor schützen, sich immer noch mehr von anderen anstecken zu lassen. Es kann einen dazu ermutigen, sich seine Zeit zu nehmen und seinen Kindern ihre Zeit zu lassen. Und es kann vor allem dazu führen, die Zeit, die einem zur Verfügung steht, intensiver zu gestalten. Denn oft geht es gar nicht um Quantität, sondern um Qualität. Sich ganz auf die Kinder einzulassen, wenn man etwas mit ihnen macht, ihnen in diesen Zeiten wirklich die volle Aufmerksamkeit zu schenken, das vermittelt Wertschätzung. Das ermutigt sie, weil sie das Gefühl vermittelt bekommen: «Ich werde gesehen.»

Hier hilft auch ein Perspektivwechsel in der Bewertung von dem, was man mit seiner Zeit macht. Wenn es gesellschaftlich einen höheren Stellenwert bekommt, Zeit zur Muße zu haben, Zeit zum Träumen, zum Seele-baumeln-Lassen, dann kann der Druck weichen. Wenn man es schafft, den Glaubenssatz: «Je mehr Stress ich habe, umso wichtiger und wertvoller kann ich mich fühlen», neu zu formulieren, dann kann ein Umdenken stattfinden. Und ein neuer Glaubenssatz könnte heißen: «Ich bin wertvoll, weil jeder Mensch seinen eigenen Wert hat.» Wenn Eltern das so spüren können, dann vermitteln sie das auch an ihre Kinder.

Und welcher Satz am besten hilft, die Dinge anders anzupacken, das weiß jeder selbst am besten. Fest steht: Der neue Gedanke ist der Anfang. Wird er nur oft genug gedacht, folgen die Taten fast von ganz allein. Weil ein Gedanke, der oft gedacht wird, zu einer Überzeugung heranreift. Und die gibt Kraft, Dinge zu verändern.

Zu den Zeitfressern gehört es auch, Probleme hin und her zu wälzen und sich Sorgen zu machen. Und ein Problem, was Eltern immer wieder den Schlaf raubt, ist die Frage: «Was wird aus meinem Kind?» Die eigenen Wunschvorstellungen verstellen manchmal den Blick auf die besonderen Fähigkeiten eines Kindes.

Das fängt früh an und zeigt sich dann besonders an der Frage, welcher Beruf gut ist für mein Kind. Dazu antwortet eine Mutter in einem Leserbrief in der «taz» vom Juni 2014 einem Autor, der seine Tochter von dem Berufswunsch «Produktdesign» abbringen will. Die Leserin berichtet, wie der Autor seiner Tochter diesen Wunsch madig macht, indem er anführt, dass den wenigsten Produktdesignern «bleibende Entwürfe» gelingen, dass die meisten Polstermuster für Autositze oder Kunststoffverkleidungen für Waschmaschinen entwerfen. Und die Mutter hält in ihrem Brief dagegen: «Ja, was ist daran so schlimm? Ist doch schön, wenn das Autopolster gut aussieht! Und was heißt schon ‹bleibende Entwürfe›? Wünschen Sie sich einen erfüllenden Beruf für die Tochter, oder streben Sie Unsterblichkeit für sie an?

Verdammt, Herr K. und alle anderen Eltern und sonstige Laberer, die ihre Kinder in der unsichersten Zeit ihres Lebens und der schwersten Entscheidung noch mehr verunsichern: Nehmt sie doch endlich mal ernst, begleitet sie in ihrem Wunsch nach einem Beruf, sei er noch so abwegig. Und wenn sie später merken, dass sie in Sackgassen landen, glaubt ihr denn, die sind so doof, dass sie es nicht selber merken!? Nichts im Leben lernt man umsonst. Erinnert euch an das eigene Berufsleben. Und wenn bei mir die/der nächste Jugendliche sagt: ‹Ich will Vulkanologe/in werden›, dann fahre ich mit ihr/ihm in die Vulkaneifel zum Schwimmen im wunderschönen Maar.» (L. W. aus F.)

Kinder zu begleiten, auch wenn sie ungewohnte Pfade gehen, sie zu ermutigen – das macht Kinder stark, motiviert sie, ihren Weg zu finden und ihn zu gehen. «Die Aufgabe der Umgebung ist es nicht, das Kind zu formen, sondern ihm zu erlauben, sich zu offenbaren», hat Maria Montessori gesagt.

Und da können Eltern ihrem Kind am besten helfen, wenn sie ihm zwar Anstöße geben, aber letztendlich das Kind entscheiden lassen, welche Spiele es spielen will, ob und welches Instrument es spielen will, welche Sportart es betreiben will. Und die eigenen Vorstellungen nicht als Maßstab aller Dinge zu nehmen hilft auch dabei, bei dem Kind Fähigkeiten zu entdecken, die sonst gar nicht gesehen werden konnten. Weil sie, durch die eigene «Bewertungsbrille» gesehen, «nichts wert» waren. Oder wie es Albert Einstein ausgedrückt hat: «Jeder ist ein Genie. Aber wenn du einen Fisch danach bewertest, ob er auf einen Baum klettern kann, dann lebt er sein ganzes Leben in dem Glauben, er wäre dumm.»

Phantasien und Träumereien ernst nehmen

Kinder wollen stark sein

Jüngere Kinder haben manchmal mit diffusen Gefühlen zu kämpfen, die sie nur schwer zuordnen können. In ihrer Hilflosigkeit träumen sie sich dann in Figuren und Situationen hinein, die ihnen helfen, mit diesen Gefühlen umzugehen. Dann träumen sie davon, ein gefährliches Krokodil zu sein, ein starker Bär oder ein wilder Löwe, vor dem alle Angst haben und der es allen zeigt. In ihren Träumen bekommen die Kinder dann das, was ihnen in der Realität fehlt und wonach sie sich sehnen.

«Na, mein Kleiner, soll ich dir mal zeigen, wie es geht», diese Grundhaltung bringt viele Heranwachsende mit Recht auf die Palme. Wenn man Kindern mit einer Einstellung begegnet, sie seien noch so klein, so unwissend und deswegen so weisungsbedürftig oder einfach «zu niedlich», dann ruft das Widerstände in ihnen hervor. Sie spüren, dass ihr Gegenüber sie nicht ernst nimmt, und das kränkt sie. Kinder sind von Natur aus lernbegierig, sie wollen immer mehr können, immer mehr alleine schaffen, immer unabhängiger sein. Sie wollen stark sein und wünschen sich, dass die Eltern ihre Stärke wahrnehmen. Und wenn sie so bestätigt werden, dann können sie sich auch schwach zeigen, ohne dass ihr Entwicklungsdrang gebremst wird durch eine Botschaft, die da lautet: «Du hast es schon wieder nicht geschafft.»

«Ich hab dich lieb», wenn Kinder dieses Gefühl vermittelt bekommen, macht es sie mutig, dann können sie sich stark fühlen.

Kinder wollen sich angenommen fühlen

Sie spüren genau, ob sie sich mit ihren Wünschen und Bedürfnissen, Sorgen und Ängsten angenommen fühlen.

Und dazu gehört es auch, dass ihre Sicht auf die Welt angenommen und nicht am laufenden Band korrigiert und verbessert wird.

Wobei es auch Kinder gibt, die verhalten sich mit Absicht so, dass sie gegen aufgestellte Regeln verstoßen, um sich dann eine Ermahnung oder eine Zurechtweisung einzuhandeln. Bei manchen steckt dahinter der verzweifelte Schrei nach Aufmerksamkeit und Zuwendung. So werden sie wenigstens beachtet. Aber das, was sie wirklich wollen, ist gesehen und geliebt zu werden. Und ein solch störendes Verhalten kann auftauchen nach einer langen Reihe von

Entmutigungen, die den Erwachsenen vielleicht gar nicht aufgefallen sind, weil sie die Lage ganz anders beurteilt haben. Manchmal werden Erwachsene so von dem Postulat des Funktionierens angetrieben, dass sie die Versuche des Kindes, einen Zugang zu den «Großen» zu finden, mit teilzuhaben an ihrer Welt, sich einzubringen und gesehen zu werden, missdeuten oder erst gar nicht bemerken.

Kinder wollen einbezogen werden

Wenn der Moment gerade ungünstig ist, weil man losmuss, dann nervt es schon mal, wenn die Kinder darauf bestehen, etwas selber zu tun, z. B. sich anzuziehen. Die kostbaren Minuten vergehen, und der Kopf Ihres Kindes steckt immer noch im Pullovergewurschtel. Da packt man doch schnell lieber selber mit an, und eins, zwei, drei ist der Junge oder das Mädchen ausgehfertig – wenn auch schlecht gelaunt. Oder wenn Heranwachsende unbedingt mithelfen wollen beim Kochen oder Saubermachen. Das ist zwar schön, doch auch da ist oft Geduld gefragt. Und eins, zwei, drei greift man dann selbst ein, weil es einem ja so schnell von der Hand geht. Und das Lob «Das hast du prima gemacht» verpufft, weil es so prima ja nicht gewesen sein kann, wenn die Mami am Ende doch alles selber macht. Die kreative Nichtperfektion von Kindern ist schwer zu ertragen für jemanden, der selber alles immer perfekt machen will, der von sich verlangt, effektiv und gründlich zu sein. So kann es passieren, dass Eltern in dem Glauben, ihren Kindern etwas abzunehmen, ihnen mehr abnehmen, als den Akt, schnell etwas zu erledigen. Sie nehmen ihnen damit auch den Mut, etwas selber hinzubekommen. Sie korrigieren, weil sie es gut meinen, und verstehen dann nicht, warum das Kind weint.

Das hat in dem Fall weniger damit zu tun, dass es seinen

Willen nicht durchsetzen konnte, sondern mehr mit der Enttäuschung, dass ihm etwas nicht zugetraut wird, dass es entmutigt wird. Und Entmutigung tut weh. Solche Wunden heilen oft ein ganzes Leben lang nicht.

Kinder wollen ermutigt werden
Entmutigung passiert auch schnell in dem Bereich, der für Kinder ihre ganz eigene Welt bedeutet, in dem Bereich, in dem sie sich stark fühlen, aus dem sie Kraft holen: Gemeint sind all die Situationen, in denen sie ihre Phantasie und Kreativität ausleben.

Deswegen mögen Kinder es nicht, wenn Eltern Geschichten und Spiele erklären und deuten wollen. Sie fühlen sich dadurch in ihrer schöpferischen Fähigkeit korrigiert, bekommen den Eindruck vermittelt, sie hätten es nicht «richtig» gemacht. Damit wird auch der Phantasie der Stempel von Leistung aufgedrückt. Je mehr Erklärungen, eigene Deutungen und Korrekturvorschläge die Erwachsenen zu Geschichten, Spielen und Träumen anbringen, umso mehr werden die inneren Bilder der Kinder berührt.

Hier geht es darum, nicht immer gleich zu bewerten, erst einmal zuzuhören, dazu ermutigen, weiterzuspinnen. Viele gute Ideen wollen herausgelockt werden. So können Eltern ihre Kinder dabei unterstützen, weiter und kühner zu träumen und durch diese Traumerlebnisse die Realität positiv zu beeinflussen.

Wenn Kinder Fragen haben, stellen sie die von selber. Auch in dieser Hinsicht können Eltern Vertrauen in ihre Kinder haben. Sie fördern sie am meisten, wenn sie es schaffen, sich unvoreingenommen einzulassen auf die kindliche Magie, und mit ihren Kinder gemeinsam auf eine phantastische Reise gehen. Eltern unterstützen die phantastischen

Imaginationskräfte der Kinder, wenn sie die Erwachsenenlogik außer Acht lassen und die Logik der kindlichen Phantasiewelt berücksichtigen. So stärken Eltern die phantastischen, kreativen Lebenskräfte ihrer Kinder. So können sie ihre Kinder begleiten auf dem Weg, sich mit den Bildern und Symbolen aus ihrem Innersten auseinanderzusetzen. Und überlassen Sie es dabei dem Kind, den Gang der Dinge zu bestimmen. Es fühlt selbst am besten, welche Schritte erforderlich sind, welches Tempo eingehalten werden muss. So wird das Kind ermutigt, lernt sich selbst zu vertrauen und wird in seinem Vertrauen, das es den Eltern entgegenbringt, bestärkt. Die unterstützende, kraftspendende und mutmachende Botschaft, die Kinder damit auf den Weg bekommen, lautet: «So, wie du bist, bist du gut!»

Mit Phantasie geht vieles leichter

Wenn Eltern einmal erkannt haben, dass sie ihre Kinder besser erreichen, wenn sie sich auf ihre Ebene der Weltaneignung einlassen, dann werden sie auf diesem gemeinsamen Weg mit ihren Kindern immer mehr Möglichkeiten entdecken, die auch alltägliche Dinge leichter machen. Wie sie sozusagen «spielend» bewältigt werden können.

Der große Stellenwert, den Märchen und Geschichten dabei haben, wurde ja schon mehrfach in diesem Buch erwähnt und an Beispielen deutlich gemacht. Und gerade wenn es darum geht, Phantasie in den Alltag zu bringen, spielen diese Elemente eine große Rolle. Es ist ein besonders geeigneter Weg, das, was Kinder bewegt, für sie begreifbar zu machen und ihnen Möglichkeiten an die Hand zu geben, es auf ihre kindliche Art und Weise zu verarbeiten.

Mit Geschichten Gefühle verarbeiten

So können Geschichten auch den Prozess unterstützen, mit traurigen Ereignissen wie dem Tod umzugehen. Dass Kinder auch hier ihre eigenen phantastischen Bewältigungsstrategien haben, zeigt Jau-Jaus Geschichte von Lukas, dem Räuberhauptmann Plotzmotz.

Tschüs, Räuber Plotzmotz

Lukas war ein kleiner Wirbelwind mit langen blonden Haaren, der für jeden Unsinn zu haben ist. Und deshalb war er auch im Kindergarten sehr beliebt, vor allem, wenn er sich als Räuberhauptmann verkleidete und den Plotzmotz spielte. Dann verwandelte er den Spielplatz vor dem Kindergarten in eine Räuberhöhle und war der Chef über seine Räuberbande.

Lukas war dann der Bestimmer, Paul und Christian waren seine Stellvertreter. Zusammen erlebten sie die wildesten Abenteuer.

Eines Morgens kam Lukas nicht in den Kindergarten. Die Kindergärtnerin Marion setzte sich mit den Kindern in einen Kreis. In der Mitte stand ein Bild von Lukas, zwei Kerzen brannten. Und in der Mitte lagen Bilder, die Lukas gemalt hatte.

Marion erzählte den Kindern, dass Lukas nicht mehr wiederkommen wird.

«Wieso nicht?», wollte Christian wissen.

«Lukas hatte einen schweren Unfall. Er ist gestorben!» Marions Stimme wurde ganz leise.

Alle Kinder schwiegen erschrocken.

Dann fingen sie an zu fragen.

«Warum kommt er nie wieder?», wollte Jonas wissen.

«Was macht er jetzt?», fragte Paula.

Janek rückte ganz nahe zu Marion: «Neulich ist unsere Katze gestorben. Die ist vom Auto überfahren worden, und die haben wir im Garten beerdigt!»

«Mein Opa», platzte Jennifer dazwischen, «mein Opa ist auf dem Friedhof beerdigt. Da war ich dabei. Da haben alle geweint. Meine Mutter hat gesagt, Opa ist im Himmel, der hätte es nun gut.» Jennifer dachte nach: «Wo ist Lukas wohl jetzt?»

«Vor der Himmelspforte!», meinte Paul. Er überlegte: «Aber die nehmen da keine Räuberhauptleute auf!»

Plötzlich war es ganz still im Raum. Die Stimmen, die eben noch aufgeregt durcheinandergeklungen hatten, verstummten. Die Kinder schauten sich ratlos an.

«Wir müssen Lukas helfen», platzte es plötzlich aus Jennifer heraus.

«Wie helfen?» Paul schüttelte seinen Kopf so heftig, dass seine schwarzen Locken hin und her flogen.

«Na, dass er in den Himmel kommt!» Jennifer guckte Paul wütend an, ihre Augen blitzen.

Paul winkte ab: «Und warum soll Lukas in den Himmel?»

«Darum!»

«Wieso ‹darum›?» Paul zuckte mit den Schultern und wiederholte: «Wieso ‹darum›?»

«Weil's da schön ist!», meinte Anna bestimmt.

Paul sah Anna an: «Woher willst du das denn wissen? Warst du etwa schon mal da?»

Anna sah Paul ganz ernsthaft an: «Meine Oma hat gesagt, als mein Opa gestorben war, jetzt ist er im Himmel, und nun tut ihm nichts mehr weh!»

«Also», meinte Benjamin mit ernstem Gesichtsausdruck, «warum soll Lukas denn nicht auch in den Himmel kommen?»

«Das ist nicht so einfach», Jennifer sah die anderen Kinder an. «Da stehen Wärter vor der Pforte. Die lassen nur die Guten rein!»

«Aber Lukas ist doch ein Guter!», meinte Florentine aufgeregt.

Jennifer schüttelte den Kopf. «Aber woher sollen die das da oben wissen?»

«Wir müssen es denen irgendwie sagen!» Florentine überlegte.

«Etwa anrufen mit dem Handy?», rief Paul spöttisch.

«Hast du denn seine Nummer?», meinte Christian.

«Ich hab's!» Jennifer hält es kaum auf dem Stuhl. «Ich hab's!»

Alle schauten sie an.

«Wir malen Lukas etwas. Und Marion schreibt, wie toll Lukas ist, dass er ein gute Plotzmotz ist!»

«Und wie kommt das in den Himmel?», fragte Paul spöttisch. «Etwa mit dem Briefträger?»

«Wir lassen Luftballons in den Himmel steigen. Und dann können die da oben lesen, wie toll unser Lukas ist!»

«Gute Idee!», griff Marion ein. «An die Arbeit!»

Nun fingen die Kinder an zu malen und zu basteln und zu schneiden. Danach durfte jedes Kind einen Gruß an Lukas sagen. Marion schrieb sie auf kleine Karten. Die Kinder verzierten die Karten noch mit Klebebildern und Zeichnungen. Dann füllte Marion die Luftballons mit Wasserstoff und hängte die Karten daran.

Die Kinder gingen mit ihren Luftballons hinaus auf den Spielplatz und ließen sie auf Kommando los. Rote, grüne, blaue, gelbe Luftballons stiegen in den Himmel. Die Kinder schauten ihnen lange nach, so lange, bis man sie nicht mehr sah.

Eines Tages segelte ein zerplatzter Luftballon in den Kindergarten, daran hing eine Karte, kaum leserlich, so verwaschen war sie, nur die Worte «Räuberhauptmann Plotzmotz» waren zu entziffern.

«Das war Lukas», schrie Christian. «Lukas hat uns eine Karte aus dem Himmel geschrieben! Hurra, er hat es geschafft!»

Die kindliche Phantasie findet hier Bilder des Trostes, die Zuversicht und neuen Mut geben. Und diese Aspekte schaffen auch für den Umgang mit Krankheiten neue Dimensionen, können Kindern helfen, diese schwierigen Situationen zu verarbeiten.

Die heilende Kraft des Lachens

Ursprünglich stammt die Idee aus Uppsala in Schweden. Und inzwischen hat sie sich in immer mehr Krankenhäusern und Arztpraxen auch in Deutschland durchgesetzt: Kinder bringen hier ihre Puppen, Bären, Krokodile, Hippos und anderen Kuscheltiere mit zur Behandlung. Der «Spiegel» berichtete über ein Teddybärenkrankenhaus in Greifswald. Hier können die Kinder ihre Kuscheltiere ärztlich versorgen lassen und selbst dabei helfen.

Zur Behandlung dürfen sich die Kinder OP-Kittel, Schutzmaske und Haube aufsetzen – genau wie die Ärzte. Und hautnah können sie miterleben, wie es zugeht bei einer Operation. Doktorspiel im Großen: Verbände, Pflaster, Tupfer, Blutdruckmaschine, alles kann inspiziert werden. Und dann dürfen Kinder selbst in die Rolle des Arztes schlüpfen. Oft sind es Medizinstudenten, die sie dabei unterstützen. Der vierjährige Leonhard hört seinen Teddy ab, Natalie untersucht das Gebiss ihres Krokodils, und Mia kann am Röntgenbild ihrer Puppe sehen, dass alles okay ist.

Auf diese spielerische und kindgerechte Art und Weise lernen die jungen Patienten hier mit ihrer Angst vor Arzt und Krankenhaus umzugehen. Durch das eigene Nachspiel und das humorvolle Erleben dieser Situation kann die Angst verarbeitet und überwunden werden. Das kreative Gestalten dieser Situation macht eine neue Sicht auf die Dinge möglich und schafft ein positives Erfahrungspolster für den Ernstfall.

Inzwischen kann man an einigen Krankenhäusern auch Klinik-Clowns finden. Wenn sie auftauchen, erwartet die Kinder eine Visite der besonderen Art. Mit roter Nase, Luftballons und meterlangem Fiebermaßband bringen sie Freude und Trost in die Krankenzimmer. Für einen Moment kann die Krankheit vergessen werden, schillernde Clownsseifenblasen vertreiben alles Schwere, verwandeln das Krankenzimmer für einige Zeit in ein Clowns-Reich, in dem Lachen und Humor regiert.

Ein Clown lebt im Moment und durch seine wertfreie neugierige Sicht auf die Dinge kann es ihm gelingen, Verstrickungen aufzuheben, weil er neue Bedeutungsinhalte schafft, die vom Druck der alltäglichen Ernsthaftigkeit befreien. Ein Clown schafft es, die Leichtigkeit des Seins darzustellen, indem er die Tiefe der Seele berührt. Denn in der Tiefe der Seele ist alles Schwere aufgehoben, dort wartet das Innere Kind darauf, dass es tanzen und lachen kann.

Das ist manchmal keine leichte Aufgabe, wenn man mit schweren Schicksalen konfrontiert wird. Aber auch hier beweisen Kinder oft eine erstaunliche Stärke und schaffen es mit ihrem Mut, andere zu ermutigen.

Im Clown finden sie da einen wunderbaren Komplizen. Mit ihm zusammen kann der Mut zum Lachen wiedergefunden werden, der in tragisch, ernsthaften Situationen leicht verlorengeht. Wobei gerade die Fähigkeit zu lachen eine ganz besondere Stütze sein kann. Denn Lachen ist nicht nur gesund, es kann sogar heilen.

Inzwischen gibt es sogar ein Fachgebiet, das das Lachen erforscht: die Gelotologie. Hier kümmert man sich speziell darum, welche Auswirkungen Lachen auf die körperliche und geistige Gesundheit hat. Es ist z. B. nachgewiesen, dass die Körperzellen dadurch mit mehr Sauerstoff versorgt werden, die Muskeln sich entspannen, Herz und Kreislauf angeregt und die Ausschüttung von Stresshormonen gebremst werden. Lachen stärkt die körpereigene Immunabwehr und macht glücklich – dank einer vermehrten Ausschüttung von Serotonin. Blockaden werden gelöst, und Hemmungen überwunden. Lachen schafft es, die Verbindung mit dem, was einen im Innersten bewegt, herzustellen und die Sehnsucht der Seele nach Freude zu stillen.

So ist das Spiel eines Clowns zugleich ein Spiel mit dem Inneren Kind. In der psychotherapeutischen Praxis wird dieser Begriff für die Tiefen der Persönlichkeit benutzt, in der Erfahrungen und Gefühle aus der Kindheit gespeichert sind, die unsere Handlungen unbewusst bestimmen. Kinder sind mit diesem Bereich verbunden. So ist das Innere Kind auch ein Symbol dafür, Dinge so unvoreingenommen und neugierig betrachten zu können wie ein Kind. D. h., auch Erwachsene sind dazu fähig, wenn sie Zugang zu ihrem Inneren Kind haben. Aber oft ist er verbaut, weil das Postulat zu funktionieren alles Spielerische blockiert. Und der Clown steht dafür, dass er – wie die Kinder – sein Spiel aus dem Kontakt mit seinem Inneren Kind entwickelt.

Kinder und Clowns reisen in dieselben Phantasiewelten, verstehen es, zu träumen und durch ihre Träume die Realität zu bereichern. Denn sie haben die Fähigkeit, ihr die Schwere zu nehmen, weil sie es verstehen, die Phantasie und die lachende Sicht auf die Dinge hervorzuzaubern.

Jau Jaus phantastische Alltagsrituale

Wehwechen

Auch bei weniger schwerwiegenden Situationen kann man magische Helfer einschalten. Dazu kramt Jau-Jau jetzt noch einmal in seinem Erfahrungsschatz und zaubert ein paar Tipps hervor, die gegen alltägliche Wehwechen helfen können, z. B.

- *Ein Zauberhut* – der heilen kann. Er kann aus Filz sein, besonders bemalt oder mit Stickern versehen, mit Federn, Rindenteilen oder anderen kleinen Fundstücken bestückt. Und wenn dieser Hut aufgesetzt wird, dann wirken seine «tröstend heilenden» Kräfte.
- *Ein Feentuch* – ein zartes, feines Tuch als Gruß einer Fee. Wenn man dies Tuch z. B. um eine Stelle bindet, wo man sich gestoßen hat, können die «schmerzlindernden» Feenkräfte wirken.
- *Pusten* – ein alter Brauch, der schon oft geholfen hat. Auf die Stelle pusten, wo der Schmerz sitzt... und schon verfliegt er mit dem Pustewind.
- *Gesang* – in den Arm genommen und geschaukelt werden zu tröstenden Klängen, lassen Schmerzen aller Art viel besser ertragen. Das Lied dazu, dem Mütter vieler Generationen vertraut haben:

Heile, heile Gänschen,
es wird schon wieder gut.
Das Kätzchen hat ein Schwänzchen,
es wird schon wieder gut.
Heile, heile Mausespeck,
in hundert Jahren ist alles weg.

Und natürlich kann man alles auch zusammen kombinieren. Auch in anderen normalen Alltagssituationen tragen spielerische Elemente dazu bei, die Verständigungsebene zwischen Eltern und Kindern zu intensivieren.

Zur guten Nacht

Hierzu gab es schon spezielle Tipps im zweiten Kapitel, als es um das Träumen ging (S. 51–54). Und den besonderen Einschlafzauber, der einer Gutenachtgeschichte oder einem Gutenachtlied innewohnt, kann man nicht häufig genug erwähnen.

Zum Entspannen und Abschalten helfen Phantasiereisen, wie man sie ebenfalls im zweiten Kapitel finden kann, oder Atemübungen, wie die aus dem letzten Kapitel.

Und hier hat Jau-Jau noch eine spezielle Übung, die dem Rücken guttut, die Spannung und miese Laune aus dem Körper vertreibt und dafür sorgt, dass die Sonne wieder scheint. Die Übung wird begleitet von einem Spruch:

Es tröpfeln die Tropfen
Platsch, platsch macht der Regen
es gießt jetzt in Strömen
schon hagelt es Körner
es zischt und es blitzt
und donnert verflixt
und eins, zwei, drei
ist alles vorbei

Alle schaun aus dem Haus
denn die Sonne kommt wieder raus.

Dabei erst mit zwei Fingern auf den Rücken klopfen, dann mit allen, dann lauter, dann mit den Fingerknöcheln (Hagel), einzelne Punkte kurz berühren, dazu zischen (Blitz) und dann mit den Fäusten trommeln (Donner). Auf eins, zwei, drei den Rücken sanft hinunterstreichen. Und am Schluss das Kind umarmen.

Für einen guten Tag
Gemeinsam kann man Rituale entwickeln, um den Tag zu begrüßen, sich kurz zu sammeln für die Aufgaben, sich freuen auf alles Gute, was der Tag bringt. Dabei hilft eine Stimmübung, wie Jau-Jau sie mit dem «gemeinsamen Kraftton finden» im letzten Kapitel vorgeschlagen hat.

Wenn eine besonders schwierige Aufgabe ansteht, kann man sich magische Hilfe holen, wie im Trick mit dem Zauberballon (S. 53) beschrieben.

Und für besondere Aktionen zu Hause kann einmal ausprobiert werden, was sich ändert, wenn alle eine rote Nase tragen.

Ein Zauberwort der besonderen Art
Sich zu bedanken, z.B. für Dinge, die man bekommt, hat nicht nur etwas mit Höflichkeit zu tun. Damit erkennt man die Geste des anderen an, wertschätzt sie und schärft auch in sich selbst das Bewusstsein dafür, wie viele Geschenke das Leben bereithält. So kann man es sich auch mit den Kindern zur Gewohnheit machen, sich für besondere Gaben – z.B. auch das Essen – zu bedanken und sich abends für den vergangenen Tag zu bedanken und morgens für die gute Nacht und den neuen Tag mit allem, was er bringen mag.

Viele Gebete haben diese Art von Danksagung zum Inhalt. Und für Familien, die ihren Glauben praktizieren, gehört es mit zu den Ritualen des Alltags. Auch bei Naturvölkern spielen Danksagungen eine große Rolle. Und man muss nicht abergläubisch sein, um die aufbauende Kraft zu spüren, die im Dankesagen verborgen ist.

Wer spricht denn da?

Es gibt Momente, da haben Eltern das Gefühl, sie kommen schwer an ihre Kinder heran. Oder den Kindern fällt es schwer, Dinge auszudrücken, die sie bewegen. In solchen Situationen kann es hilfreich sein, jemand anders für sich sprechen zu lassen, z.B. eine Puppe oder einen Teddybären. Kinder suchen sich in ihren Kuscheltieren oft von sich aus einen Gesprächspartner. Wenn Eltern diese Ansätze unterstützen, indem sie den Teddy auch als Gesprächspartner ernst nehmen, fühlen Kinder sich mit ihrer Phantasie und ihrer Art der Realitätsbewältigung angenommen.

Zähneputzen mit Spaß

Zähneputzen steht bei Kindern nicht unbedingt an erster Stelle der Tätigkeiten, die sie am liebsten machen. Auch hier kann man zu spielerischen Tricks greifen. Zum Beispiel kann man Kinder ans Zähneputzen gewöhnen, indem man ihnen dabei eine kurze Geschichte erzählt. Da sind der elterlichen Kreativität keine Grenzen gesetzt. Und auch Jau-Jau ist auf seinen Reisen jemandem begegnet, dem die Zähne besonders am Herzen lagen:

Zilli, der Zahnfee. Und das ist ihre Geschichte:

Eigentlich wollte Zilli eine Zuckerfee werden, weil sie für ihr Leben gern Zuckerstangen gelutscht hat. Und sie war so begeistert von Süßigkeiten aller Art, dass sie sich nichts Schöneres vorstellen konnte. Und sie träumte schon davon, sich einen Zuckerstangenwald zu zaubern.

Aber eines Tages zog es plötzlich an einem ihrer Zähne hinten in ihrer linken Backe. Und die Backe fühlte sich an wie ein Ballon! So dick war sie.

Zilli wollte ihre Backe kühlen und flog zum Mühlenbach. Hier entdeckte sie Marvin, der Hamster.

«Hey, Zilli, was hast du denn da alles in deiner Hamsterbacke?», erkundigte er sich.

«Gar nichts. Mein Zahn tut so weh!», jammerte Zilli.

«Au Backe!», meinte Marvin und sah sie mitleidig an.

Aber dann fiel ihm ein, wie er helfen konnte. Er nahm sie mit zu seiner Tante Hermine. «*Dr. Hermine Heilfroh, Hamsterzahnärztin*», stand auf ihrem Türschild.

«Na, so was! Eine Fee mit Zahnschmerzen», begrüßte sie ihre Patientin erstaunt. «Könnt ihr Feen so etwas nicht wegzaubern?»

«Nicht, wenn es etwas mit unserer Gesundheit zu tun hat», erklärte Zilli. «Aber warum mein blöder Zahn plötzlich so spinnt, weiß ich auch nicht.»

Hermine schaute in Zillis Mund, nickte immerzu und sah sie streng an.

«Zezilja, kann es sein, dass du viele Süßigkeiten isst?»

«Na klar!», antwortete Zilli strahlend. «Ich will doch eine Zuckerfee werden. Da muss ich doch alles probieren, was süß ist!»

«Putzt du dir denn wenigstens auch immer anständig die Zähne?», wollte Hermine wissen.

Zilli nickte. «Ich nehme immer einen großen Schluck Wasser, spüle hin und her und spucke es aus. Und schon sind meine Zähne wieder sauber!»

Hermine lachte. «Das glaubst aber auch nur du! Jetzt verstehe ich gut, warum sich deine Zähne beschweren.»

«Zu mir haben sie nichts gesagt.»

«Oh doch», erklärte Hermine. «Die Zähne sprechen nur anders zu dir. Du hörst sie nicht, du spürst sie nur: als Zwicken, Ziehen, Beißen. Das, was du als Schmerzen spürst, sind eigentlich Hilfeschreie deiner Zähne.»

Zilli konnte es kaum glauben! Da hatten ihre Zähne die ganze Zeit um Hilfe gerufen, und sie hatte nichts gehört! Oje, jetzt waren sie bestimmt sauer!

Hermine erklärte, dass aus dem vielen süßen Zeug im Mund Säure wird. Und diese Säure greift die Oberfläche der Zähne an. Erst entstehen raue Stellen, und es bildet sich ein Belag. Und wenn man den nicht wegputzt, dann ätzt die Säure kleine Löcher in die Zahnwand. Und wenn man immer noch nicht gut putzt, dann werden die Löcher immer größer.

Zum Glück konnte Hermine das Loch in Zillis Backenzahn wieder stopfen. Erst hat sie alles ganz sauber gemacht. Dann hat sie eine spezielle Zahnfüllung in das Loch gestopft. Und am Ende fühlte sich der Zahn wieder genauso an, als ob er ganz heile wäre.

Damit das so blieb, schenkte Hermine Zilli eine Zahnbürste und eine Tube von ihrer Spezialzahnpasta. Und natürlich hat Zilli ihr versprochen, ihre Zähne jetzt immer ganz gut zu putzen.

Hermine gab ihr einen Spiegel. Erleichtert schaute sich Zilli ihren wunderbar reparierten linken Backenzahn an, und plötzlich hatte sie das Gefühl, er würde mit ihr sprechen:

«Hey, Zilli, warum wirst du nicht Zahnfee? Dann kannst du allen davon berichten, wie wir Zähne so ticken, was gut für uns ist und was nicht. Glaub mir, wir würden uns auch lieber anders melden als mit Schmerzen. Aber anders versteht man uns ja nicht. Du könntest das ändern!»

Und Zilli sagte sich: «Recht hat er, mein linker Backenzahn.» Sie beschloss, Zahnfee zu werden. Ja, und so wurde aus ihr die Zahnfee Zeliane Zezilja von Wackelzahn! Und weil das so ein langer Name ist, nannten sie alle Zilli.

Im Alltag gibt es viele Möglichkeiten, um mit der Phantasie zu spielen. Und auch ein Ausflug ins Museum bietet besonderes Phantasiefutter. Da ist für jeden etwas dabei. Und es lohnt sich im Internet zu stöbern, welches Museum in der Nähe sich für eine Entdeckungstour eignet.

In den Empfehlungen am Ende dieses Buches sind mehr Tipps zu finden, wo man sich weitere Anregungen holen kann.

Das Innere Kind – Die eigene Phantasie neu entdecken

Über die Grenzen des Verstandes

Eltern können die Kraft des magisch-phantastischen Denkens bei ihren Kindern am besten fördern, wenn sie sich an ihre eigene kindliche Kraft erinnern. Manchmal ist das gar nicht so einfach. Erwachsen zu werden heißt auch, sich von vielem, was den Alltag spielerisch gemacht hat, zu verabschieden. Und so wird die Welt mit der vernünftigen Erwachsenenwahrnehmung wieder kleiner gemacht, anstatt größer. Anstatt Räume zu öffnen, werden Grenzen gezogen.

Jemand, der anderen dazu verhelfen will, wieder neue

Räume in sich zu entdecken, ist Karl Metzler – Pantomime, Schauspiellehrer und Meditationslehrer. Er gibt Seminare, in denen man den Clown in sich entdecken kann. Damit ist nicht der dumme August gemeint, sondern eine Haltung, eine Erfahrung der verschiedenen Persönlichkeitsanteile, die zum großen Teil verschüttet sind, aber in diesem Spiel-Raum mit Hilfe der Figur des Clowns wiederentdeckt werden können.

«Je erwachsener wir werden, desto mehr neigen wir dazu, an unseren Vorstellungen zu kleben», erklärt Karl Metzler. «Wir bestätigen uns dauernd in dem, was wir schon wissen. Wie die Wirklichkeit hinter unseren Vorstellungen aussieht, interessiert uns immer weniger. Diese Vorstellungen nennen wir stolz unser Erfahrungswissen. Dieses Erfahrungswissen steht uns jedoch oft im Wege.»

Sich darauf einzulassen, den Clown in sich zu entdecken, lockert diesen Panzer an Erfahrungswissen. «Der Clown lässt gewohnte Bilder und Beurteilungen hinter sich. Er kümmert sich nicht darum, ob etwas fehlerfrei ist. Er probiert einfach aus», so beschreibt ihn Metzler.

Diese Beschreibung würde genauso gut auf die Art und Weise passen, wie sich Kinder die Welt aneignen. Und genau wie ein Clown setzen Kinder dem Erfahrungswissen der Erwachsenen Spontaneität, Neugier und Entdeckerfreude entgegen. Von ihnen können Erwachsene wieder lernen, die Phantasie als Mittel zu begreifen, über die Grenzen unseres Verstandes hinauszugehen in unbekannte Räume und in ihnen Dinge zu entdecken, die bereichern, reicher machen an Erfahrung. Und die oft auch neue Möglichkeiten eröffnen können, die zunächst vielleicht von manchem als Spinnerei abgetan werden. Aber aus so mancher Spinnerei ist Großes geworden. Und wie soll man lernen, groß zu denken, wenn durch die Betonung des Verstandes immer wieder Schranken gesetzt werden.

Also nehmen wir uns ein Beispiel an den Kindern, erinnern wir uns an unsere «magischen Jahre», als unsere Vorstellungskraft noch unendlich schien. Denn wenn wir diese Kraft bei den Kindern fördern wollen, müssen wir sie erst bei uns auch wieder spüren oder zumindest bereit dafür sein, sie neu zu entdecken.

In jedem steckt ein Inneres Kind, das darauf wartet, wahrgenommen zu werden. Und das kann geschehen, wenn man mit Kindern in Märchenwelten eintaucht, in Geschichtenwelten und Spiele; wenn man es zulässt, dass sie auch für einen selbst ein Erlebnisraum sein können. Hier kann man in Figuren schlüpfen, die es einem leichter machen, festgefahrene Glaubensmuster auszutricksen. In gemeinsamen Phantasiereisen kann man neue, tiefe Erlebnisqualitäten spüren.

Und im Spiel, das befreiendes Lachen möglich macht, können Blockaden gelöst werden, ehe der Verstand eine Chance hat, zu begreifen, dass er gerade ausgetrickst wurde.

Bei manchem mag das Innere Kind rebellisch sein, bei anderen eher zaghaft. Immer gleicht es einem Clown, der die Welt mit den Augen eines Kindes betrachtet. Und wenn man den Zugang zu diesen verschütteten Fähigkeiten wiederfindet, dann kann man auch die Experimentierfreude wiederfinden, mit der Kinder die Welt erobern.

Mit dieser Bereitschaft, sich wiedererwecken zu lassen, ermutigt man nicht nur sich selbst. Damit ermutigen Eltern auch ihre Kinder. Damit geben sie ihnen das Größte und Wertvollste mit auf den Weg, die Gewissheit: Wir haben dich lieb und unterstützen dich darin, deinen Weg zu finden. Und auch, wenn er so anders aussieht als unserer, wir glauben an dich, glauben daran, dass du es schaffst.

Diese Zuversicht steckt an. Auch die Eltern selbst spüren die Botschaft. So richtet sie sich an beide – an Eltern und Kinder gleichermaßen: «Alles ist okay, so wie du es machst.»

Und wenn heute Erziehungsaufgaben auch noch mehr verteilt werden auf Kindergarten und Schule, die Eltern bleiben die wichtigsten Bezugspersonen. Sie spiegeln den Kindern als Erste, wie sie in dieser Welt empfangen werden. Und der Blick in diesen Spiegel begleitet Kinder ein Leben lang.

Dazu gibt es hier eine Geschichte von einem besonderen Ereignis, das davon erzählt, wie Vater und Sohn gemeinsam den Weg einer besonderen Ermutigung gehen. Sie stellen sich der Herausforderung, an einem Feuerlauf teilzunehmen.

Und nur wenn das Vertrauen, den Weg gut zu schaffen, stark genug ist, kann der Weg gelingen. Nur dann hinterlassen die glühenden Kohlen keine Wunden. So wird dieser Weg zum Symbol dafür, an Visionen zu glauben und seiner Imagination zu vertrauen.

Und zugleich erzählt die Geschichte auch von dem geheimen, dem besonderen, dem phantastischen Band, das Eltern und Kinder verbindet.

Der Feuerlauf
Michael Kampmann hatte am Wochenende mit seinem zwölfjährigen Sohn Simon an einem Feuerlaufevent teilgenommen. Einmal weil er selber wieder mehr den Weg zu sich selbst finden wollte und zum anderen, weil er sich von diesem gemeinsamen Erlebnis mit Simon eine andere

Art von Nähe versprach, Verständnis auf einer Ebene, die im Stress des Alltags meist verlorengeht.

Voll von den Eindrücken dieses besonderen Tages, saß der Vater abends noch am Bett seines Sohnes. «Papa, das war echt cool!», schwärmte Simon. «Und das Essen, das wir auf dem Feuer gekocht haben, hat super gut geschmeckt.»

Der Vater nickte. Seine Gedanken schweiften ab. Sicher, das Essen – Bohneneintopf mit selbst gebackenem Brot – war urig gewesen. Aber eigentlich ging es ja um mehr. Der Gang über die Glut als Symbol für einen entscheidenden Entwicklungsprozess, für eine fast mystische Transformation. Altes, das belastet, hinter sich lassen, voranzuschreiten, auf den Glutteppich, auf den magischen Zwischenraum, der Kraft spenden soll für Neues, und dann den Schritt zu wagen, weiterzugehen zu neuen Ufern, sich voller Vertrauen von den anderen der Gruppe auffangen zu lassen, wenn die glühenden Kohlen hinter einem liegen. Hatte sein Sohn etwas von diesem Prozess gespürt? Michael wollte ihn nicht ausfragen. Er zerbrach sich den Kopf, wie er anfangen könnte, von sich zu erzählen, davon, was das in ihm bewirkt hatte. Aber er konnte nicht die passenden Worte finden. Da fing Simon an zu erzählen. «Also am Anfang, da hab ich ja gedacht, ich würd' mich nie trauen, wirklich auf die glühenden Kohlen zu treten. Das war wie ein Kampf in mir. Als ob da so fiese Dämonen sitzen würden, die mich nur fertigmachen wollten.»

«Und, hast du die Dämonen besiegen können?»

«Na ja ...», Simon dachte nach. «Wenn ich's mir recht überlege, habe ich irgendwann gar nicht mehr gekämpft. Wir haben doch diese verschiedenen Übungen gemacht. Da wurde ich plötzlich superruhig und hab mir die Dämonen nur angeschaut. Das fanden sie wohl zu langweilig. Plötzlich sind sie abgehauen.»

«Respekt!», lobte ihn sein Vater. «Und was war dann?»
«Nichts.»
«Wie, nichts?»
«Dann hab ich mich irgendwie leer gefühlt. Und dann war ich selbst erstaunt, dass das so einfach ging, über die glühenden Kohlen zu laufen.»
«Und wie ist das jetzt für dich?»
«Super! Ich fühle mich super. Irgendwie stärker. Und ich glaub, wenn ich das geschafft habe, kann ich alles Mögliche schaffen.»

Michael war stolz auf seinen Sohn, knuffte ihn beeindruckt.

«Und hier, das habe ich mir als Andenken mitgenommen.» Simon zeigte seinem Vater ein paar Stücke Holzkohle. «Die sollen mich immer an das super Gefühl erinnern.»

«Da warst du schlauer als ich.» Michael nahm ein großes Stück in die Hand, betrachtete es.

«Das kannste behalten. Und Mami kannste auch ruhig ein Stück davon abgeben.»

Der Vater nickte, lächelte, bedankte sich. «Dann schlaf gut, du tapferer Krieger, der die Glut besiegt hat.»

«Du auch, du tapferer Papa, der mit dem Feuer schweigt.»

Michael lachte, löschte das Licht und ging hinaus.

Nebenan im Schlafzimmer wartete seine Frau Annika im Bett schon auf ihn.

«Simon hat das wohl sehr gutgetan», stellte sie sanft fest.

«Ja, mir auch», erwiderte Michael und gab Annika einen Kuss. «Weißt du, plötzlich wirst du wieder daran erinnert, was wirklich wichtig ist im Leben.»

«Wie meinst du das?»

«Na ja, loszulassen. Nicht immer zu grübeln, sondern zu vertrauen, dass unser Herz den Weg kennt.»

«Auch wenn er mit glühenden Kohlen gepflastert ist», scherzte Simons Mutter.

«Genau. Und die Glut kann dir nichts anhaben, wenn du es schaffst, alles, was dich innerlich schwer macht, loszulassen. So wie dieses Stück Holzkohle.» Und Michael ließ die Holzkohle auf den Boden fallen. Sie brach in der Mitte auseinander. Und die beiden Formen, die dabei entstanden, glichen zwei Herzen.

Wenn man sich als Eltern die Bereitschaft zu gemeinsamen Abenteuerreisen mit den Kindern bewahrt – und das müssen nicht unbedingt Feuerläufe sein –, dann können Erlebnisse dabei herauskommen, die die Seele berühren und es möglich machen, dass man gemeinsam wächst, gestützt und begleitet von der Phantasie, von der Kraft, die alles schafft.

EMPFEHLUNGEN FÜR ELTERN

Zwei Geschichten
Da der Wert von Märchen und Geschichten in diesem Buch besonders betont wurde, kommt Jau-Jau hier noch einmal zu Wort mit zwei Geschichten, die auch in den «Kleine-Helden»-Bänden bei rororo rotfuchs zu finden sind. Diese Buchreihe wurde von Angelika Bartram und Jan-Uwe Rogge entwickelt, um die emotionale Entwicklung der Kinder phantasievoll zu unterstützen.

Jüngere Kinder haben manchmal mit diffusen Gefühlen zu kämpfen, die sie nur schwer zuordnen können. In ihrer Hilflosigkeit träumen sie davon, stark zu sein und gefährlich – z.B. so wie ein Krokodil. Und da mag es vielen so gehen wie dem Teddybären in der Geschichte. Sie fühlen sich wie eine «arme Socke», die keiner lieb hat.

Teddys Reise zu den Krokodilen

Auch Teddybären fühlen sich manchmal in ihrer Haut nicht wohl.
Und so erging es gerade dem Teddy von Annika. Eigentlich war der Teddy Annikas Lieblingskuscheltier und ihr bester Freund. Sie hatte ihn Socke genannt, weil es kein normaler Teddy aus

Plüsch war, sondern einer, den ihre Omi aus bunten Wollsocken zusammengenäht hatte. Deshalb war Teddy Socke ein besonders bunter und fröhlicher Teddy. Nur im Augenblick, da war er gar nicht fröhlich. Denn seit einiger Zeit kümmerte sich Annika gar nicht mehr um ihn.
Annika hatte nämlich einen kleinen Bruder bekommen: Julian. Und jetzt drehte sich in der Familie alles um ihn. Annika war immer dabei, wenn er gewickelt wurde, sang ihm Wiegenlieder vor, wenn er einschlafen sollte, und strahlte vor Stolz, wenn sie Julian auch einmal auf den Arm nehmen durfte. Kein Wunder, dass Annika einfach keine Zeit mehr für Socke hatte.
Eines Nachts, als der Teddy wieder einmal allein im Regal sitzen musste, reichte es ihm. In dieser Nacht schien der Vollmond zum Fenster hinein, und draußen war es fast so hell wie am Tag.
Da kam dem Teddy eine Idee. Er war oft mit Annika und ihren Eltern zusammen im Zoo gewesen. Und da hatten Annika die Krokodile am besten gefallen, weil sie so groß, so stark und so gefährlich waren. Und Socke überlegte, was wäre, wenn er auch ein Krokodil werden würde. Bestimmt wäre Annika dann sehr beeindruckt. Deshalb beschloss er, sich in den Zoo aufzumachen, um dort herauszufinden, wie man ein Krokodil werden könnte. Aber wie sollte er bloß den Weg zum Zoo finden? Sehnsuchtsvoll schaute der Teddy zum Mond hinauf und versuchte den Mann im Mond zu entdecken. Der fühlte sich doch wahrscheinlich auch oft allein. Vielleicht konnte der ihm helfen? Und mit einem Mal sah der Teddy lauter Sternchen. Die waren aber nicht oben am Himmel, sondern schwirrten um ihn herum. Und er hörte ein feines Stimmchen neben sich: «Arme Socke, wenn du willst, helfe ich dir!»
Erstaunt drehte sich der Teddy um und erblickte ein Wesen mit durchscheinenden Flügeln und silberglänzenden Haaren, die so fein waren wie Spinnweben.

«Ja, da staunst du, was Socke! Ich soll dir schöne Grüße vom Mann im Mond ausrichten. Ihm ist die Reise auf die Erde zu beschwerlich. Deswegen hat er mich geschickt. Ich bin Mona, die Mondfee.»

Socke war begeistert. Er hatte noch nie eine Fee getroffen. Und er erzählte ihr von Annika und von seinem Plan.

«Wenn du willst, kann ich dich auch gleich in ein Krokodil verwandeln», schlug die Mondfee vor. Aber das ging dem Teddy dann doch ein bisschen schnell. Da wollte er lieber vorher noch einmal bei den erfahrenen Krokodilen nachfragen, was man da so beachten müsste. Also machten sie sich auf zum Zoo. Die Mondfee hüllte den Teddy mit Feenstaub ein, und sie flogen los. Durch ein offenes Fenster gelangten sie ins Tropenhaus, wo die Krokodile zu Hause waren. Noch schliefen sie. Vorsichtig pirschte sich der Teddy an das größte von ihnen heran.

«Hast du keine Angst, dass sie dich auffressen?», fragte die Fee. Sie wartete lieber in sicherer Entfernung.

«Krokodile fressen keine Teddybären», erklärte Socke bestimmt. Genau wusste er das zwar nicht, aber er wollte jetzt mal ganz fest daran glauben. Sonst hätte er sich nämlich keinen Schritt weitergetraut.

Das größte Krokodil döste neben dicken Steinen mit seinem Kopf nahe an dem kleinen Teich, der im Krokodilgehege angelegt war. Die Augen des Krokodils waren geschlossen, aber spitz ragten seine Zähne selbst im Schlaf aus dem Maul heraus. Der Teddy sprach sich selber Mut zu: «So, jetzt zeig mal, dass du keine arme Socke bist, sondern eine mutige!»

Und schon rief auch die Fee ihm bewundernd zu: «Mensch, Socke, bist du mutig! Aber soll ich dich nicht doch lieber gleich in ein Krokodil verwandeln?»

Doch der Teddy winkte ab. Er hatte sich jetzt fast bis zum großen Krokodil herangeschlichen. Socke holte tief Luft und

flüsterte dann: «Hallo, du liebes Krokodil, ich hätte da mal eine Frage?»
Das Krokodil zog langsam ein Augenlid hoch und staunte: «Hey, seit wann können Socken denn sprechen?»
«Ich bin keine Socke, ich sehe nur so aus. Ich bin eigentlich ein Teddy.» *Socke redete jetzt schnell, weil er sich doch nicht mehr sicher fühlte, so ganz nah bei dem großen Krokodil.*
«Ein Teddy?», *fragte das Krokodil erstaunt.*
«Ja, noch bin ich ein Teddy. Aber ich will mich auch in ein Krokodil verwandeln lassen.»
«Wieso das denn?»
«Na ja, ich wäre gern so groß wie ein Krokodil, so stark wie ein Krokodil und so gefährlich wie ein Krokodil.»
«Gefährlich? Ach ja, du meinst, weil wir Krokodile gern jeden sofort auffressen.» *Und «haps» machte das große Krokodil und schnappte nach Socke. Erschrocken sprang der zur Seite und begann zu stammeln.*
«Ja, ja, jejeje-jeden. Aber bitte, bitte nicht mich. Bald bin ich doch so-so-sozusagen dein Bruder. Und so bin ich doch nur eine arme Socke.»
«Mhm», *machte das Krokodil und musterte den Teddy gefährlich lange. Dem wurde schon ganz heiß in seiner Teddysockenhaut.*
«Mhm», *machte das Krokodil wieder.* «Und du meinst, wenn du ein Krokodil bist, bist du keine arme Socke mehr, sondern groß, stark und gefährlich?»
«Ja, genau, dann bin ich wie du. So ein großes Krokodil wie du wäre ich nämlich gerne.»
Die Mondfee verfolgte das alles aus sicherer Entfernung von der Spitze eines Gummibaumes aus.
«Hey, Socke!», *rief sie dem Teddy jetzt wieder zu.* «Wenn du willst, verwandele ich dich gleich in ein Krokodil.»

Aber Socke winkte ab.

«Warte, gleich.»

«Gleich ist es vielleicht zu spät. Wenn der Tag dämmert, muss ich zurück.»

«Ja, aber ich will vom Krokodil erst noch wissen, wie es sich so anfühlt, ein Krokodil zu sein.» Und Socke blickte das spitzzahnige Tier erwartungsvoll an. Er dachte an seinen Satz ‹Krokodile fressen keine Teddybären› und hatte jetzt keine Angst mehr.

«Wie sich das anfühlt, willst du wissen?», wiederholte das Krokodil.

«Ja, liebes Krokodil, das würde ich zu gerne wissen.»

Das Krokodil riss seine Augen erstaunt auf. «Liebes Krokodil? Hast du gerade ‹liebes Krokodil› gesagt?»

Der Teddy nickte, und mit einem Mal rollten dem Krokodil dicke Krokodilstränen aus seinen Augen.

«‹Liebes Krokodil!›, so hat mich noch keiner genannt», schluchzte es. Tröstend strich der Teddy dem Krokodil über seine lange Schnauze.

«Und so gestreichelt hat mich auch noch niemand.»

Das Krokodil schluchzte immer heftiger.

Allmählich wurde es draußen hell. Die Mondfee wurde langsam nervös. Sie flog zum Teddy und fragte ihn erneut eindringlich: «Also, was ist jetzt, Socke? Ich muss los! Soll ich dich nun in ein Krokodil verwandeln oder nicht?»

«Ja, also ich weiß auch nicht so genau.» Und der Teddy streichelte nachdenklich das schluchzende Krokodil. «Vielleicht ein anderes Mal.»

«Also du musst schon wissen, was du willst!», erwiderte die Fee, und fast klang sie ein wenig eingeschnappt. «Also dann bis zum nächsten Mal!» Viele Glitzerpünktchen hüllten sie ein, und sie flog davon in den morgengrauen Himmel.

Und das Krokodil schaute den Teddy mit großen Augen an. «Es

ist so schön, auch mal gestreichelt zu werden. Endlich habe ich auch einen Freund. Du bleibst jetzt für immer bei mir, ja?»
«Für immer?» Der Teddy bekam einen Schreck bei dem Gedanken.
«Für immer, das geht leider nicht. Ich habe nämlich schon eine andere Freundin. Und die wartet bestimmt auf mich.»
«Nein, du bist jetzt mein Freund! Wehe, wenn nicht!», drohte das Krokodil und riss sein Maul gefährlich weit auf.
«Hilfe, Mona, es will mich fressen!» Verzweifelt schaute sich Socke nach der Mondfee um. Aber die war längst verschwunden. Schon kam ihm das große Krokodilsmaul bedenklich nahe. Da nahm der Teddy seinen ganzen Mut und seine Kraft zusammen und lief, so schnell er konnte. Das Krokodil war ihm dicht auf den Fersen. Mit einem Satz hechtete der Teddy über die Mauer des Geheges im Tropenhaus.
Dahinter war er in Sicherheit. Denn über die Mauer kam das Krokodil nicht. Enttäuscht zog es sich hinter die großen Steine zurück.
Socke kletterte erschöpft auf eine Bank, die für die Besucher hier aufgestellt war. Jetzt hatte er den Schlamassel. Die ganze Aufregung – alles umsonst! Er war immer noch ein Teddy. Aber je mehr er nachdachte, umso froher war er, dass er nicht in ein Krokodil verwandelt worden war. Nur Annika, die würde er jetzt wahrscheinlich nie wiedersehen. Und traurig murmelte Socke vor sich hin: «Na ja, wahrscheinlich hat Annika noch nicht einmal bemerkt, dass ich weg bin. Für die zählt nur noch Julian. Den hat sie doch viel lieber als mich.»
Aber hier irrte sich der Teddy, denn inzwischen war Annika nicht mehr ganz so begeistert von ihrem kleinen Bruder. Sie hatte selbst auch zu spüren bekommen, dass sich alles nur noch um ihn drehte. Alle fanden ihn sooo süüüß! Und um sie schien sich keiner mehr zu kümmern. Enttäuscht wollte sie

ihrem Teddy ihr Herz ausschütten. Socke würde sie bestimmt verstehen. Doch Socke hockte nicht mehr an dem Platz im Regal, wo sie ihn hingesetzt hatte. Annika suchte das ganze Zimmer ab: Socke blieb verschwunden. Sie bat ihre Eltern mit zu suchen – die ganze Wohnung wurde auf den Kopf gestellt, aber Socke blieb verschwunden.

Um ihre Tochter abzulenken und ein wenig aufzumuntern, kamen Annikas Eltern auf die Idee, gemeinsam einen Ausflug in den Zoo zu unternehmen. Annika war eigentlich alles egal. Aber dann ließ sie sich doch dazu überreden.

Auf ihrem Rundgang durch den Zoo kam Annika mit ihren Eltern auch ins Tropenhaus. Und auf der Besucherbank vor dem Krokodilgehege entdeckte sie ihn: ihren Teddy Socke.

Die Eltern warfen sich einen wissenden Blick zu. Sie hatten sich gleich gedacht, dass Annika ihren Teddy irgendwo hatte liegenlassen.

Erleichtert lief Annika zu ihm hin, hob ihn auf, drückte ihn ganz fest an sich und flüsterte Socke zu: «Die anderen haben Julian. Aber du bist für mich das Liebste auf der Welt!»

«Du auch», brummte der Teddy freudig zurück.

Da strich Annikas Papa seiner Tochter über die Haare und meinte: «Annika, meine Große, wir sind sehr stolz auf dich. Und wir haben dich sehr, sehr lieb.»

«Genauso lieb wie Julian?», erkundigte sich Annika ein wenig unsicher.

«Genauso lieb wie Julian!», erwiderte ihr Papa.

Und Annikas Mama schaute auf Julian, den sie auf dem Arm trug.

«Julian ist doch noch so klein, der braucht unsere Hilfe. Deswegen müssen wir uns so viel um ihn kümmern. Aber ich kann ihn auf dem Arm haben und dich trotzdem sehr, sehr lieb haben.»

Annika schaute ihren Teddy an, und es war ihr, als ob ihr Socke zuzwinkerte.

«Ja, ich kann auch meinen Teddy auf dem Arm haben, und trotzdem habe ich euch lieb.»

Sie war beruhigt und wollte dem Teddy unbedingt die Krokodile zeigen. Eines davon schaute immer so traurig.

Aber an diesem Tag war es anders. Annika wunderte sich. An diesem Tag sah es aus, als ob das Krokodil lächelte!

Kobald und Karmesina

Diese Geschichte ist ein modernes Märchen. Hier wird die Symbolik von Farben benutzt, um das Thema Vorurteile darzustellen. Angelika Bartram hatte dieses Märchen ursprünglich als Theaterstück entwickelt.

Es war einmal eine Prinzessin, die liebte die Farbe Rot über alles. Deswegen nannte man sie auch Karmesina – Karmesina wie Karmesinrot. Sie lebte in Karmesinien in einem Palast, der aus lauter Bauklötzen bestand.

Eines Nachts – es war die finsterste Nacht, die es je in Karmesinien gegeben hatte – begegnete die Prinzessin einem Prinzen. Er hatte sich verirrt und fragte Karmesina nach dem Weg. Und sie verliebte sich sofort in den Klang seiner Stimme. Auch dem Prinzen ging die Prinzessin nicht mehr aus dem Kopf. Und kurze Zeit später besuchte er sie.

Voller Schrecken stellte Karmesina nun fest, dass der Prinz ganz in Blau gekleidet war. Daher auch sein Name: Kobald, wie Kobaldblau. Denn der Prinz liebte die Farbe Blau über alles. Prinzessin Karmesina aber konnte die Farbe Blau nicht ausstehen.

«Einfach unverschämt, mir zu verschweigen, dass Sie ein blauer Prinz sind!», schimpfte sie.

«Viel unverschämter finde ich es», konterte Prinz Kobald, «mir zu verschweigen, dass Sie eine rote Prinzessin sind!»
Karmesina musterte den Prinzen verächtlich.
«Meine Mutter hat immer gesagt, fass bloß nichts Blaues an. Es ist so kalt, dass du Frostbeulen bekommst. Sie Frostbeulen-Prinz!»
Trotzig stemmte Kobald seine Arme in die Hüften.
«Und meine Mutter hat immer gesagt, fass bloß nichts Rotes an. Es ist so heiß, dass du Brandblasen bekommst. Sie Brandblasen-Prinzessin!»
So ergab ein Wort das andere. Kobald prahlte, bis er blau anlief, und Karmesina sah nur rot. Um Eindruck zu schinden, drohte Prinz Kobald schließlich damit, seinen Drachen zu holen. Aber Karmesina machte sich darüber lustig.
«Schau an, Sie besitzen auch einen Drachen!»
«Oh ja.» Und Prinz Kobald baute sich vor Karmesina auf und ließ seine Muskeln spielen. «Ich habe gegen ihn gekämpft. Ich habe ihn besiegt. Und jetzt gehorcht er mir aufs Wort!»
«Wahrscheinlich ist es auch ein blauer Drache.», lästerte Karmesina. «Ich werde ihn mit meinen Zauberbauklötzen besiegen, ehe er «Mäh» gesagt hat! Denn wie kann etwas, das blau ist, gefährlich sein!»
Kobald kochte vor Wut. «Noch ein Wort, und ich mache ernst!»
«Noch ein Wort ... wie wäre es dann mit ... Blau, wau, wau!»
Das saß wie ein Peitschenhieb. Prinz Kobald zuckte zusammen.
«Damit haben Sie soeben die Farbe Blau beleidigt. Dafür gibt es keine Entschuldigung!»
Abrupt drehte sich der Prinz um und eilte aus dem Palast. Vom Hof aus rief er der Prinzessin noch einmal zu: «Ich warne Sie! Wenn er erst kommt, mein Drache, dann nimmt er fürchterliche Rache!»
Kaum war Kobald fort, wurde es Karmesina doch mulmig bei

dem Gedanken, einem Drachen entgegentreten zu müssen. Und sie grübelte die ganze Nacht, was sie tun sollte.

Schon am nächsten Morgen hörte die Prinzessin in der Ferne ein wütendes Schnauben. Es kam immer näher.

Prinzessin Karmesina schaute vorsichtig aus einem Fenster ihres Palastes. Vor dem großen Eingangstor stand ein Drache mit blau glänzenden Schuppen. «Prinzessin, komm raus, ich will mit dir kämpfen!» rief er mit unheimlich tönender Drachenstimme.

«Ich kämpfe aber nicht im Hof», rief Karmesina zurück.

«Dann komme ich zu dir in den Palast!», drohte der Drache.

«Nur zu», ermunterte ihn die Prinzessin. «Ich erwarte dich im roten Ballsaal!»

Kampfeslustig stürmte der Drache in den Saal. Die Prinzessin hatte riesige Bauklötze darin verteilt. Karmesina lockte den Drachen an und flitzte dann unvermittelt vor ihm weg. Und so schnell sie konnte, lief Karmesina in Zickzacklinien zwischen den Bauklötzen hindurch. Der Drache hetzte hinter ihr her.

«Tap, tap, tap!», klatschten seine Drachenfüße auf den Boden des Ballsaales.

Karmesina schaute sich um und entdeckte etwas Merkwürdiges: Diese Drachenfüße hatten gar keine Krallen, wie die Vorderpranken, mit denen der Drache furchterregend in der Gegend herumfuchtelte! Diese Füße waren viel kleiner als die beiden anderen Drachenpranken! Und sie sahen ganz anders aus ... mehr so wie die Füße eines Menschen.

Die Prinzessin blieb stehen und fing an zu lachen. Verdutzt hielt auch der Drache inne.

«Haha, ein Drache mit nackten Plattfüßen! Vor dem habe ich keine Angst!», rief Karmesina. «Kobald, komm raus! Du hast dich doch nur verkleidet! Hier, schau selbst, wie albern das aussieht!»

Und Karmesina zog einen roten Samtvorhang zur Seite. Dahinter kam ein großer Kristallspiegel zum Vorschein.

Als der Drache sich nun selber in diesem Spiegel sah, begann er zu zittern und sackte in sich zusammen.

Die Prinzessin triumphierte. Sie packte die Drachenhaut an einem der großen Rückenstacheln und zog daran. Und darunter kam wirklich Prinz Kobald zum Vorschein.

«Jetzt lachst du mich bestimmt aus», gestand er kleinlaut.

Kobald schämte sich jetzt so sehr, dass er Karmesina fast leidtat.

«Ein Prinz darf nicht verlieren. Und schon gar nicht ein blauer Prinz.»

«Das kann jedem mal passieren», tröstete ihn die Prinzessin. «Egal ob rot oder blau.»

«Aber ich habe dich angeschwindelt», gestand der Prinz. «Ich habe nie gegen einen Drachen gekämpft.»

«Ich habe dich auch angeschwindelt», gestand die Prinzessin. «Diese Bauklötze, das sind gar keine Zauberbauklötze.»

«Das ist nur ein bisschen geflunkert. Aber ich habe mir ja sogar diese Drachenhaut ausgeliehen, um dich zu beeindrucken.»

Prinz Kobald senkte beschämt seinen Kopf.

«Wer verleiht denn so was?», wollte Karmesina wissen.

Im Spiegel erschien mit einem Male eine riesige, gelbe Kröte: Clothilde, die tausendjährige Kröte. Und in einem Ton, der einen erschauern ließ, quakte sie:

«Kobald, denk an unser Abkommen.

Ich habe dir die Drachenhaut gegeben,

jetzt fordere ich den Preis.

Dies ist kein Scherz,

ich warte auf dein Herz!»

Karmesina wurde weiß vor Schreck. «Was bedeutet das?»

«Ich habe mir die Drachenhaut bei der Kröte besorgt», gestand

der Prinz. «Jetzt wartet sie darauf, dass ich ihr den Preis dafür bringe. Und als Preis hat sie mein Herz verlangt.»
«Das darfst du nicht tun!», flehte ihn Karmesina an.
Doch da erschien die Kröte noch einmal:
«Kobald, dies ist kein Scherz,
mach dich auf in die Sümpfe,
sonst hol ich mir dein Herz!»
Prinz Kobald gab sich einen Ruck und erklärte mutig: «Ich werde der Kröte alles erklären.»
Dann verabschiedete er sich von der Prinzessin. Und als Andenken legte er ihr eine silberne Kette um den Hals – mit einem Anhänger, der die Form eines Drachen hatte.
«Das ist ein Drachenamulett. Pass gut drauf auf, Karmesina! Dies Amulett soll magische Kräfte haben. Ich habe sie nie entdeckt. Vielleicht hast du ja mehr Glück!»
Dann nahm Prinz Kobald die Drachenhaut unter den Arm und machte sich auf den Weg zur Kröte. Prinzessin Karmesina begleitete ihn aus dem Palast hinaus.
Und als der Prinz dann alleine weiterging, drehte er sich immer wieder nach der Prinzessin um und winkte ihr zu. Seine Augen funkelten dabei wie zwei Sterne. Und Karmesina winkte zurück. Auch ihre Augen funkelten wie zwei Sterne …
Bald war Kobald nur noch als winziger Punkt am Horizont zu sehen. Karmesina seufzte. «Wenn ich nur geahnt hätte, dass ein blauer Prinz so sympathisch sein kann!» Und ihr wurde klar, dass sie Kobald die ganze Sache mit der Kröte eingebrockt hatte. Wenn sie ihm nur irgendwie helfen könnte! So fasste die Prinzessin den Entschluss, sich ebenfalls aufzumachen zur Kröte. Aber wie sollte sie Clothilde finden?
Ratlos spielte Karmesina mit dem Amulett. Und mit ihren Fingern ertastete sie einen kleinen Punkt. Die Prinzessin drückte dagegen.

Mit einem Mal sprang das Amulett auf. Ein blauer Lichtstrahl breitete sich aus ... wurde größer und immer größer.
Jetzt hatte das blaue Licht die Prinzessin ganz und gar eingehüllt. Und eine tiefe, unwirklich klingende Stimme war zu hören, die den ganzen Raum erfüllte:
«Du hast mich gerufen. Hier bin ich. Der Herr der blauen Stunde bietet dir seine Dienste an.»
Verdutzt schaute Karmesina sich um.
«Bist du ein Geist? ... so etwas wie ein Flaschengeist?»
«Ich bin der gute Geist des Drachenamuletts.»
«Kannst du mir sagen, wie ich zur Kröte komme?»
«In den Sümpfen des Lapislazulimeeres, da hält sie sich versteckt. Aber du kannst sie hierherlocken.»
«Wie das denn?», erkundigte sich Karmesina ungläubig.
«Um den Spiegel baue ein magisches Tor.
Halte das Amulett davor.
Denk an die Kröte
lock sie zu dir
Schon ist sie hier.»
Das blaue Licht zog sich wieder in das Amulett zurück. Der Herr der blauen Stunde war verschwunden. Karmesina beeilte sich, seine Anweisungen zu erfüllen. Mit den Bauklötzen baute sie um den Spiegel herum ein Tor. Und mit dem Amulett versuchte sie nun, die Kröte hervorzulocken.
Zunächst jedoch passierte gar nichts. Dann trübte sich der Spiegel immer mehr ein. Blaue Nebelschwaden krochen langsam daraus hervor. Karmesina war das jetzt alles doch nicht ganz geheuer. Ganz flau wurde ihr im Magen.
Und da erschien im magischen Tor auch schon die dicke, fette, gelbe Kröte. Mit ihren schwarzen Glubschaugen fixierte sie Karmesina misstrauisch.
Die Prinzessin nahm ihren ganzen Mut zusammen und frag-

te die Kröte, ob sie das Herz des Prinzen schon bekommen habe.
«Sein Herz wollte ich doch gar nicht!», erklärte Clothilde wehmütig. «Das war nur ein Trick, um ihn zu mir zurückzulocken. Dann wollte ich ihn mit Hilfe des Drachenamuletts in einen richtigen Drachen verwandeln. So hätte ich ein bisschen Gesellschaft gehabt in der Einsamkeit der Sümpfe. Aber dieser Dummkopf hat das Amulett weggeworfen, hat er gesagt. In die Abgründe der Unendlichkeit.»
Mit klopfendem Herzen umfasste Karmesina das Amulett. Inständig hoffte sie, dass die Kröte es nicht entdecken würde.
Dann fragte sie Clothilde, ob sie Kobald nicht wieder freigeben könnte. Und die Kröte bot ihr ein Geschäft an:
«Ich gebe dir ein Rätsel auf», schlug sie vor. «Errätst du es, bekommst du den Prinzen. Errätst du es nicht, bekomme ich dein Herz. Denn es heißt, mit dem Herzen von roten Prinzessinnen kann man blaue Prinzen auch in Drachen verwandeln.»
Karmesina zögerte nicht lange und willigte ein.
Clothilde stellte ihr das Rätsel.
«Rot wie Li und blau wie La,
füge es zusammen,
und etwas Neues ist da.»
Karmesina wiederholte das Rätsel und dachte fieberhaft nach. Dann hatte sie die Lösung:
«Lila! Das ist Lila! Das kann nur Lila sein!», rief sie, so laut sie konnte.
Mit einem Schlag war die Kröte verschwunden. Und mit großem Getöse stürzte das magische Tor zusammen. Karmesina konnte gerade noch zur Seite springen.
Erschrocken starrte die Prinzessin auf den Bauklotzhaufen. Er begann sich zu bewegen. Und aus den Trümmern krabbelte unversehrt Prinz Kobald hervor ...

Verwirrt durch all das, was mit ihm geschehen war, brachte er im ersten Moment keinen Ton heraus. Und auch Karmesina fehlten vor lauter Freude die Worte. Bis Kobald endlich sagte:
«Rot ist eine schöne Farbe.»
Und auch Karmesina spürte, wie sich ihr Herz öffnete für all das strahlende Blau, das sie bis dahin gar nicht wahrgenommen hatte.
Und vor lauter Freude, dass sie sich wiedergefunden hatten, fingen Kobald und Karmesina an zu tanzen.
Und wenn sie nicht aus der Puste sind, dann tanzen sie noch heute ...

Gemeinsame Bücher der Autoren
- Kleine Helden, großer Mut
- Kleine Helden, Riesenwut
- Kleine Helden, dicke Freunde
- Kleine Helden, starke Typen
- Kleine Helden, große Reise
- 3 Minuten Zahnputzgeschichten
- Spiele gegen Ängste
- Viel Spaß beim Erziehen
- (alle im Rowohlt Verlag)
- Wie man mit seinem Kind redet (Gräfe und Unzer)

Hörbücher (Jumbo Verlag)
- Kleine Helden, großer Mut, neun Geschichten, die stark machen
- Kleine Helden, großer Mut, Teil 1–3
- Kleine Helden, Riesenwut, Teil 1–3

Bücher und Theaterstücke von Angelika Bartram
- Lilli oder die Reise zum Wind, ein phantastischer Roman (Rowohlt Verlag)

Theaterstücke, erschienen beim VVB (www.vvb.de)
- Die Abenteuermaschine, ein Computermärchen

- Armes Schwein, eine Comedy Revue nach Märchenmotiven der Gebrüder Grimm
- Das Geheimnis der gelben Ohren, Comedy im Stil der Commedia dell'Arte
- Das Geheimnis der Kristallquelle, ein Umweltmärchen
- Hannibal Sternschnuppe, der unmögliche Weihnachtsmann, ein Weihnachtsmärchen
- Die Heldin, ein Fantasymärchen
- Das Hexenlied, ein mythisches Windmärchen
- Himmel hilf!, eine himmlisch-alltägliche Komödie nach dem Buch «Viel Spaß beim Erziehen»
- Kobald und Karmesina, ein Märchen
- Mondragur oder die Geschichte vom goldenen Ei, ein Wolkenfeenmärchen
- Prinz Mumpelfitz, ein Monstermärchen
- Teddys Weihnachtsirrfahrt, ein Weihnachtsmärchen
- Musicals:
- Cinderella, das Popmusical, Musicalbuch,
- www.cinderella-popmusical.de
- Hexe Lilli, Musicalbuch nach den Hexe-Lilli-Geschichten von Knister, www.onair-family.de

Bücher und CDs von Jan-Uwe Rogge
- Das neue Kinder brauchen Grenzen
- Pubertät – Loslassen und Halt geben
- Ängste machen Kinder stark
- Geschichten gegen Ängste
- Wenn Kinder trotzen
- Kinder dürfen aggressiv sein
- Der große Erziehungsberater
- Wolkenlied für Omama
- Kinder wollen Antworten (zusammen mit Anselm Grün)
- (alle Rowohlt Verlag)
- Der große Erziehungscheck (Klett-Cotta)

CDs von Jan-Uwe Rogge
- Ängste machen Kinder stark (Rowohlt Verlag)

- Kinder brauchen Grenzen, ein Live-Vortrag (Goya Special)
- Spiritualität und Erziehung, ein Gespräch zusammen mit Anselm Grün (Goya Special)

Märchen, Kinderbuchklassiker und phantastische Geschichten

Die hier aufgelisteten Empfehlungen stellen eine persönliche Auswahl der Autoren dar und sind als Anregungen gedacht.
- Alice im Wunderland von Lewis Carroll
- Bibi Blocksberg von Doris Riedl
- Der kleine Ritter Trenk von Kirsten Boje
- Die glücklichen Inseln hinter dem Wind von James Krüss
- Das doppelte Lottchen von Erich Kästner
- Das Dschungelbuch von Rudyard Kipling
- Das große Buch von Lea Wirbelwind von Christine Merz
- Das kleine Gespenst von Otfried Preußler
- Das Sams/Eine Woche voller Samstage von Paul Maar
- Der Drachenreiter von Cornelia Funke
- Der Grüffelo von Axel Scheffler
- Der kleine Eisbär von Hans de Beer
- Der kleine Häwelmann von Theodor Storm
- Der kleine Nick von René Goscinny
- Der kleine Prinz von Antoine de Saint Exupéry
- Der kleine Wassermann von Otfried Preußler
- Der Räuber Hotzenplotz von Otfried Preußler
- Die Biene Maja und ihre Abenteuer von Waldemar Bonsels
- Die kleine Hexe von Otfried Preußler
- Die kleine Raupe Nimmersatt von Eric Carle
- Die Olchis von Erhard Dietl
- Die Schatzinsel von Robert Louis Stevenson
- Die unendliche Geschichte von Michael Ende
- Emil und die Detektive von Erich Kästner
- Etwas von den Wurzelkindern von Sibylle von Olfers
- Frederick und seine Mäusefreunde von Leo Lionni
- Geschichten von der Maus für die Katz von Ursel Scheffler
- Gullivers Reisen von Jonathan Swift
- Hanni und Nanni von Enid Blyton

- Harry Potter von Joanne K. Rowling
- Heidi von Johann Spyri
- Herr der Diebe von Cornelia Funke
- Hexe Lilli von Knister
- Jim Knopf und Lukas der Lokomotivführer von Michael Ende
- Nesthäkchen von Else Ury
- Nils Holgerssons wunderbare Reise von Selma Lagerlöf
- Peterchens Mondfahrt von Gerdt von Bassewitz
- Peter Pan von James M. Barrie
- Petersson und Findus von Sven Nordqvist
- Pinocchio von Carlo Collodi
- Pippi Langstrumpf von Astrid Lindgren,
- Pu der Bär von Alan Alexander Milne
- Pumuckl von Ellis Kaut
- Robinson Crusoe von Daniel Defoe
- Ronja Räubertocher von Astrid Lindgren
- Kalle Blomquist – Meisterdetektiv von Astrid Lindgren
- Karlsson vom Dach von Astrid Lindgren
- Klaus Störtebeker von Boy Lornsen
- Mein Urgroßvater und ich von James Krüss
- Michel aus Lönneberga von Astrid Lindgren
- Momo von Michael Ende
- Timm Thaler oder Das verkaufte Lachen von James Krüss
- Tom Sawyer und Huckleberry Finn von Mark Twain
- Urmel aus dem Eis von Max Kruse
- Wo die wilden Kerle wohnen von Maurice Sendak

Tipps und Adressen im Internet
- *Eselsohr*, Fachzeitschrift für Kinder- und Jugendmedien
- www.eselsohr-leseabenteuer.de
- *Hits für Kids*, das Bücher-Medien-Magazin mit Tipps für Kinder und Eltern
- www.hitsfuerkids.de
- www.geschichtenbox.com, Vorlesespaß für jeden Tag, interaktive *Geschichtenbox (Geschichtensuchmaschine)* für Eltern, Großeltern, KindergärtnerInnen und andere Interessierte,
- www.kinderbuch-couch.de, ein Online-Magazin für Kinder-

literatur, mit Besprechungen von Kinderbüchern für die Altersstufen 0–12 Jahre
- www.buecherkinder.de, informiert über Bilderbücher, Jugendbücher, Kind erbuchempfehlungen
- www.gute-kinderbücher.de, sichtet und sortiert den Buchmarkt für Kinder und bietet Erwachsenen Orientierung www.stiftunglesen.de, Wer nicht lesen kann, hat schlechte chancen. Hier will die Stiftung Lesen helfen.
- www.boersenverein-bayern.de, Börsenverein des Deutschen Buchhandels, die 100 Besten & Kinder- und Jugendbücher – druckfrisch

Film, Fernsehen, Hör-CDs
Der Markt an Filmen und Hör-CDs für Kinder ist groß und schnelllebig. Aus diesem Grund geben wir hier keine aktuellen Titel an, sondern Internetadressen, unter denen Sie Informationen dazu finden. An verschiedenen Stellen werden kontinuierlich «Bestenlisten» und Bewertungen veröffentlicht. Hier kann man sich informieren und Tipps für geeignete Stoffe finden.

Film und Fernsehen
- www.kinderfilmwelt.de, ein Filmportal für Kinder, das Orientierung in der Vielfalt des Filmangebots bietet.
- www.flimmo.de, bespricht das aktuelle Fernsehprogramm und gibt Tipps, hier werden alle für Kinder relevante Sendungen der nächsten zwei Wochen aus der Sicht von Kindern im Alter von 3 bis 13 Jahren betrachtet.
- www.br-online.de/jugend/izi/ IZI – Internationales Zentralinstitut – ein Informations- und Dokumentationszentrum für das Kinder-, Jugend- und Bildungsfernsehen beim Bayerischen Rundfunk.

Hörspiele, Hörbücher
- www.hr-online.de jeden Monat wird hier eine hr-2-Hörbuch-Bestenliste veröffentlicht. Es ist eine Initiative des Hessischen Rundfunks und des Börsenblatts für den Deutschen Buchhandel.
- www.br-online.de/kinder/musik-geschichten/hoerbuch, Kinderhörbuchtipps

- www.ohrka.de, das hochwertige Hörportal für Kinder, Hörspiele für Kinder zum kostenlosen Anhören und herunterladen.
- www.kiraka.de, Kinderradiokanal des Westdeutschen Rundfunks, auf dieser Internetseite kann man nicht nur Radio hören, es gibt auch aktuelle Listen mit Buch- und Spieletipps

Computerspiele
- Thomas Feibel, der führende Experte in Sachen Kinder und Computer in Deutschland, hat dazu Informationen in seinem Standardwerk «Der Kindersoftware-Ratgeber» herausgebracht. www.feibel.de
- Thomas Feibel hat auch den «TOMMY» mit initiiert, den Kindersoftwarepreis, der jährlich auf der Frankfurter Buchmesse vergeben wird. Herausgeber sind der Family Media Verlag und das Büro für Kindermedien FEIBEL.DE in Berlin. Unterstützt wird die Auszeichnung von ZDF tivi, der Frankfurter Buchmesse und dem Deutschen Bibliotheksverband e. V.
- Mehr Infos unter: www.kindersoftwarepreis.de
- www.seitenstark.de, *Seitenstark*, die Arbeitsgemeinschaft Vernetzter Kinderseiten setzt sich für gute Webangebote für Kinder und für den Jugendschutz im Internet ein.

Bücher, die uns inspiriert und auf die wir uns bezogen haben
- Banzhaf, Hajo, Tarot und die Reise des Helden, München 1997
- Bauer, Joachim, Warum ich fühle, was du fühlst: Intuitive Kommunikation und das Geheimnis der Spiegelneurone, München 2006
- Campbell, Joseph, Der Heros in tausend Gestalten, Frankfurt 1999
- Chatwin, Bruce, Traumpfade, Frankfurt 1992
- Chopich, Erika J., und Margaret Paul, Aussöhnung mit dem inneren Kind, München 2000
- Dreikurs, Rudolf, Kinder fordern uns heraus: Wie erziehen wir sie zeitgemäß?, Stuttgart 2014
- Ennulat, Gertrud, Ich will dir meinen Traum erzählen, Krummwisch 2001

- Goleman, Daniel, Emotionale Intelligenz, München 1997
- Gordon, Thomas, Familienkonferenz: Die Lösung von Konflikten zwischen Eltern und Kind, München 2012
- Hüther, Gerald, Bedienungsanleitung für ein menschliches Gehirn, Göttingen 2013
- Hüther, Gerald, Was wir sind und was wir sein könnten. Ein neurobiologischer Mutmacher, Frankfurt 2013
- Lerch, Christian, Kinder entdecken ihre innere Kraft, Freiburg 2007
- Kast, Verena, Schöpferische Kraft entdecken: Vom Interesse und Sinn der Langeweile, Freiburg 2014
- Kast, Verena, Träume: Die geheimnisvolle Sprache des Unbewussten, 2012
- Rosa, Hartmut, Beschleunigung, Die Veränderung der Zeitstrukturen in der Moderne, Frankfurt 2005
- Watzlawick, Paul, Die erfundene Wirklichkeit. Wie wissen wir, was wir zu wissen glauben?, München 2006
- Watzlawick, Paul, Wie wirklich ist die Wirklichkeit?, München 2005
- Zohar, Danah, Ian Marshall, Spirituelle Intelligenz, Bern 2000

Zitatnachweise
Im Text kommen einige Zitate vor, die wir folgenden Büchern und Websites entnommen haben

- Bauer, Wolfgang, Irmtraud Dümotz, Sergius Golowin, *Lexikon der Symbole*, München 1987
- Berendt, Joachim Ernst, *Nada Brahma: Die Welt ist Klang*, Berlin 2007
- Bettelheim, Bruno, *Kinder brauchen Märchen*, München 2013
- Jung, C. G., *Psychologische Typen*: Gesammelte Werke 6, Ostfildern 2011 (zitiert auf www.symbolonline.de)
- De Saint Exupéry, Antoine, *Der kleine Prinz*, Düsseldorf 2012
- Feibel, Thomas, *Kindheit 2.0*, So können Eltern Medienkompetenz vermitteln, Stiftung Warentest, Berlin 2009
- Fraiberg, Selma, *die magischen Jahre in der Persönlichkeitsentwicklung des Vorschulkindes*, Reinbek 1972

- García Márquez, Gabriel, *Hundert Jahre Einsamkeit*, Frankfurt 2004
- Herder Lexikon, *Symbole,* Freiburg im Breisgau, 1990
- Hesse, Hermann, *Gesammelte Werke*, Band 1
- Hüther, Gerald, *Die Macht der inneren Bilder*, Stuttgart 2011, www.gerald-huether.de
- Hüther, Gerald, Gespräch auf www.livipur.de
- Hüther, Gerald, Interview in GEOkompakt Nr 17, November 2008
- Kast, Verena, *Märchen als Therapie*, Olten 1986
- Kast, Verena, Imagination als Verbindung von Innen und Außen, Vortrag 30.05.2008/www.verena-kast.ch
- Keyserlingk, Linde von, *Wer träumt, hat mehr vom Leben*, 1995
- Lehrer, Jonah, *Imagine!*, Wie das kreative Gehirn funktioniert,
- München 2014
- McGonigal, Jane, *Besser als die Wirklichkeit*, Warum wir von den Computerspielen profitieren und wie sie die Welt verändern, München 2012
- Montessori, Maria, *Kinder sind anders*, Stuttgart 2014
- Nadolny, Sten, *Die Entdeckung der Langsamkeit*, München 2012
- Obrist, Willi, *Archetypen*, Olten 1990
- Peez, Georg, *Kinder kritzeln, zeichnen und malen – warum eigentlich?*, in Forschung Frankfurt 2/2011
- Picht, Georg, *Die deutsche Bildungskatastrophe*, 1965
- Pikler, Emmi, *Laßt mir Zeit*. Die selbständige Bewegungsentwicklung des Kindes bis zum freien Gehen, 2001
- Reheis, Fritz, *Die Kreativität der Langsamkeit*. Neuer Wohlstand durch Entschleunigung, 1996
- Schredl, Michael, Interview auf planet wissen, www.planet-wissen.de (28.03.2011)
- Spiegel Wissen Nr. 1/14, *Entspannte Eltern, starke Kinder*
- Spiegel 3/14, *Spielen macht schlau*
- Vogler Christoph, *Die Odyssee des Drehbuchschreibens*, Frankfurt 1998
- Zimmer, Renate, *Toben macht schlau*. Bewegung statt Verkopfung, Freiburg im Breisgau 2004

DIE AUTOREN

Jan-Uwe Rogge ist Buchautor und Familienberater. Er hält im Jahr weit über hundert Vorträge, veranstaltet Seminare im In- und Ausland. Viele seiner Bücher sind zu Klassikern in der Ratgeberliteratur geworden (z.B. «Kinder brauchen Grenzen», «Pubertät – Loslassen und Halt geben»). Seine Bestseller wurden in 23 Sprachen übersetzt. Er ist gern gehörter und gesehener Gast in Rundfunk und Fernsehen, schreibt regelmäßig Kolumnen in Zeitungen und Zeitschriften, die sich großer Beliebtheit erfreuen. Gemeinsam mit Angelika Bartram hat er zahlreiche Buchprojekte realisiert.
www.jan-uwe-rogge.de

Angelika Bartram hat Erziehungswissenschaften studiert, war Gründerin des Kindertheaters Ömmes & Oimel und der Comedia, einem Privattheater in Köln. Sie arbeitet als freie Autorin, Regisseurin und Schauspielerin für Theater, Funk und Fernsehen. Sie hat für die Sesamstraße gearbeitet, das Phantastische Erlebnistheater entwickelt, schreibt Kindermusicals und Bühnenstücke und ist eine begeisterte Erzählerin eigener Märchen. Als gefragte Autorin für witzig-phantastische Unterhaltung weiß sie, dass Geschichten und Märchen viele Entwicklungsprozesse positiv beeinflussen können. Gemeinsam mit Jan-Uwe Rogge schrieb sie mehrere Bücher, darunter auch die Kinderbuchreihe «Kleine Helden» bei rororo rotfuchs.
www.angelika-bartram.de

Jan-Uwe Rogge bei
Rowohlt, Rotfuchs und rororo

Ängste machen Kinder stark

Das neue Kinder brauchen Grenzen

Der große Erziehungsberater

Der kleine Erziehungshelfer

Eltern setzen Grenzen

Erziehung – die 111 häufigsten Fragen und Antworten

Geschichten gegen Ängste

Kinder dürfen aggressiv sein

Kinder fragen nach Gott
(mit Anselm Grün)

Kinder wollen Antworten
(mit Anselm Grün)

Kleine Helden – großer Mut
(mit Angelika Bartram)

Kleine Helden – große Reise
(mit Angelika Bartram)

Kleine Helden – Riesenwut
(mit Angelika Bartram)

Lauter starke Jungen
(mit Bettina Mähler)

Ohne Chaos geht es nicht

Pubertät – Loslassen und Haltgeben

Spiele gegen Ängste
(mit Angelika Bartram)

Von wegen aufgeklärt!

Wenn Kinder trotzen

Das für dieses Buch verwendete FSC®-zertifizierte Papier
Lux Cream liefert Stora Enso, Finnland.